地域づくりの
基礎知識 2

子育て支援と
高齢者福祉

高田 哲
藤本由香里 編

神戸大学出版会

地域づくりの基礎知識
シリーズの目的

　日本の地域社会の存続は，今大きな危機を迎えようとしています。中山間部での人口の減少と都市部での人々の流動化の拡大は加速しており，人口の首都圏への集中も急速に進んでいます。これまで日本社会の中で，長く続いてきたコミュニティや基礎自治体の存続そのものが脅かされる事態が生まれています。このような状況の下で，地域社会に生きる私たち一人一人にとって，主体的に地域社会に関わり，それを未来に継承していく「地域づくり」が大きな課題となっています。

　それでは，どのようにして地域づくりをすすめていけばいいのでしょうか。日本列島は，多様な自然環境の下，豊かな生態系を持つとともに，火山の噴火，地震や台風など自然災害が日常的に生起する場です。そのような場で，人々は工夫を凝らしながら長年にわたって暮らしをつないできました。

　私たちは，そこから生まれた地域社会の課題を多様な視点からとらえ，どのように対処していけばいいのかということを，「基礎知識」として共有していくことが重要であると考えています。そのような思いをこめて，本シリーズを『地域づくりの基礎知識』と名付けました。

　本シリーズは，地域住民，自治体，企業と協力して，神戸大学・兵庫県立大学・神戸市看護大学・園田学園女子大学等，兵庫県内の大学が中心として展開してきた取り組みを集約したものであり，平成27年度文部科学省「地（知）の拠点大学による地方創生推進事業

（COC+事業）」で，兵庫県において採択された「地域創生に応える実践力養成ひょうご神戸プラットフォーム」事業の一部を成すものです。兵庫県は，日本の縮図といわれ，太平洋と日本海に接し，都市部，農山漁村部と多種多様な顔を持っています。そこでのさまざまな課題は，兵庫県に関わるというだけでなく，日本各地の地域が抱える課題と共通するものであると考えます。

　本シリーズは，関連する領域ごとに「歴史と文化」「自然と環境」「子育て高齢化対策」「安心安全な地域社会」「イノベーション」の5つの巻に整序し，テーマごとに体系的に課題を捉えることで，地域の課題を，初学者や地域づくりに携わる方々にわかりやすいように編集しています。それにより，領域で起こっている地域課題を理解するための良きガイドとなることを目指しています。また，読者がさらに深く地域社会をとらえることができるように巻の項目ごとに参考文献を示しています。地域課題はかならずしもそれぞれの領域に収まるものではありません。シリーズ化により，新しい視座が開けることが可能となると考えています。

　本シリーズの刊行が，地域の明日をつくる人々の一助となり，さまざまな地域が抱える困難に立ち向かう勇気を与えることを願ってやみません。

内田一徳（神戸大学理事・副学長 社会連携担当）
奥村　弘（神戸大学地域連携推進室長）
佐々木和子（COC＋統括コーディネーター）

「少子高齢社会における支援」を見直す

高田 哲
神戸大学大学院保健学研究科地域保健学領域 教授

藤本 由香里
神戸大学地域連携推進室 特命助教

　「高齢化」や「少子化」という言葉は，今や日本で耳にしない日がない程全国で問題として取り上げられている。日本では急激に人口構造が変化する中，医療・介護・福祉サービスのニーズが増大した。この課題に対応するため，それぞれの地域で課題解決に向けた取り組みが実施されている。しかし，これほどまでに状況が急激に変化していく中，本当に支援が必要な人に必要な情報が届いているだろうか。本書では日本における少子高齢社会を振り返り，本当に必要な支援が何かを今一度考える。

　世界に誇るMade in Japanの高品質は，医療技術についても同様ではないだろうか。日本が世界で最も長寿の国であることは周知の事実で，今や医療水準は世界最高レベルだ。日本では，第二次世界大戦後の半世紀で医療機関の整備・制度の拡大・技術の開発が著しく進歩し平均寿命が急激に延長した。その一方で，女性の社会進出に伴う晩婚化・非婚化が進んだことで出生率が大きく低下し，制度やサービスが急激な人口構造の変化についていけないまま超高齢社会に突入した。日本では戦後の医療技術の発展に伴い，医療・介護従事者の養成も積極的に行われた。医師・看護師・理学療法士・作業療法士など国家資格を有した医療専門職も年々増加している。しかし，実際の医療介護現場は慢性的な人手不足に陥っている。人材は増えているのに，現場の人手は足りない，このギャップは医療介護現場の過酷さにある。医療介護現場では，労働時間も長く自由に休みを取ることもできない。さらに，人の生死に直接関わる重圧も大きくのしかかる。このように心身ともに過酷な労働状況にもかかわらず，それに見合う報酬が十分に保障されておらず，離職

率が高いことから人手不足が改善されない。今後，さらに高まるであろう医療介護ニーズに対応していくためには，高度な専門知識・技術だけでなく課題解決能力を有した人材の育成が急がれるが，それに加えて少子高齢化によって増していく医療・介護現場の過酷さに対する国民の理解が必要である。

　また，婚外子が少ないことは，日本の結婚文化の特徴である。つまり，日本では男女が結婚して夫婦とならないと子どもが生まれない。日本ではかつての戦後ベビーブームで一時的に子どもの数が増えたものの，非婚化・晩婚化が進んだことで少子化が深刻化している。若い世代の結婚や子育てに対する経済的・精神的な不安感や子育てと仕事の両立の困難さは依然として払拭されていないのが現実である。これまでは地域のコミュニティにより実現してきた開放的な子育てが，時代の変遷による"地域のつながりの希薄化"で，子育てがどんどん閉鎖的になっている。子育ての悩みを相談できる相手もいない中，家庭は母親と子どもだけの空間となり，社会から孤立することで負担感が増大している。これからは，子育ては家庭内の閉鎖的な問題としてではなく地域全体の問題として捉え，若い世代が「結婚したい」「子どもをもちたい」と結婚や出産・子育てに希望を持てる地域社会づくりが必要である。

　本書では，各章を以下の通り位置づけている。第1章から第4章では少子化および子育て支援について，少子化における問題と子育て支援の現状，およびそれに対する取り組みや制度を，教育機関・医療福祉現場・行政それぞれの立場から解説している。第5章から第10章では高齢化および高齢者支援について，急速な高齢化によって変わりゆく医療・介護の現状そして人材育成について解説し，今後さらに重要になる「予防」という観点にも触れている。第11章から第13章では少子高齢社会全体について，現在の少子高齢社会の中での"多世代共生"および"防災"について事例を踏まえながら解説した。各コラムでは，現代の子育て支援・高齢者福祉を取り扱うにあたり切り離すことのできない問題である「虐待」および「物忘れ」について触れ，その他では具体的な支援活動について紹介している。本書が，医療介護福祉分野での専門職を目指す学生の学びの資料としてだけではなく，必要な人に必要な情報を届けるための資源としても活用されることを期待する。

CONTENTS
目次

地域づくりの基礎知識　シリーズの目的 ……………………………………… 2

「少子高齢社会における支援」を見直す ……………… 高田　哲・藤本由香里　4

第1章　今求められる地域子育て支援 …………………… 高田　哲　11
1. 少子化の現状とその原因について ……………………………………… 12
2. 少子化対策の具体的な実施状況 ………………………………………… 20
3. まとめ ……………………………………………………………………… 28

　　［コラム］児童虐待・子どもの貧困 …………………………… 高田　哲　29

第2章　子育て支援の社会資源と活用法 …………………… 水畑明彦　31
1. 子育て支援の社会資源 …………………………………………………… 32
2. 地方公共団体の役割 ……………………………………………………… 40
3. 地域課題と取り組み ……………………………………………………… 45

　　［コラム］ご存知ですか　神戸新聞子育てクラブ「すきっぷ」
　　　　　　　　　　　　　　　　　　　　　　　　　　　…… 網本直子　50

第3章　地域子育て支援の場　〜多様性と役割〜

❶ 保育園の立場から ………………………… 中塚志麻・芝　雅子　53
1. はじめに …………………………………………………………………… 54
2. 聖ニコラス天使園の概要 ………………………………………………… 55
3. 行政との取り組み ………………………………………………………… 55
4. 本園における地域の子育て支援実践 …………………………………… 58
5. 本園における今後の子育て支援の方向性 ……………………………… 62

［コラム］大学と自治体が連携した子育て支援活動
コラボカフェ（神戸市看護大学×神戸市）……… 高田昌代　63

❷ 総合児童センターの立場から… 小田桐和代・各区社会福祉協議会子育てコーディネーター　65
　① 児童館 …………………………………………………………… 66
　② 拠点児童館 ……………………………………………………… 68
　③ 神戸市総合児童センター（こべっこランド）………………… 71

　　［コラム］尼崎市立花地区の子育てネットワークと大学
　　　　　　　　　　　　　　　　　　　　　　　　大江 篤　73

❸ NPO児童発達支援・放課後等
　デイサービスの立場から …………………………… 大歳太郎　75
　① はじめに ………………………………………………………… 76
　② 特定非営利活動法人（NPO法人）とは ……………………… 77
　③ NPO法人格の取得と事業の概要 ……………………………… 78
　④ 障害児通所支援事業における実践 …………………………… 79

第4章　子育て支援における医療従事者の役割
　～専門的ケアを必要とする子どもたち～ ………… 常石秀市　83
　① はじめに ………………………………………………………… 84
　② 小児の障害論 …………………………………………………… 84
　③ 重症心身障害 …………………………………………………… 85
　④ 医療的ケア ……………………………………………………… 87
　⑤ 重症心身障害児の増加 ………………………………………… 88
　⑥ 重症心身障害児施設の役割 …………………………………… 90
　⑦ 重症心身障害児施設医師の地域社会への貢献 ……………… 94
　⑧ おわりに ………………………………………………………… 99

第5章 高齢化による影響とは ……… 小野 玲 101

1. 高齢化とは ……… 102
2. 高齢化による社会保障給付費への影響 ……… 106
3. 高齢社会と医療・介護専門職 ……… 109
4. 高齢社会を生きる人々の幸福 ……… 113

第6章 高齢化問題 〜求められる人材育成〜 ……… 石原逸子・石井久仁子 117

1. はじめに ……… 118
2. 地域包括ケアシステム ……… 119
3. 地域包括ケアにおける看護人材育成，看護教育について ……… 121
4. 地域包括ケアシステムにおける多職種連携 ……… 131
5. 地域包括ケアシステムに必要な看護師育成の成果 ……… 132
6. まとめ ……… 134

第7章 高齢者が抱える問題とその支援 ……… 種村留美 137

1. はじめに ……… 138
2. 老化とは ……… 138
3. 高齢者の代表疾患 ……… 144
4. 老老介護と孤独死 ……… 148

[コラム] 認知機能障害に対する Assistive Technology による支援 ……… 種村留美 154

第8章 高齢者介護問題と在宅支援 …… 松本京子 155

1. 医療費 …… 156
2. 在宅医療への変遷 …… 160
3. 訪問看護 …… 162
4. 在宅患者重症化 …… 167
5. 看取り …… 169

第9章 介護予防の重要性と取り組み …… 相原洋子 173

1. はじめに …… 174
2. 健康寿命 …… 176
3. アクティブ・エイジング …… 178
4. ボランティア活動と介護予防 …… 180
5. 地域連携教育と教育ボランティア …… 182

[コラム]「健やかな老い」に向けた世代間教育 …… 相原洋子 188

第10章 地域高齢者の生きがい …… 林 敦子 191

1. 高齢者における生きがいとは …… 192
2. 高齢者の生きがいと健康との関連 …… 193
3. 高齢者の生きがいと社会参加 …… 196
4. 高齢者の生きがいと家族とのかかわりについて …… 200
5. 地域における高齢者支援 …… 203
6. 最後に …… 207

[コラム] 物忘れ外来で見えてくること …… 林 敦子 211

第11章 多世代共生の実現に向けたまちづくり……宮田さおり 213

1. 共生とは …………………………………………………………………………… 214
2. なぜ今,多世代共生が言われているのか ……………………………………… 214
3. 尼崎市における多世代共生社会構築への試み ………………………………… 224
4. おわりに …………………………………………………………………………… 230

[コラム] 小学校における認知症サポーター養成講座
………………………………………………………………… 宮田さおり・山﨑由記子 232

第12章 少子高齢社会で大規模災害を乗り切るために
～高齢期になってからの被災を乗り切り,
住み慣れた地域での生の全うを考える～ ……………… 野呂千鶴子 235

1. はじめに …………………………………………………………………………… 236
2. 過疎地域に見る超高齢社会の現状 ……………………………………………… 237
3. 事例A：災害という「非日常」の経験が
過疎地域高齢者の生活環境に及ぼした影響 …………………………………… 239
4. 事例B：自治会と高齢者複合施設が
協働ですすめる防災・減災のまちづくり ……………………………………… 243
5. 2事例から考える防災・減災をも視野に入れた「住み慣れた地域で
高齢者が主体的に生を全うする」ための6つの生活環境条件 ……………… 246
6. 地域共生社会づくりが防災・減災につながる ………………………………… 249

第1章
今求められる地域子育て支援

高田 哲
神戸大学大学院保健学研究科地域保健学領域 教授

日本において，①どのような要因が出生数の低下と関連すると考えられてきたのか，②どのような対策がとられてきたか，を紹介し，少子化が社会に及ぼす影響について考えてみたい。近年，「子どもの貧困」が大きな社会的課題として注目されるようになってきた。これらは社会のグローバル化とも密接に結びついている。一方，母親の就業率が増加するにつれ，子育てを支える保育所や保育士などの不足が顕著となってきた。都市化の中で，従来，地域のコミュニティが持っていた人々のつながりや連帯感は急速に弱くなっている。周囲から孤立し，育児を負担と感じる母親も増えてきており，児童虐待数の急速な増加とも関係している。特に，子どもに障害があったり育児環境面で課題がある時には，地域からの子育て支援が大きな役割を持つ。地域における子育て支援の役割とその意義について改めて考えてみたい。

キーワード
少子化　合計特殊出生率　晩婚化　子どもの貧困
児童虐待　障害のある子ども　子育て支援

第1章　今求められる地域子育て支援

1　少子化の現状とその原因について

■ 少子化について

　少子化とはどのようなことを指すのであろうか？わが国の年間の出生数は，第1次ベビーブーム期（1947（昭和22）～49（昭和24）年）には約270万人，第2次ベビーブーム期（1971（昭和46）～74（昭和49）年）には約210万人であったが，1975（昭和50）年には200万人を割り込んだ。それ以降も出生数は緩やかに減少し続け，2015（平成27）年の出生数は100万5,677人となった。ちなみに，兵庫県では，2010（平成22）年の出生数は4.6万人であり，2040年には2.4万人に減少すると予想されている。

　わが国の総人口は2016（平成28）年では，1億2,693万人である。一般に，社会の中で15歳から64歳までの世代人口を「生産年齢人口」，65歳以上を「高齢者人口」と呼ぶ。少子化とは将来の生産年齢人口である14歳以下の子どもたちの人口（年少人口）が低下した状態をいう。現在のわが国の年少人口，生産年齢人口，高齢者人口は，各々，1,578万人，7,656万人，3,459万人であり，総人口に占める割合は，12.4％，60.3％，27.3％となっている。諸外国に比べて，現在においても14歳以下の子どもが人口に占める割合は極めて低い（表1）。さらに，図1に示すように，高齢者が人口に占める割合は急速に増加するのに，14歳以下の人口割合は今後も減少し続けると予想されている。

　日本では，65歳以上の高齢者人口の割合は25％を超え世界最高水準の高齢化率となっている。既に現在でも減少局面に入っているが，将来の日本は，より顕著な人口減少社会となる。一方，医療技術の進歩，栄養・環境状態の改善によって支えるべき高齢者の割合はより多くなると予想されている。しかし，現在の年少人口が少ないことは，将来の生産年齢人口が引き続き減少することを意味する。

　少子化が社会に及ぼす影響としては，社会保障制度の維持が困難になることがまず挙げられる。現行の日本での公的年金制度は，現役世代が納めた保険料をその時代の高齢者の年金給付に充てる仕組み（賦課方式）をとっている。本

1 少子化の現状とその原因について

表1 日本並びに諸外国における年齢別人口の割合

World Population Prospects The 2015 Revision Population Database. United Nations
日本のデータは総務省「人口統計（平成28年10月1日現在）」による。

国　名	年齢（3区分）別人口の割合(%)		
	0～14歳	15～64歳	65歳以上
日本	12.4	60.3	27.3
ドイツ	12.9	65.9	21.2
イタリア	13.7	63.9	22.4
韓国	14	72.9	13.1
スペイン	14.9	66.3	18.8
ポーランド	14.9	69.5	15.5
シンガポール	15.5	72.8	11.7
カナダ	16	67.9	16.1
ロシア	16.8	69.9	13.4
中国	17.2	73.2	9.6
スウェーデン	17.3	62.8	19.9
イギリス	17.8	64.5	17.8
フランス	18.5	62.4	19.1
アメリカ合衆国	19	66.3	14.8
アルゼンチン	25.2	63.9	10.9
インド	28.8	65.6	5.6
南アフリカ共和国	29.2	65.7	5

図1　日本の総人口と人口構造の推移と見通し

2015年までは総務省「国勢調査」、2016年は総務省「人口推計」（平成28年10月1日現在確定値）、2020年以降は国立社会保障・人口問題研究所「日本の将来推計人口」（平成29年推計）による。

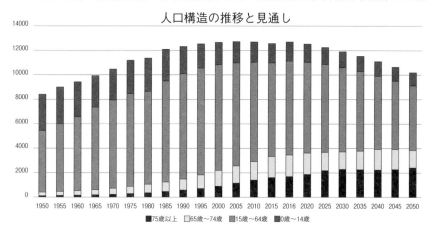

人口構造の推移と見通し

来，年金は自分が長生きすることのリスクに備えるものと理解されている。政府は現在の公的年金制度を「世代と世代の支え合いの仕組み」と説明している。しかし，「世代と世代の支え合い」，「世代間扶養」というと，相互に助け合うイメージがあるが，実際は後の世代から前の世代に一方的に「仕送り」をしているに過ぎない。自分の将来の備えであったはずのものが，上の世代への「仕送り」に変わってしまうと考え，若い人々は年金制度に入ることを選ばなくなってきた。「仕送り」方式は，人口が増加し正のピラミッドが永続的に維持されるか，経済が永久に成長する場合に初めて成り立つ。しかし，現実には，少子高齢化が進み，人口ピラミッドが逆ピラミッドになっている。世界経済の状況を見ても高度経済成長が望めない現代社会では，少子化は社会保障制度，高齢者対策にとって深刻な影響を与えると予想される。少子化をどの程度に食い止めるかが，日本の将来のキーポイントとなりつつある。

■ 合計特殊出生率からみた少子化の現状

　少子化について述べるときに，しばしば「合計特殊出生率」という言葉が使われる。合計特殊出生率は，15〜49歳の出産可能年齢の女性について年齢ごとの出生率を足し合わせ，一人の女性が生涯何人の子どもを産むのかを推計した数字である。常識的に考えても，1人の女性が2人以上の子どもを産まないと人口数は減少する（人口維持の目安となる人口置換水準は2.07〜2.08と言われている）。わが国の合計特殊出生率は，第1次ベビーブーム期には4.3を超えていたが，1950（昭和25）年以降は急激に低下した。その後，第2次ベビーブーム期を含めて，ほぼ2.1台で推移していたが，1975（昭和50）年に2.0を下回ってからさらに低下し始めた。1989（平成元）年には，合計特殊出生率は1.57とこれまでで異例と考えられていた丙午の年の値を下回り，2005（平成17）年には1.26と過去最低を記録した。その後，様々な政策が考えられ，2015（平成27）年では1.45程度に落ち着いたかに見える。少子化への対応を考える場合には，合計特殊出生率が減少した要因を丁寧に考えていく必要がある。次項では，合計特殊出生率の基礎となる年齢別出生率の動向から原因について考えてみよう。

■ 年齢別出生率の動向

1975（昭和50）年以降，日本では，年齢別出生率がピークを迎える年代が徐々に高くなってきている。1975（昭和50）年では，年齢別出生率は25歳がピークで，その年齢の出生率は0.22であった。すなわち，1975（昭和50）年では，25歳の女性100人のうち22人が子どもを出産していた。ところが，1990（平成2）年は，ピークの年齢は28歳となり出生率は0.16となった。2005（平成17）年には30歳がピークとなり，そのピーク時の出生率は0.10となった。ピークとなる年齢が年々高くなるとともに，ピークの出生率そのものが低い値となってきている。その後は，大きな変化がなく，2015（平成27）年でのピークは30歳（出生率は0.11）であった。以前はピークとなっていた25歳時点の出生率に注目して年代別に比較すると，1975（昭和50）年は前述のように0.22だったのが2005（平成17）年は0.06と大幅に下がっている。ピーク年齢が上昇し，ピーク時の出生率が低下してきた大きな要因は20歳代の出生率低下と関連していると推測できる。

一方で，35歳時点の出生率をみると，2005（平成17）年には0.06であったのが，2015（平成27）年には0.08となるなど，30〜40歳代の年齢別出生率の上昇を認める。近年，合計特殊出生率の低下が横ばいから微増の状態で落ち着いているのは，この年代での出生率増加によるものと考えられる。それでは，どうして20歳代における出生率が低下してきたのだろうか？

■ 晩婚化・未婚率の上昇

20歳代における出生率の低下は晩婚化と深く関連すると推測されている。日本における平均初婚年齢は，2015（平成27）年では，夫が31.1歳，妻が29.4歳であった。これを1985（昭和60）年と比較すると，夫は2.9歳，妻は3.9歳上昇しており，特に女性の結婚年齢が高くなったことが注目される。これは，女性の社会進出が進んで，①女性が一人でも生計を立てやすくなった，②仕事のために結婚や妊娠，出産を先送りするという女性が増えた，ためと考えられる。多くの女性が大学などの高等教育を受けるようになり，自分自身のキャリ

アを社会に役立てたいと願っていることとも関連している。女性の社会進出そのものは本人にとっても社会にとっても望ましいことと考えられる。2015（平成27）年では，第1子を出生した時の母親の年齢は30.6歳，第2子出生年齢が32.4歳，第3子出生年齢が33.4歳であった。国立社会保障・人口問題研究所が実施した第14回出生動向基本調査（2015）によれば，夫婦に尋ねた理想的な子どもの数（平均理想子ども数）は2.32人であったのに，夫婦が実際に持つつもりの子どもの数（平均子ども予定数）は2.01人であった。「子ども予定数」が「理想子ども数」を下回る夫婦に対して，理想の子ども数を持たない理由を尋ねたところ，最も多いのは，「子育てや教育にお金がかかりすぎるから（60.4%）」であり，次に多い理由は，「高年齢で産むのは嫌だから（35.1%）」であった。年代別に見ると，若い世代ほど経済的な理由を挙げた人が多く，後者の理由を挙げた人の割合は年齢とともに多くなる傾向が見られた。日本産婦人科学会やWHOでは，35歳以上の初産婦のことを「高齢出産」と定義している。確かに，医学の進歩にともなって，糖尿病など母体の合併症や妊娠高血圧症候群の発見・管理は早期より適切にできるようになってきた。しかし，それでも尚，妊産婦の年齢が高くなると流産率や先天異常発生率は高くなり，妊娠高血圧症候群や常位胎盤早期剥離などのリスクも高くなる。高年齢出産の危険性に関する情報は，マスメディアやネットなどを通じて広く知られるようになっており，女性が高年齢での妊娠・出産をためらう原因となっている。

それでは，実際に1組の夫婦が生む出生数は何人であろうか？結婚持続期間が15～19年の初婚どうしの夫婦の平均出生子ども数を「夫婦の完結出生児数」と呼ぶ。夫婦の完結出生児数は，1970（昭和45）年代から2002（平成14）年まで2.2人前後で安定的に推移していたが，2005（平成17）年から減少傾向となり，2015（平成27）年には1.94と過去最低となっていた。

一方で，男女とも未婚の割合が増えている。特に一生にわたって結婚をしない層が大きく存在するようになってきた。45～49歳の未婚率と50～54歳の未婚率を平均した値は50歳時の未婚割合とされ，「生涯未婚率」とも呼ばれている。生涯を通して未婚である人の割合を示すものではないが，50歳で未婚の人は，将来的にも結婚する予定がないと考えられやすく，生涯独身でいる人がどのくらいいるかを示す統計指標として使われている。1970（昭和45）年

1 少子化の現状とその原因について

には，生涯未婚率は男性1.7％，女性3.3％であった。その後，男性の未婚割合は一貫して上昇しており，2015（平成27）年の国勢調査では，男性23.4％，

図2　年齢別未婚率の推移

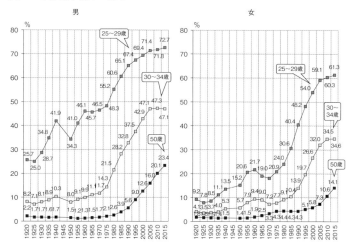

（注）配偶関係未詳を除く人口に占める構成比。50歳時の未婚率は「生涯未婚率」と呼ばれる（45〜49歳と50〜54歳未婚率の平均値）。
（資料）国税調査（2005年以前「日本の長期統計系列」掲載）

図3　生涯未婚率の推移（40〜49歳と50〜54歳未婚率の平均値）

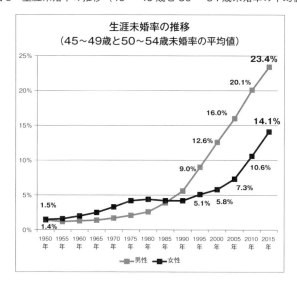

17

女性14.1％となっている（図2）。生涯未婚率の急激な上昇は1990（平成2）年頃からであり（図3），バブル崩壊などの経済環境の変化によって非正規雇用者が増えたことと共に，男女雇用機会均等法の施行などにより働く女性の増加や社会進出促進による影響も大きいと言われている。

■ 就労形態の変化が少子化に与える影響

国立社会保障・人口問題研究所が実施した「出生動向基本調査」によれば，18〜34歳の未婚者のうち，男性では86.3％，女性では89.4％の人々が，「いずれ結婚するつもり」と考えている。一方で，25〜34歳の未婚者に独身でいる理由を尋ねると「適当な相手にめぐり合わない」「結婚資金が足りない」という理由が上位にあがる。

20歳台，30歳台の所得分布を見ると1997年に比べて所得が低い方向にシフトしている。これは非正規雇用の増加と関連しているといわれている。未婚化の背景には雇用の不安定化や低所得が関連していると指摘されている。2015（平成27）年の統計では，非正規雇用割合は，15〜24歳で男女とも5割前後，25〜34歳の男性で16.5％，女性では41.3％となっている。男性において，就労形態別に配偶者がいる割合を見てみると，30〜34歳では正規雇用57.8％に対し，非正規雇用では23.3％と大きな差を認める（表2）。さらに，年収別に男性の有配偶率を見ると，年収が高い人ほど結婚している割合が高い。男性においては，就労環境が配偶者の獲得及び少子化と関連することを示唆している。

表2　男性の就労形態別での有配偶率

非定型雇用は，パート，アルバイト，労働者派遣事業所の派遣社員，契約社員・嘱託などを指す。ここでは，パート・アルバイトと他の雇用形態を分けた。年齢と共に差が大きくなっている。

雇用形態	年齢		
	20〜24歳	25〜29歳	30〜34歳
正社員	1.60%	31.70%	57.80%
非典型雇用	2.60%	13.00%	23.30%
パート・アルバイト	4.50%	7.40%	13.60%
無業	8.60%	5.10%	10.20%

1 少子化の現状とその原因について

■ 諸外国における合計特殊出生率の推移

欧米を中心とした主要国（アメリカ，フランス，スウェーデンなど）とアジアの国々の出生率を表3に示した。いずれの国も，現在では合計特殊出生率が2.0以下となっている。1960（昭和35）年代まではすべての国で2.0以上の水準であったが，1970（昭和45）～80（昭和55）年代にかけては出生率が低下し，フランスやスウェーデンでは，1.5～1.6まで低下した。しかし，その後，両国は家族手当などの経済的支援だけではなく，保育や育児休業制度の整備が行われて，1.92，1.85まで回復することに成功した。日本においても子育てと就労が両立できるような環境整備の必要性が指摘されている。一方で，アジアの国々においても，経済成長と共に出生率が低下し，現在では，日本の1.45よりも低い値を呈するようになってきている。タイ（出生率1.4），シンガポール（1.24），韓国（1.24），香港（1.2），台湾（1.18）といずれも深刻な低下を認めている。

表3　世界の国々の合計特殊出生率

日本をはじめ東アジアの国々で共通して合計特殊出生率が低い。

国・地域	年次	合計特殊出生率
日本	2015年	1.45
フランス	2015年	1.92
スウェーデン	2015年	1.85
アメリカ	2015年	1.84
イギリス	2015年	1.8
ドイツ	2015年	1.5
イタリア	2015年	1.35
タイ	2013年	1.4
シンガポール	2015年	1.24
韓国	2015年	1.24
香港	2015年	1.2
台湾	2015年	1.18

■ 仕事と子育ての両立

出産後も仕事を継続したいという女性は次第に増えてきている。1985（昭

和60）年から2004（平成16）年までは，出産前に仕事を持っていても，出産後も仕事を続ける女性は40％前後であった。しかし，2010（平成22）年から2014（平成26）年の間では第1子出産後も就業を継続する女性が53.1％と急増した。また，仕事を継続した女性のうち73.9％が育児休業を利用していた。しかし，正規の職員とパート・派遣に分けて就業継続の割合を見ると，正規の職員では，仕事を継続した人の割合は69.1％であるのに対し，パート・派遣は25.2％であった（国立社会保障・人口問題研究所「第15回出生動向基本調査（夫婦調査）」2015年）。これは，女性の出産に対する社会での支援体制が不十分で，特にパート・派遣業務者には育児休業も利用できないことが多いことを示唆している。一方で，子育て期にある30代，40代の男性については，2016（平成28）年で，それぞれ15.1％，15.7％が週60時間以上の就業時間となっており，ほかの年齢層に比べ高い水準となっている。このことは，子育ての責任が母親に押し付けられがちである原因となっている。

2 少子化対策の具体的な実施状況

■ これまでの少子対策 (表4)

これまで少子化対策としてどのような事業が実施されていたかについて考えてみたい。少子化を語る時に，「1990年の1.57ショック」という言葉によく遭

表4　我が国における主な少子化対策の実施状況

1994年	今後の子育て支援のための基本的方向について（エンゼルプラン）
1999年	少子化対策推進基本方針（新エンゼルプラン）
2003年	次世代支援対策法
2003年	少子化社会対策基本法
2004年	少子化社会対策大綱に基づく具体的実施（子ども・子育て応援プラン）
2006年	新しい少子化対策について
2010年	少子化社会対策大綱（子ども・子育てビジョン）
2013年	待機児童解消加速化プラ
2014年	放課後子ども総合プラン
2015年	新たな少子化社会対策大綱

遇する。これは，1989（平成元）年の合計特殊出生率が1.57と，それまでに「丙午」という特殊要因で1.58に落ち込んだ1966（昭和41）年の値を下回った衝撃を意味している。この時，政府は，初めて子どもの出生率の低下が深刻な問題であると認識して対策を考え始めた。

　1994（平成6）年2月には「今後の子育て支援のための基本的方向について」（エンゼルプラン）が策定された。このプランでは，保育の充実，地域子育て支援センターの整備など特に子育て支援に焦点が置かれ，学童クラブの普及，延長保育など多様な案が実施された。さらに，1999（平成11）年には「少子化対策推進基本方針」とともにその実施計画として新エンゼルプランが策定された。新エンゼルプランでは，保育関係に加えて，仕事と子育てを両立させるための雇用環境整備，保険，母子保健，相談，教育などの事業も加えた幅広い内容を取り扱うようになった。

　2003（平成15）年には，"子どもは次世代を担うのだから，子どもを育成する家庭を社会全体で支援する"という立場から「次世代支援対策法」が制定された。この法律は地方公共団体と事業主が仕事と家庭の両立を目指してそれぞれ行動計画を立てて実施していくことを目的としていた。同じ2003（平成15）年には，少子化社会において講じられる施策の基本理念を明らかにするために「少子化社会対策基本法」が制定された。少子化の主たる要因であった晩婚化・未婚化に加え，夫婦の出生力そのものに低下が認められるとし，家庭や子育てに夢を持ち，かつ，次代の社会を担う子どもを安心して生み，育てることができる環境を整備するという主旨であった。この基本法に基づいて「少子化社会対策大綱」が確定された。2004（平成16）年には，「少子化社会対策大綱に基づく具体的実施について」（子ども・子育て応援プラン）が閣議決定され，2009（平成21）年度までに行う具体的な施策内容と目標を掲げた。

　2005（平成17）年には，日本で人口動態の統計を取り始めた1899（明治32）年以来，初めて出生数が死亡数を下回った。出生数は106万人，合計特殊出生率は1.26といずれも過去最低を記録した。2006（平成18）年には，「新しい少子化対策について」が決定され，妊娠・出産時から高校・大学生期に至るまでの年齢に応じた子育て支援策が提案された。

　2010（平成22）年に少子化社会対策大綱（子ども・子育てビジョン）が策

定され，2013（平成25）年には都市部を中心に深刻な問題となっている保育所の待機児童解消への取り組みを加速化させるため，「待機児童解消加速化プラン」が策定された。これに基づき，「少子化危機突破タスクホース」が発足し，結婚・妊娠・出産・育児の「切れ目のない支援」のため，総合的な政策の充実，強化を目指すこととされた。2013（平成25）年度及び2014（平成26）年度には，約22万人分の保育の受け皿拡大がなされた。2014（平成26）年には，「放課後子ども総合プラン」が策定され，小学校入学後も文部科学省と厚生労働省が「放課後児童クラブ」，「放課後子ども教室」を一体的に運用し，共働き家庭等に小学校入学後も子どもたちの居場所を提供することとなった。

2015（平成27）年には，「新たな少子化社会対策大綱」が制定され，①子育て支援策を一層充実，②若い年齢での結婚・出産の希望の実現，③多子世帯への一層の配慮，④男女の働き方改革，⑤地域の実情に即した取り組み強化，の5つの重点課題が設けられた。2015（平成27）年には，内閣府に子ども・子育て支援制度の施行を行うために新たに「子ども・子育て本部」が設置された。さらに，「一億総活躍社会の実現に向けて」の新・三本の矢の第二の矢「夢をつむぐ子育て支援」の具体的目標として希望出生率1.8が打ち出された。

■ これまでの少子化対策・子育て支援施策に共通する方針

これまで述べてきたように，出生率低下の主な要因は，晩婚化の進行等による未婚率の上昇であり，その背景には，仕事と子育ての両立や子育ての負担感の増大があると考えられている。少子化対策では，それらの負担を軽減し，安心して子育てができるように環境整備を進めることが重要である。一方で，出産や子育ては，あくまでも当事者の自由な選択に基づくものである。個人の価値観を大切にしながら，社会全体が子育てを温かく見守り支援するという視点が重要である。現在，これらの視点を具体化するために子育て支援の大きな柱として，以下の5つの基本的施策が考えられている。

1) 固定的な性別役割分業や職場優先の企業風土の是正
2) 仕事と子育ての両立のための雇用環境の整備
3) 安心して子どもを産み，ゆとりをもって健やかに育てるための家庭や地

域の環境づくり
4）利用者の多様な需要に対応した保育サービスの整備
5）子どもが夢を持ってのびのびと生活できる教育の推進

　母親に子育ての負担が重くのしかかる原因の一つとして，父親の雇用環境の問題があげられる。"固定的な性別役割分業や職場優先の企業風土の是正"や"仕事と子育ての両立のための雇用環境の整備"には，社会全体の意識変革，給与体系・雇用体系の改革が不可欠である。1990（平成2）年代のバブル崩壊後，日本においては，多くの企業が，経費削減のために正規雇用者を大幅に削減してきた。さらに，ITなどの導入によって単純作業や事務作業の多くは不要となった。正規雇用に代わって，景気の変動に伴い人員調整が行いやすいパートや派遣企業からの非正規雇用が増えるようになってきた。非正規雇用では，不安定で過剰な労働を強いられがちである。技術の向上に必要な研修や教育の機会も少なく，キャリアアップにもつながりにくい。また，期間が限定された雇用であるために将来の生活の見通しが立てにくく，結婚，子育てをしようという気持ちに水を差しがちである。非正規雇用者の増加は，仕事の調整に必要な雑務や会議数の増加など正規雇用者に対しても多くの時間外労働を強いる結果になってきている。少子化の進行を止めるためにも，ライフワークバランスの改善が大きな課題となっている。一方で，生まれてくる子どもが必ずしも定型的な発達を示す子どもとは限らない。障害のある子どもを育てる家庭を地域社会が支える体制づくりが大きな課題となっている。さらに，貧困な状況にある子ども・ひとり親家庭への支援体制の確立など，子育てに伴うリスクへのセーフティネットが必要と思われる。様々な技術の発展に伴い，習熟に必要な期間は長くなるばかりである。定型的な発達を示す子ども達に対しても教育に関わる経済的負担の軽減が重要と考えられる。

■ 安心して子どもを産み，ゆとりをもって健やかに育てるための家庭や地域の環境づくり

　日本は世界の中で，周産期死亡率，新生児死亡率，乳児死亡率，乳幼児死亡率の最も低い国の一つである。これらは，医療そのものの発達と同時に，周産

期医療センターの地域化や国民皆保険制度の普及など様々な要因に支えられている。一方で，表5-1，表5-2に示すように，少子化の進行の中で，子どもの死亡原因も大きく変化している。現在では，乳児期，乳幼児期を通じて，子どもが感染症などの急性疾患で亡くなることは極めてまれとなった。乳幼児期の死亡原因のトップは先天奇形，変形並びに染色体異常となっており，小児がんなどの悪性疾患や不慮の事故がそれに次いでいる。10代以降では自殺が大きな死亡原因となっており，さらに，発達障害などの増加も注目されている。これらの解決には，医療関係者だけの努力では不可能であり，社会全体の意識変化が重要である。晩婚化に伴う出産年齢の上昇とも関連して，多くの女性が

表5-1 日本における0歳児の死亡原因

	1980	1990	2000	2005	2010	2015
1	出産時外傷，低酸素症，分娩仮死	先天異常	先天奇形，変形及び染色体異常	先天奇形，変形及び染色体異常	先天奇形，変形及び染色体異常	先天奇形，変形及び染色体異常
2	先天異常	出産時外傷，低酸素症，分娩仮死	周産期に特異的な呼吸障害及び心血管障害	周産期に特異的な呼吸障害及び心血管障害	周産期に特異的な呼吸障害及び心血管障害	周産期に特異的な呼吸障害及び心血管障害
3	不慮の事故及び有害作用	不慮の事故及び有害作用	SIDS	SIDS	SIDS	SIDS
4	詳細不明の未熟児	心疾患	不慮の事故	不慮の事故	不慮の事故	胎児及び新生児の出血性障害及び血液障害
5	肺炎及び気管支炎	敗血症	胎児及び新生児の出血性障害及び血液障害	胎児及び新生児の出血性障害及び血液障害	胎児及び新生児の出血性障害及び血液障害	不慮の事故

表5-2 子どもの年齢別死因（2015）

	～1歳	1～4歳	5～9歳	10～14歳
No1	先天奇形，変形及び染色体異常	先天奇形，変形及び染色体異常	悪性新生物	悪性新生物
No2	周産期に特異的な呼吸障害及び心血管障害	不慮の事故	不慮の事故	自殺
No3	SIDS	悪性新生物	先天奇形，変形及び染色体異常	不慮の事故
No4	胎児及び新生児の出血性障害及び血液障害	肺炎	心疾患	先天奇形，変形及び染色体異常
No5	不慮の事故	心疾患	肺炎	心疾患

自分自身の健康状況や子どもが障害をもつリスクへの不安から出産をためらいがちである。

　出生時の体重が 2,500g 未満の児を低出生体重児，1,500g 未満を極低出生体重児，そして，1,000g 未満の児を超低出生体重児と呼ぶ。少子化の中で，低出生体重児の出生総数は漸増から横ばいであり，出生児に占める低出生体重児の割合は急激に上昇している。現在では，たとえ出生体重が 500g 未満であっても，生後 4 週以内に亡くなるのはわずかに 11％である（2015 年）。しかし，これらの子ども達は発達上の課題を抱えることが多い。また，以前では，とうてい救命することのできなかった染色体異常などの先天異常のある子ども達も助かるようになってきている。高齢出産の増加を考えるならば，家族や専門家と協力して発達上のリスクが高い子どもや障害のある子どもに対する支援ネットの形成が不可欠である。地域に基盤を置いた支援ネット形成には，医療，保健，福祉そして教育などに携わる多くの専門職が連携する必要がある。障害者権利条約に詠われているように，障害のある人の社会参加の場が確保され，障害のある人がその人の能力に応じた役割を果たすことができる社会を目指すことが重要である。現在では，在宅での医療が必要な子ども（医療的ケア児）の増加など障害の重度化が顕著な一方で，発達障害などの新しい障害のある子どもが急増している。社会の人々が多様な障害について理解し，障害のある人が尊厳を持って暮らせる社会を創らなくてはならない。本人や家族の希望や障害の程度に応じたサービスが，医療，福祉，教育の垣根を越えて提供され，安心してサービスを選択できるようになる必要がある。例えば，重い障害のある子どもとその家族に対しては，支援がより身近なところに整備され，医療的なサポートも利用できることが必要である。在宅でのケアを考えるならば，施設等を拠点とした生活支援サービス（ショートステイ）が 24 時間，365 日提供され，必要に応じて家族がレスパイトできることが切望されている。また，障害特性（知的，肢体，情緒，視覚，聴覚等）に応じた教育システムが整備され，地域に開かれていることが望ましい。

■ "小さく生まれた子どもとその家族","発達が気になる子どもとその家族"への支援

　自治体やボランティアグループが連携して,様々な子育て支援事業が行われている。本項では,"安心して子どもを産み,ゆとりをもって健やかに育てるための家庭や地域の環境づくり"に関連して,私たちが神戸市と協力して行ってきた事業を2つ紹介する。

(1) 1,500g 未満で生まれた赤ちゃんとその家族のための子育て支援教室

　私たちの研究室では,23年前より,1,500g 未満で生まれた子どもと家族のための教室(YOYO クラブ)を神戸市,神戸市社会福祉協議会と協力して運営してきた。YOYO クラブでは,修正月齢3か月から2年間にわたって計20数回のプログラムを用意している。年齢の近い4つのグループに分かれ,各グループ(10名前後)毎月1回教室を開き,親子の触れ合い遊びや季節に応じた工作などのプログラムを提供している。教室の後半には,専門家(発達を専門とする小児科医,臨床心理士,看護師,助産師,保育士など)を交えた保護者の話し合いのプログラムが実施されており,同じように小さく生まれた子どもを持つ保護者同士が交流・共感し,支えあうようになっている。本教室では,家族がお互いの繋がりを持つことにより,子どもの姿をありのままに受け入れ,育児を楽しむことを目的としている。既に700人以上の小さく生まれた赤ちゃんが教室を巣立ってきた。子ども達のプログラムには,将来,保健師や,臨床心理士,助産師になることを目指す大学院生・大学生も参加しており,子どもの発達に関する観察方法や家族への接し方などの基礎的な知識・姿勢を学ぶようになっている(写真1)。

(2) 発達が気になる子どもとその家族のための教室

　近年,社会的にも発達障害に対

写真1　小さく生まれた子ども達と遊びながら発達を観察する

する関心が深まってきている。私たちの研究室では，神戸市社会福祉協議会，神戸市などと連携して，就学前の子どもと家族を対象に2つの発達支援室（ぽっとらっく，スマイルぽっとらっく：毎月1回）と1つの個別支援教室（星の子：毎週1回）を開催している。これらの教室には，コミュニケーション上の問題，こだわり行動，感覚過敏や多動などの症状を認め発達が気になる子どもとその家族が参加している。ぽっとらっく，スマイルぽっとらっくは，神戸市東部（灘区民センター），西部（青陽須磨支援学校）の2か所で土曜日に開催され，子どもプログラムと保護者プログラムを提供している。子どもプログラムでは，家族と離れてボランティア学生や同世代の子どもと発達に応じた遊びを楽しめる場を提供している。保護者プログラムでは，支援に携わる様々な専門家（医師，言語聴覚士，音楽療法士，学校の先生など）から発達障害に関する最新の話題提供を受けた後，保護者同士がグループでディスカッションをする。グループディスカッションでは，ピアサポートの手法を取り入れて，家族がとも自由に話し合い情報を共有できるようにしている。さらに，学校に入学した後も，就学後の集い（小学生対象），野外体験型プログラムあじさいキャンプ（NPO法人アスロンと連携），思春期の居場所 Be・Use などライフステージに応じた多彩なプログラムを用意している（写真2）。

各プログラムでは同じような状況の子どもを持つ家族が互いに助け合うピアサポートの手法を取り入れており，家族の会や自治体と緊密な連携をとっている。いずれの活動にも大学生や地域のボランティアが積極的に参加しており，地域社会に根差した活動拠点つくりを目指している。

写真2　あじさいキャンプ
小学校高学年,中学生の自然体験型教室「カヌーに乗る」

3 まとめ

　少子化対策は今後の社会保障を考える上でもきわめて重大な課題である。少子化を少しでも改善するためには，若い人々が安心して結婚し子育てができる環境づくりが重要である。社会全体の男女役割に関する意識の変化，子育て時期の雇用条件の改善，ワークライフバランスの見直しが必要である。そして，たとえ発達上のリスクが高かったり，障害があっても，社会全体で家族の子育てを支援できるような地域を基盤とした仕組み（Community Based Program）が重要である。子どもと家族，そして障害のある子どもと家族に優しい地域こそが，少子化を防ぎ，将来も持続的に発展していける日本社会を創るための基礎となる。

《参考文献》
- 岩澤美帆 2015「少子化をもたらした未婚化および夫婦の変化」（高橋重郷・大淵寛編著『人口減少と少子化対策』原書房，人口学ライブラリー 16）
- 兵庫県ホームページ，市区町別合計特殊出生率
  https://web.pref.hyogo.lg.jp/kk11/toukeisiryou.html
- 厚生労働省「平成 29 年版　厚生労働省少子化白書」第 1 章　少子化をめぐる現状
- 青木勢津子 2014「超高齢社会・人口減少社会における社会保障－危機に立つ社会保障制度－」（『立法と調査』1 巻 348 号 80 － 96 頁）

コラム 児童虐待・子どもの貧困

高田 哲（神戸大学大学院保健学研究科地域保健学領域 教授）

"日本における児童虐待の報告数は増加し続けている。"との報道がしばしばなされている。

1992（平成4）年度における全国の児童相談所の虐待報告数は1,372件であったのに，2016（平成28）年度には103,289件とすさまじい勢いで急上昇している。それでは，どのような行為を児童虐待というのであろうか？児童虐待については，「保護者（親権を行う者，未成年後見人その他の者で，児童を現に監護するものをいう）がその監護する児童（18歳に満たない者）に対し，次に掲げる行為をすること」と児童虐待防止法（2000年制定）で定義されている。"次に掲げる行為"としては，①身体的虐待，②性的虐待，③ネグレクト，④心理的虐待が示されている。身体的虐待は，文字通り，子どもの身体に暴行を加え外傷を生じたり，生じる恐れのある暴行を加えたりすることである。性的虐待とは，児童に猥褻行為をすることだけではなく，性的対象にしたり，猥褻なものを見せたりすることも当てはまる。ネグレクトは子どもの心身の正常な発達を著しく妨げるような減食や長時間の放置，保護者としての役割を著しく怠ることを意味している。一方，心理的虐待は子どもの心に著しい心理的な外傷を与える言動を行うことを示す。

児童虐待の死亡者は，2012（平成24）年度が90人（うち心中39人，心中以外51人），2013（平成25）年度64人（うち心中33人，心中以外31人），2014（平成26）年度70人（うち心中27人，心中以外43人）となっていた。心中以外の死亡例において，0歳児の占める人数は，2012（平成24）年度22人，2013（平成25）年度16人，2014（平成26）年度27人と極めて多くなっている。また，加害者の60％以上が実母であることを考えると，出産直後からの母親への支援が重要であることが推定される。産後の女性の心の問題としては，産後うつ病への対応が注目されている。うつ病は特に産褥期に発生することが多く，罹患すると初期の母子関係に大きな影響を及ぼす。現在，分娩施設に対しては，妊産婦の育児への意識や不安を評価し，その評価に基づいて地域の保健機関や小児科に紹介す

ることが求められている。

一方，平成 28 年厚生労働省国民生活基礎調査によれば，日本全体では，子どもたちの 7 人に 1 人が貧困であり，ひとり親では，その割合が 2 人に 1 人に及ぶとされている。子どもの貧困に伴う不十分な栄養摂取や孤食も大きな社会的問題となっている。現在，民間団体や自治体が中心となって日本各地に「子ども食堂」が作られており，無償で子どもたちに食事が提供されるようになっている。貧困と児童虐待，児童虐待とひとり親との間には各々密接な関係がある。

2016（平成 28）年には児童福祉法の一部が改正され，「児童は，適切な養育を受け，健やかな成長・発達や自立などを保証される権利がある」ことが明確化されている。その目的を果たすために，市町村には母子健康包括支援センターの設置に努めることが義務付けられることとなった。特にリスクの高い家族への早期からの支援が必要である。児童虐待や貧困への支援には多職種の連携とともに地域住民の協力が不可欠である。今後，各々の地域の状況に適応した妊娠期からの一貫した支援体制の構築が望まれる。

第2章
子育て支援の社会資源と活用法

水畑 明彦
前 神戸市こども家庭局子育て支援部事業課利用支援担当係長
（現 神戸市北区北神支所市民課窓口係長）

子育て支援を行う中心は，子どもや子育て家庭を守り育てる志のある，地域の社会資源の従事者である。社会資源には，制度化されたサービスと，地域での支え合いといったインフォーマルなものとがあるが，本章では，制度化されたサービスについて，ニーズに分けて俯瞰する。次に，社会資源活用における地方公共団体の積極的な役割にはどういったものがあるのかを解説する。最後に，地域の課題と取り組みについて取り挙げる。

それによって子育て支援は，多様な社会資源がそれぞれの特性を発揮して役割を果たしながら，総合的に地域の子ども・子育て支援が進められていることが見えてくるだろう。

キーワード
認定こども園　地域子育て支援拠点　子どもの最善の利益

1 子育て支援の社会資源

■ 子育て支援のニーズ

　原「因」を知る「心」と書いて「恩」と読む。たとえば，今の私があるのは誰のおかげ（原因）かと考えると，親はもちろんのこと，たくさんのお世話になった人達のおかげであることに気づく。その中でも大切なスタート期の関わりを担うのが，子育て支援に携わる先生（社会資源の従事者）であろう。

　「社会資源とは，ソーシャルワーク実践において活用される人，物，お金，情報，制度・サービス等の総称（橋本真紀・奥山千鶴子・坂本純子，2016）」であるが，地域にはさまざまな子育て支援の社会資源がある。それは，子どもや子どもをとりまく家庭環境が多岐にわたるからである。家族構成，就労状況，保育が必要な時間やその年齢，障がい，発達や傷病の程度によって必要とされる援助，活用される社会資源は一様でない。子育て支援のニーズを大きくまとめるならば，まず，①母子共に健やかでありたい保健ニーズがある。また，②共働きやひとり親家庭等を理由として保育を受けたい，加えて小学校の入学に向けて幼児教育を受けたい，発達が遅れていたり，障がいがあったりして，療育を受けたいといった日常的な通園のニーズもある。次に，③毎日ではないが，用事や下の子の出産，育児のリフレッシュ，保護者の病気等の緊急時などスポットで保育を受けたいニーズ，④小学校に入学してから，放課後の居場所の提供を受けたい，療育を受けたいニーズもある。そのほか，⑤在宅で育児をしているなかで，育児のリフレッシュや子どもの成長のために，子連れで参加・利用したいニーズもあろう。

　そのような地域のニーズに対応するために，国は法律を作り，支援のメニューや活用する社会資源をリストアップしている。2015（平成27）年，それら子育て支援の土台となる制度面の大改正があった。この子ども・子育て支援新制度のスタートによって，年金，医療，介護とともに，「子育て」が社会保障の柱として恒久的な財源（税金）で安定的に実施されることになった。

　援助のための社会資源には，制度化されたサービス（フォーマルサービス）と，

1 子育て支援の社会資源

地域の支え合いといったインフォーマルなものとがあるが，ここでは子ども・子育て支援法と児童福祉法に定める子育て支援や通所支援の代表的なフォーマルサービスを図1に示し，次項以降，それら社会資源の例を見ていきたい。なお，サービスや実施主体の名称は，法令に準拠して説明するが，一部神戸市での名称を用いて解説する。

図1 子育て支援の社会資源の例

神戸市子ども・子育て支援事業計画を基に障害児通所支援を加えて筆者作成

社会資源の例	
サービス	実施する主体
妊婦健康診査 新生児訪問指導〈乳児家庭全戸訪問〉 保健師による相談・指導〈養育支援訪問〉 産後ホームヘルプサービス〈 〃 〉 養育支援ヘルパー派遣〈 〃 〉	市町村保健センター
子どものための教育・保育給付	教育・保育施設 （認定こども園・幼稚園・保育所） 地域型保育事業所
延長保育〈時間外保育〉 預かり保育	
障害児通所給付	児童発達支援センター 児童発達支援事業所　等
一時保育〈一時預かり〉	教育・保育施設　等
病児保育	病児保育施設
子育て援助活動支援	ファミリーサポートセンター
子育てリフレッシュステイ 〈子育て短期支援〉	児童養護施設・乳児院 母子生活支援施設
学童保育〈放課後児童健全育成〉	児童館など学童保育施設
障害児通所給付	放課後等デイサービス事業所
地域子育て支援拠点	児童館 地域子育て支援センター 保育士等養成大学　等
子育て支援事業 （保護者の児童養育の支援）	教育・保育施設　等

①母子共に健やかでありたい

②日々通園して教育・保育を受けたい

②日々通園して療育を受けたい

③事情に応じてスポットで保育を受けたい

④放課後の居場所の提供を受けたい

⑤親子で利用したい

■ 母子保健サービスを提供する・事業を実施する

　母子保健は，「次世代を担う子どもが心身ともに健やかに育つことができる地域社会を実現する」ことを目的に[1]，サービス・事業の基本的な担い手として市町村保健センターが，地域住民への直接的な支援拠点となっている。

　市町村保健センターでは，妊娠する前からの切れ目のない支援を目標に，母子保健法を基に，母子健康手帳の交付，妊婦健康診査の助成，新生児訪問，乳幼児健康診査といった妊産婦や乳幼児に対するサポートのほか，思春期保健として，妊娠・出産を通した命の大切さの啓発授業や，思いがけない妊娠への支援等も行っている。

　子ども・子育て支援法にも，地域の子育て支援として母子保健のサポートがリストアップされており，例えば，養育支援訪問は，育児ストレス・産後うつ状態・育児ノイローゼなどによって，子育てに対して強い不安や孤立感を抱える養育者の家庭にホームヘルパーを派遣する取り組みである。実地に，家事・育児に関する援助や助言を行っている。

■ 教育・保育を提供する（1）　～認定こども園・幼稚園・保育所～

　日々通園する小学校入学前の子どもに教育・保育を提供する社会資源として，教育・保育施設と地域型保育事業所がある。教育・保育施設とは，認定こども園，幼稚園そして保育所である。

　幼稚園は，古くは1876（明治9）年の東京女子師範学校附属幼稚園が発祥といわれ，また，保育所については様態等がさまざまなこともあり発祥には諸説あるが，神戸市の人間としては，1886（明治19）年に神戸に開園した間人保育場(はしゅうど)を日本初の保育所として挙げたい[2]。戦後，日本では1947（昭和22）年に学校教育法，次いで1948（昭和23）年に児童福祉法が施行され，それぞれ学校としての「幼稚園」，児童福祉施設としての「保育所」が法律で定められたことにより，二元化が固定されていく。幼稚園は親の就労等の状況によらず，主に平日昼過ぎまで保育し，保育所は親の就労等保育が必要な状況に応じて，保育が必要な範囲で保育することを基本としている。また，幼稚園と保育

所の違いにおいて顕著なのは、公の規制である。特に私立園において幼稚園は、創立者の「建学の精神」に基づいて「独自の校風」を築いてきた特性に根ざし、公による規制が極力制限された法制度とされているのに対し、地方公共団体から保育実施の委託を受けている私立保育所には、年1回以上、法人や園に対して「指導監査」が行われることになっている。

ここで重要なことは、保育所が、「地域の子育て家庭に対する支援等を行う役割を担う」と保育所保育指針（厚生労働省a, 2008）に大きく定められているのに対し、幼稚園も、幼稚園教育要領（文部科学省, 2008）に「地域における幼児期の教育のセンターとしての役割を果たすよう努める」こととされ、どちらも単なる幼児向け経営体という枠ではなく、あくまで公共的な社会資源として地域で重要な役割を担っている点である。

一方、**認定こども園**は2006（平成18）年に始まった園であり、2015（平成27）年の子ども・子育て支援新制度により大幅に制度改正された。4類型ある（図2）。これまでの幼稚園と保育所、どちらに通園する家庭の子どもも利用できるような園である。「認定こども園制度は、幼稚園でも保育所でもない新た

図2 幼児教育・保育を提供する社会資源の類型
　　子ども・子育て支援新制度ハンドブック（施設・事業者向け）（平成27年7月改訂版）を基に筆者作成

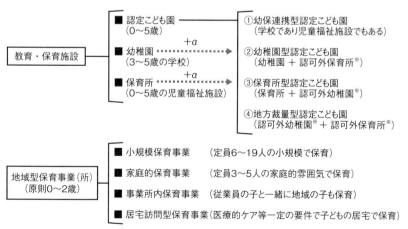

※「認可外」の敷地部分も含め「認定こども園」であり、「認定」基準を守る。

な第三の施設類型を設けるものではなく，むしろ就学前の教育・保育に関する多様なニーズへの対応に求められる機能に着目し，幼稚園や保育所等がその機能を保持したまま認定こども園の認定を受ける仕組み（中央法規出版編集部，2017）」として始まった。

たとえば幼稚園が「認定こども園」になるための「認定」を受けると，「幼稚園型認定こども園」となり，従来の幼稚園の役割にプラスして保育所のような機能を付加できることになった。さらに，「幼保連携型認定こども園」は，学校でもあり児童福祉施設でもある単一施設として認可を受けることとされた。制度上，これら認定こども園には，子育て支援事業の実施が義務付けられており，一層，地域の子育て支援において重要な役割を担うことが期待されている。

認定こども園は，幼稚園や保育所が改修を行う等して認定こども園に看板替えしたものが多いが，幼保のどちらから移行したかで同じ認定こども園と言っても運営や考え方は大きく異なる。幼保の良い部分を併せる現場での取り組みは始まったばかりといえる。

■ 教育・保育を提供する（2） 〜地域型保育事業所〜

これまでも認可保育所以外の保育資源として，地域によってさまざまな小規模保育施設や保育ママといわれるもの，赤ちゃんホーム，家庭託児所等が設けられてきた。子ども・子育て支援新制度では，それらも国の認可ルールをクリアした一定の質が確保されたものにしようと，地域型保育事業所という類型をスタートさせ，それに移るよう推し進めた。

地域型保育事業所は，地域課題としての「保育所等の待機児童」と「過疎化」のいずれにも対応しようとするものである。地域型保育事業所は4類型ある（図2）。待機児童は，地域に散在していることが多く，利便性の良い駅の近くに保育所等を建設することが一般的に解決策となりうるが，交通至便な場所は概して大きな土地が確保できない等の課題がある。そこで，割合小さな敷地でもつくることができる地域型保育事業所の出番となるのである。

一方，子どもの数が減少している地域では，少人数クラスになった幼稚園と保育所を認定こども園に統合することや，地域型保育事業所で特例的に小学校

入学まで保育を認めることで，適切な育ちの環境としての集団保育を続けることを可能としている。

■ 日々通園する子どもに療育を提供する

「「療育」とは，医療の「療」と教育の「育」を組み合わせたものであり，障がいや疾患のある子どもに対するサービスには，医療と教育の両方をバランスよく提供する必要性があることを意図した言葉である（「社会福祉学習双書」編集委員会編，2016）。」

保育所や幼稚園，認定こども園の一部で障がい児の受け入れが行われている一方，専門的療育の機能を持ち，発達の遅れや偏り，障がいのある子どもの通所を対象とした施設として，規模の大きい児童発達支援センターと，小規模で地域密着型の児童発達支援事業所がある。どちらも障がい児に対し，日常生活における基本的な動作を指導し，知識・技能を与え，集団生活への適応を訓練するなど必要な支援（医療型の場合，治療も含む）を行うものである。

(1) 児童発達支援センター

児童発達支援センターは，センター的な機能として，障がいの種類に関わらず適切なサポートが受けられるよう，関係機関等と連携を図りながら重層的に支援する役割を持つ。すなわち，日々通園する子どもやその家族に対するサポートのみならず，施設の有する専門機能を活かし，地域の相談対応や，他の施設・事業所への援助や助言も行う。

(2) 児童発達支援事業所

児童発達支援事業所は，できる限り身近な場所で支援を受けられるよう，地域において，日々通園する子どもやその家族に対して身近な療育の場を提供するものである。

■ スポットで保育を提供する

パート就労や非常勤勤務等雇用形態の多様化に加え，さまざまな保育ニーズにきめこまかく対応できるよう，前項までの日常的な利用のほか，非定期的な

利用についても制度が徐々に拡充され，現在に至っている。
(1) 教育・保育施設等（再掲）
　パート就労や用事，育児疲れ等，さまざまな保護者の必要性に応じて，たとえば週に数日など必要な事由に応じた期間を一時的に保育する。
(2) 病児保育施設
　子どもが病気にかかり保育所等で他の児童との集団生活が困難なときに，保育所等に代わって保育する。
(3) ファミリーサポートセンター
　「子育ての応援をしてほしい」子育て家庭と「応援をしたい」地域の人が前もって会員登録しておくことで，保育所等や学童保育の迎えに家族が間に合わない時間を代わりに保育をしたり，保護者の急な用事や病気のとき等に代わりに世話をするといったサポートを行う。
(4) 児童養護施設・乳児院・母子生活支援施設
　子育てリフレッシュステイ事業として，保護者の育児疲れや病気・出産の場合等幅広い理由での一時的な保育を行っている。宿泊を伴うショートステイと，一日のうち一定時間保育するデイサービスがある。

■ 放課後の居場所・療育を提供する

　働く女性の増加や子どもを取り巻く環境の変化により，子どもたちの安心・安全な居場所づくりがより一層必要となっており，留守家庭の小学生を対象として学童保育がなされている。
　また，療育としては放課後等デイサービス事業所がある。
(1) 学童保育施設
　留守家庭の小学生を対象に，児童館や小学校等に設置した学童保育コーナー，地域で自主的に運営している学童保育所を，家庭のように過ごすことができる場所，伸び伸びと遊べる場所として提供している。
(2) 放課後等デイサービス事業所
　学校教育と相まって障がい児の自立を促進するとともに，放課後や夏休み等における居場所づくりを推進することを目的とする事業所である。

障がい児の保護者の仕事と家庭の両立，親の一時的な休息のサポートを行う観点も踏まえつつ，発達に必要な訓練や社会交流の促進その他のサポートを行う。

■ 親子で利用する

前項までは，「子どもを預かる」サービスが中心であった。しかし，2歳までの子どもで保育所等に通う子どもは全国的に32.4%[3]で，3分の2ほどは，ふだん家で家族と一緒にいる在宅育児家庭である。国は，これまでもさまざまな計画を立てて少子化対策に取り組んできているが，「子どもを預かる」サービス以外にも力の比重をシフトしていっている。その代表的なものが**地域子育て支援拠点**であり，たとえば児童館や地域子育て支援センター，保育士等養成大学がある。

(1) 児童館

　主に午前中は，子どもや親が自由に利用できる地域子育て支援拠点として，乳幼児の親子に対し，登録制や自由参加型の行事・イベントを実施している。また，学校の放課後には学童保育を行っている。

　そのほか，神戸市の拠点児童館では，楽しく子育てをするための保護者向け講座や専門職向け講座を実施する等している。

(2) 地域子育て支援センター

　地域の子育て情報の収集・提供や，子育てサークルへの支援を行っているほか，子育てに関する相談に応じ，講座・行事等も実施している。神戸市では，区役所や一部の保育所・認定こども園に設置されている。

(3) 保育士養成校の指定を受けている大学等

　保育士養成校の指定を受けている市内の大学等に，乳幼児が自由に遊べるスペースを設け，大学の学生が実践の場として関わりつつ，子育て中の親子が集える場所の提供を行う。

2 地方公共団体の役割

■ 地方公共団体の責務

児童福祉法は「国及び地方公共団体は，児童の保護者とともに，児童を心身ともに健やかに育成する責任を負う」とする。また，子ども・子育て支援法は，市町村の責務として「子どもの健やかな成長のために適切な環境が等しく確保されるよう，子ども及びその保護者に必要な子ども・子育て支援給付及び地域子ども・子育て支援事業を総合的かつ計画的に行うこと」としている。

子育て支援の裾野は大変広い。少子化による社会構造への影響等が取り沙汰され，少子化対策が叫ばれるようになったことに加え，経済活性化のため就労人口の確保，とりわけ出産後の女性就労人口の減少の是正が要請されるようになった。しかし，たとえば行政の少子化対策といっても，それは単に子どもを増やすことではない。結果として子どもが増えるような，産み育てやすい社会をつくる（＝子育て支援）ことによって，子どものより良い育ちを実現する。その子どもが次代の日本を力強く創っていくのである。したがって，人口バランスの改善は結果的に得られる果実であって，咲かせる花（目的）はあくまで「子どもの最善の利益」でなければならない。「子どもの最善の利益」については，1989（平成元）年に国際連合が採択し，1994（平成6）年に日本も批准した「児童の権利に関する条約」（通称「子どもの権利条約」）の第3章第1項に定められ，子どもの権利を象徴する言葉として国際社会等でも広く浸透した。「保護者を含む大人の利益が優先されることへの牽制や，子どもの人権を尊重することの重要性」（厚生労

図3 地方公共団体の子育て支援施策の車（模式図）
筆者作成

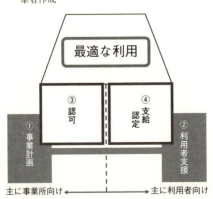

働省 b, 2008）を表している。

　地方公共団体の担当者は，市民と協働で，それぞれの施策の目的とするものを踏まえつつ，公共の福祉向上と個人の福祉充実のバランスを図りながら，「子どもの最善の利益」を追求していかなければならない。

　子育て支援の社会資源活用における地方公共団体の役割は，施策・事業ごとにさまざまであるが，少しでも理解の助けとなるよう，ここでは，代表的な役割を図3のように自動車に例えて解説を試みる。この車が快適に動くためにはどのようなパーツが揃う必要があるか見ていきたい。

■ 事業計画

　まず，車の片輪にあたるのが「事業計画」と言われるものである。たとえば，子ども・子育て支援法では「子ども・子育て支援事業計画」を立てることになっている。それには，まず，①「理念」（「我が地域の子ども・子育てをどうしていくのか」）を文章化し，②新制度のそれぞれのサポートについて，地域でどれだけ必要とされているか（ニーズ），③そして，今のところどれだけ園や受け入れできる枠（キャパシティ）があって，④不足あるいは過剰はどれだけか，その不足分をいつまでに整備していくのか（確保方策）を記載する。

　また，地方公共団体では「子ども・子育て会議」を立ち上げ，学識経験者や関係する施設団体の代表者等と施策の方向性等を審議している。

　なお，2018（平成30）年度から，改正障害者総合支援法がスタートし，児童発達支援事業所等，児童福祉法が定める障害児通所支援についても，地方公共団体が計画（「障害児福祉計画」）を作ることとなる。

■ 利用者支援

　次にもう一方の車輪にあたるのが利用者支援である。子ども・子育て支援新制度では，事業計画と利用者支援は車の両輪と言われる。どちらもしっかりしなければ支援施策の車は前進しない。事業計画に基づいて用意された社会資源と利用が必要な家庭とを結びつける仲立ちをするものが利用者支援である。

親は，どういった社会資源が自分のニーズにマッチするのか，わからない状態であることもある。そこで親に寄り添い相談に応じ，社会資源の情報を提供する。それには，さまざまな社会資源に関する情報集約が必要となるほか，地域資源との連携の取り組みが求められる。

たとえば，保育の利用については，神戸市では保育サービスコーディネーターを各区役所に配置して利用者への情報提供や情報集約を行っている。

なお，障がいや発達に関する支援においても，乳幼児健診等において保健師が，障がいや発達が気になる子どもを療育センターやこども家庭センターにつなげる等し，検査を経て，子どもの特性に応じて児童発達支援センターや児童発達支援事業所への通園にもつなげている。

この取り組みにより，事業計画どおりに用意された社会資源と，それを必要とする子育て家庭が結びつくのである。

■ 認可

車輪がしっかり組み立てられれば，その上に車体を載せることができる。車体のうち，「事業計画」側に載るパーツが，「認可」等地方公共団体が運営を事実上 OK する作業である。

たとえば教育・保育施設なら，事業計画に基づいて建物が出来上がっても，地方公共団体から「認可」や「確認」を受けなければ子どもに教育や保育を提供することはできない。

まず，「認可」は，地方公共団体が審議会に意見を求めた上で，基準（面積基準，職員配置基準，保育指針や教育要領の遵守等）を守って運営を行うものと「認」められ，安心して持続的に経営「可」能だとして，「認可」しなければ，園は公的な施設として開園（経営）することはできない。

次に「確認」は，「地方公共団体が利用定員を確認する」ということである。どの園も好き放題に子どもを受け入れて運営を行えば過当競争につながるほか，その人数分だけ地方公共団体に費用を請求されても，それだけの税金を用意できないことから，「あなたの園では，これだけの人数分の運営規模で運営してもらって OK です」と確認するのである。そして，その人数分の経営について

税金を投入する以上，最低限守るべき基準として「運営基準」があり，これは，認可の基準とは別に存在する。

　なお，障害児通所支援については「指定」を受ける必要があり，指定する以上，守るべき運営基準があることに変わりはない。

　ここで大切なことは，いったん認可して開園を認めると，その保育内容が継続的に確保されているか，地方公共団体は厳しく見守る「指導」の責務が生じることである。たとえば，ある食品会社の従業員が，実は自分の働いている会社の食品は製造過程の衛生状態がよくないから食べないんだという話があれば悲しいことだが，地方公共団体の担当者として園を認可しながら，ここには自分の子は預けたくないということはあってはならないことである。認可や確認をした地方公共団体は，その状態が守られているのか，確認したように現在も適切に運営が行われているのか，必要に応じて園に報告や帳簿書類の提出を求め，立ち入り検査を行う。日々の保育で虐待や子どもの心に傷を残すようなことがなされていないか，保護者の苦情に真摯に対応して解決に向けた取り組みを行っているか，衛生面は大丈夫か，感染症対策は万全か，給食を提供している園ならば，その献立から調理まで適切か等指導する内容は多岐にわたる。2017（平成29）年，姫路市の認定こども園における不適正な保育による認定取り消しが，全国初の認定こども園の認定取り消し事例となった。「指導」は地方公共団体にとって非常に重要な役割であると言える。

■ 支給認定

　一方，車体のうち，「利用者支援」側に載るパーツは，「支給認定」等地方公共団体から利用者に「利用してよい」とOKする作業である。利用者支援を行い，情報提供を行って社会資源と接点を持つことができた上は，たとえば教育・保育施設の利用なら，利用に向けて，給付を受ける資格があるか支給認定を行う。

　教育・保育施設や地域型保育事業所，障害児通所支援の利用は個人給付の制度である。個人給付とは，利用しない市民も含めて集めた税金を，特定の対象者（利用する子どもの保護者）に給付することである。それには，「その保護者が給付を受け取る資格があるかどうか認定する」作業が地方公共団体に生じ

る。「保育料を支払いこそすれ，給付は受け取っていない」と思われるかもしれないが，例えば平均規模の90人定員の保育所を神戸市で運営するのに，先生の人件費や水道光熱費等すべて足すと，おおよそ1人あたり月々19万円（0歳児），12万円（1・2歳児），6万円（3歳児），5万円（4・5歳児）かかる[4]。保育料で賄っているのはその一部分であって，残りは給付費として税金が充てられているのである。

　また，保育所等の利用については，「利用調整」も必要となる。利用調整は，保育が必要な状況が切迫している家庭から順に保育所等を利用できるように，優先度合いを判定して，入園を優先する順番を調整することである。

　筆者は選考作業の実地調査として，待機の子どものおかれている現状確認に，待機児童の家庭の店や仕事場を訪問したことがあるが，それぞれに甲乙つけがたい状況を抱えていた。昨今は，選考の透明性を重視して，優先度合いを点数化する地方公共団体が増えている。

　児童福祉法は，当面のあいだ，保育が必要な子どもについて，「地方公共団体が利用調整する」と定め，さらに，十分な養育を受けていない子どもについて，「地方公共団体が申し込みを勧めたり，申し込めるようフォローしたりしなさい（勧奨・支援）」，それでも申し込まないときは，場合によって「地方公共団体が入園を決めてしまいなさい（措置）」と規定している。

　どのような家庭の子どもから優先的に入園すべきなのかは，それぞれの人生観や保育観によって違ってこようが，児童福祉法は「子どもの福祉」の観点を重んじて利用調整されるべきことを示していると言える。

　これら地方公共団体の役割により，「事業計画」に基づいて整備された社会資源と，「利用者支援」によって結びついた子育て家庭が「認可」による質の確保と「支給認定」による適切な給付の下で，適切な子育て支援サービスを受けることができるようになるのであるから，地方公共団体はどの役割も疎かにできないのである。

3 地域課題と取り組み

■ 子育てにあたたかいまちに向けて

　近年は都市間競争が盛んで，たとえば保育所等の保育料においても地方公共団体間で値下げ競争の態をなしている。値下げといっても原資は税金であるから，保育所等を利用しない家庭との公平性も考えねばならないほか，子どもの命を預かるのであるから，値段以上にサービスの質の維持・向上が重要である。家計の子育て費用の軽減は大切な視点に違いないが，地域間の子どもの取り合いのような安易な値下げではなく，それぞれの地域が少子化を克服し，子育てにあたたかいまちを創っていくには，市民意識の醸成，息のながい取り組みが必要である。

　一方で，特に乳児期から預けやすくする支援は愛着形成にダメージを与えているのではないかという論調もある。

　「愛着とは子どもと親との間に結ばれる絆である。だが，この場合の親とは遺伝的な親とは限らない。むしろ，育ての親（養育者）との間に生まれる絆だと言える。いくら血がつながっていても，その子を育てなければ，愛着は生まれない。子どもにとってもそうであるし，親にとってもそうである。愛着とは相互的な現象なのである。つまり愛着とは，後天的に獲得されるものなのである。いくら五体満足で，遺伝的には何の欠陥ももっていなくても，養育者にちゃんと育ててもらえなければ，愛着は育まれない（岡田尊司, 2012）。」

　筆者が「新制度は社会全体で子どもを守るという制度だ」と説明すると，「そういう風潮が現に蔓延していて，昔より親が親の責任を放棄している」というような意見もいただく。それは，権利をことさらに主張される昨今，なおさら目につくのだろう。

　たとえば，『ママのスマホになりたい』（のぶみ, 2016）という絵本がある。子どもの話を聞かずに，スマホやテレビ，下の子の世話に没頭している母親を悲しむ子どもが，園で「将来何になりたいか」と聞かれたときに，「ママのスマホになりたい」と泣きながら答えたという，現実に身につまされる話である。

しかし，親も子育て環境の孤立から閉塞感にさいなまれ，子どもに悲しい影響が出ている事例にもでくわす。「当然ですが，保護者にはさまざまな人がいます。またそれぞれの家庭のあり方や環境もさまざまです。こうした状況を放置したままで，ただ，保護者に責任を取れと規範的に迫ることで，課題ある子どもの現実が改善されるのでしょうか。子ども・子育て支援新制度は，保護者に責任を放棄させる制度というより，保護者がその責任を全うできるように支えようという制度です（無藤隆, 2015）。」と，国の子ども・子育て会議会長の無藤隆氏は述べている。

　神戸市では，子育てにあたたかいまちに向けた取り組みを進めている。たとえば，登録した妊娠初期の妊婦から3歳到達までの子どもの親を対象に，毎日メールで健康管理や子どもの成長，健診情報等をお知らせする「子育て応援メール」を行っている。また，子育て応援サイト「ママフレ」の充実にも努めている。そのほか，次代の親づくりを目的として，小学校高学年生や中学生と乳幼児の親子がふれあう「命の感動体験学習」を行っている。これは，赤ちゃんの抱っこやプレゼント，乳幼児のお母さんとの交流を通じて，命の大切さやあたたかみ，親等の恩を実感する取り組みである。

　相談の窓口についても，区役所に「子育て世代包括支援センター」として相談窓口をつくり，地域子育て支援センターや保育サービスコーディネーターと連携して，相談機能の充実に努めている。

　「当事者である子どもと子育て家庭を中心に，そのまわりにオーダーメイドで支援を作っていくことが重要であるという考え方があります。そのためには，子ども・子育て支援新制度の枠組みだけではなく，障がい児支援，社会的養護，困窮者支援，ひとり親支援，外国にルーツのある家庭への支援，介護保険や医療等との連携が必要になってくると思われます。（中略）どの分野もキーワードは「地域」であり，「生活圏」です（橋本真紀・奥山千鶴子・坂本純子, 2016）。」とは，利用者支援事業の意義とこれからについての展望である。今後，地域子育て支援拠点における利用者支援等，地域にとって密接な地域資源が地域の子育て支援の核となって，「生活圏」での暮らしやすさといった地域支援が進むことを期待したい。

■ 待機児童と保育の質

「保育園落ちた日本死ね！！！」という過激な悲憤が流行語大賞にノミネートされたのは2016（平成28）年であった。待機児童が全国的課題となって久しい。保育園に入るための親の手続きを，就職活動＝就活にならって，「保活」と言われるのも定着した。

都市部では保育の受け入れ枠不足が慢性化しているが，保育園を建てようにも用地不足，建てれば迷惑施設呼ばわり，建てても保育士不足，少子化といいながらもこの状態はどうして生まれるのか。

共働き家庭の増，ひとり親家庭の増，ワーキングプアの増，園ができれば働きたい家庭は多く，保育ニーズの高まりは止まらない。保育枠の確保には，保育士不足や用地不足を解消し，地域のあたたかい理解を得る必要がある。

2016（平成28）年，国は企業主導型保育事業所をスタートさせた。これは，保育従事者のうち半数未満は保育士資格不要としながらおおむね保育所並みの基準を満たすことを条件に，国から助成金を受けて従業員の子ども等を保育するものである。そのほか，公園内に保育所を建てることについても規制緩和措置として認められるようになった。たしかに，保育士資格は要らない，園庭も要らない等緩和をすればするほど保育枠は増えるだろうが，待機児童解消と保育の質のバランスは慎重を期さなければならない問題である。

神戸市では，保育所や認定こども園の増設，幼稚園が認定こども園になることで保育枠の増を図ることや，地域型保育事業所を作る等の取り組みを行い，保育の質を一定守りながら待機児童解消に努めているほか，保育士を確保できるよう就職支援を行い，国基準以上の給料アップにも取り組んでいる。

ただ，すべての地域が揃って待機児童問題を抱えているわけではない。地域差があり，子どもが減っていて，すでに子どもの取り合いのようになっている地域があるのも事実である。そうした地域では，すでに園の閉園や統合の必要性に迫られているのである。

いずれにしろ，保育の質をどう確保しながら機動的に保育枠を確保していくのかが大切である。

■ さまざまな家庭・子どもに地域子育て支援の手を

　子育て支援の対象は，地域のすべての児童である。これは言葉で言うほど簡単なことではない。

　たとえば，障がいのある子どもについて，療育のサポートや訓練を受けながらも，小学校の入学までに地域の集団保育を経験させてやりたいと願う家庭がある。たとえば，出産後も子どもは入院・治療を必要とし，退院となった後も酸素ボンベをお母さんが持ち歩いて必死に子育てをしているが，もうすぐ職場に復帰しなければならない，そういったお母さんもある。重度の障がいの子どももある。昔の日本では，当然の選択として，集団保育になじめない子どものお母さんは仕事を辞めていたであろう。また，辞めなければ「そんな大変な状況で仕事に出たいなんてわがままだ」とまで言われたとも聞く。これは，ほんの一例であり，机上の計画や理屈を超えたやりとりが役所の窓口ではなされる。いったいどの園なら受け入れてくれるのか——。保育所等への看護師の派遣など，医療的ケアを必要とする子どもへの支援が期待されている。

　また，「子どもの貧困」にどう対応していくのかもクローズアップされている。「貧困家庭」とは，おおよそ一般家庭の平均所得の半分に満たない家庭とされている。貧困は本人に原因があるものばかりではなく，貧困は，親から子，子から孫へと連鎖し，なかなか抜け出せない現実がある。

　たとえば，神戸市を含め，さまざまな地域で「子ども食堂」ができてきている。貧困家庭に限らず，共働き家庭等さまざまな家庭が利用するものもあり，飲食を共にすることで地域関係を構築する，あたたかい子育て支援の地域的取り組みの一つである。

　そのほか，十分な養育を受けられない子どもが養護されるみちも用意しなければならない。全国の市町村は，養育能力に欠ける保護者の子どもを見守り，必要な対応を行っている。病気・事故・犯罪等さまざまな状況が重なり，さまざまな境遇の家庭がある。児童養護施設等への措置を行うところまではいかなくとも，児童福祉司や保健師の継続的な訪問，保育所でのフォロー等により，見守りが続けられている子どももある。

　子どもの権利や教育の平等を考えたとき，明日の自分たちの地域をどのよう

な方向に向かわせることが，子どもたち，ひいては子どもたちの成長後の社会の幸せにつながっていくのか。地方公共団体は地域と協働で，真剣に施策を練り上げていく取り組みを今後も続けていかなければならない。

【注】
1)『小児看護1月号』（へるす出版，2016）
2) 神戸市保育園連盟『神戸の保育園史』（1977）
3) 厚生労働省「保育所等関連状況取りまとめ（平成28年4月1日）」（2016）
4) 中央法規出版編集部編『保育所運営ハンドブック　平成29年版』（中央法規，2017）より筆者試算

《参考文献》
- 岡田尊司 2012『愛着崩壊　子どもを愛せない大人たち』（角川選書）
- 厚生労働省 a 2008「保育所保育指針」
- 厚生労働省 b 2008「保育所保育指針解説書」
- 厚生労働省 2016「保育所等関連状況取りまとめ」（平成28年4月1日）
  http://www.mhlw.go.jp/stf/houdou/0000135392.html
- 神戸市 2015「神戸市子ども・子育て支援事業計画」
  http://www.city.kobe.lg.jp/child/grow/shinseido/img/jigyoukeikaku.pdf
- 神戸市保育園連盟 1977『神戸の保育園史』
- 「社会福祉学習双書」編集委員会編 2016『児童家庭福祉論　児童や家庭に対する支援と児童・家庭福祉制度』（全国社会福祉協議会）
- 中央法規出版編集部編 2017『保育所運営ハンドブック　平成29年版』（中央法規）
- 内閣府 2015『子ども・子育て支援新制度ハンドブック』（施設・事業者向け）（平成27年7月改訂版）
- のぶみ作 2016『ママのスマホになりたい』（WAVE出版）
- 橋本真紀・奥山千鶴子・坂本純子編 2016『地域子育て支援拠点で取り組む利用者支援事業のための実践ガイド』（中央法規）
- 無藤隆ほか著 2015『増補改訂新版　認定こども園の時代　子どもの未来のための新制度理解とこれからの戦略48』（ひかりのくに）
- 文部科学省 2008「幼稚園教育要領」

コラム ご存知ですか 神戸新聞子育てクラブ「すきっぷ」

網本 直子（神戸新聞社地域総研主任研究員）

　神戸新聞社は2003（平成15）年から兵庫県内各地で「親子のふれあいの大切さ」を知ってもらおう—と「すきっぷ21 みんなの子育て」事業を展開してきた。しかし近年，子育てをめぐる環境はいっそう複雑になり，親が一人で子と向き合わなければならない「孤立した子育て」の増加などが問題となっている。

　そこで，子育てにやさしい地域社会づくりを目指し，2015（平成27）年秋に開設したのが，神戸新聞子育てクラブ「すきっぷ」だ。

図1 【すきっぷ】トップページ
http://mintclub.kobe-np.co.jp/skip/

　すきっぷは，ウェブサイトを中心にしたコミュニティー。これから親になるプレママ・プレパパや，未就学児とその親，子育てにかかわるすべての人を対象に，地域のきめ細かな情報を発信し，コミュニケーションの場を提供するなど，地域の人々がつながり，情報が集まる場を目指している。

　運営は，大学の専門家や子育て支援団体代表らでつくる運営委員会（委員長＝高田哲・神戸大学大学院保健学研究科教授，事務局・神戸新聞社）が行っている。大学の専門性，支援団体の経験と実行力，地元新聞のネットワーク力と情報発信力—。三者がそれぞれの強みを生かし，協力して運営している。

　ウェブサイトの大きな柱は，地域情報を発信している「おでかけ＆イベント」のコーナー。「ベビーカーで行ける近くのイベントを探そう！」と呼びかけ，地域のNPOやサークル，児童館，図書館などの団体やグループのイベント活動を紹介している。

　育児に関する相談会やふれあいの場，読み聞かせや体験会など，少人数で行うものから多くの人が集まるもの

まで，さまざまな地域のおでかけ情報を探すことができる。子どもの年齢や家庭環境に合わせ，関心のあるイベントを探し，子どもと一緒に外出したり，周りの人と触れ合ったりすることで孤立化を防ぐことがねらいだ。

現役の主婦らでつくる「すきっぷサポーター」も運営に協力してくれている。サポーターの一人は「夫の転勤で兵庫に移り住んだが，身近に友人もなく完全に孤立していた。週1回，話を聞いてもらえる場ができて本当に救われた。同じような悩みを持つ人に，すきっぷの情報を届けたい。」と話す。

ほかにも，地元新聞ならではの地域の子育て関連ニュースや，自治体からのお知らせのコーナーのほか，会員同士で悩み相談や意見交換したりするコーナーがあり，先輩ママの体験談や同じ悩みを抱えるママからの投稿，近隣のお得情報が寄せられてくる。質問の内容によっては，体験談やアドバイスだけで誤解を招くことがないよう，専門家として大学の先生や医師などに意見をいただくこともある。

ウェブサイトでのコミュニケーションだけでなく，リアルな場でのコミュニケーションも大切にしている。年数回開いている「すきっぷフェスタ」は，子ども向けの歌や手遊び，ダンスなどのステージと，親子で参加できるクラフトなどのワークショップを集めて，家族で一日中，楽しい時間を過ごせるイベントとして定着してきている。

少子化，核家族化，晩婚化，女性の社会進出―。幼子をかかえる世帯はいま，身近に頼れるものがいない厳しい状況におかれている。情報を手軽に手に入れることができるようにはなったが，それが正しいのかどうかを判断することも難しくなってきている。

子どもを産み育てやすい兵庫づくりを目指し，地元新聞社として取り組むべきことは，必要とされる情報を，必要としている人に，より身近な形で届けることだ。地域とともに，地域を巻き込み，また巻き込まれながら，これからも「もっと つながる 子育て」の環境をつくっていきたい。

図2 【すきっぷフェスタ】遊び歌ライブ！で楽しむ子どもたち

第3章
地域子育て支援の場
～多様性と役割～
❶ 保育園の立場から

中塚 志麻
神戸大学大学院保健学研究科 研究員

芝 雅子
聖ニコラス天使園 園長

2015（平成27）年4月より開始された「子ども・子育て支援新制度」は，幼児期の学校教育や保育，地域の子育て支援の量の拡充や質の向上を進め，子どもたちがより豊かに育つこと目的とした制度である。神戸市においても「体験保育」や「一時保育」「命の感動体験学習」などの地域の子育て支援の充実を図る取り組みを実践している。本章では，神戸市東灘区の幼保連携型認定こども園である聖ニコラス天使園で実施している子育て支援の事例を紹介しながら，実際の子育て支援の在り方を解説する。

キーワード

子育て支援　地域連携　少子化

第3章 地域子育て支援の場〜多様性と役割〜

1 はじめに

　全ての子ども達が健やかに成長することができる社会を目指して，2012（平成24）年8月に子ども・子育て関連3法（「子ども・子育て支援法」，「認定こども園法の一部改正」，「子ども・子育て支援法及び認定こども園法の一部改正法の施行に伴う関係法律の整備等に関する法律」）が成立した。この法律に基づき，2015（平成27）年4月より，幼児期の教育や保育，地域の子育て支援の拡充や質の向上を進める「子ども・子育て支援新制度」が全国の市町村で導入された。この制度は，子育て支援を必要とする全ての家庭が利用できる支援の量を増やすと共に子育て支援の質を向上して，子どもたちがより豊かに育つことができる支援を目指している制度である。この制度に伴い，幼稚園と保育園の両方の機能を持つ認定こども園は，特に大きな役割を担うことになった。

　認定こども園とは，教育・保育を一体化した総合施設の名称で，いわば幼稚園と保育所の両方の良さを併せ持っている施設である。認定こども園の制度は2006（平成18）年に創設され，認定基準を満たす施設は，必ず2つの機能（幼児教育・保育機能，子育て支援機能）を有している。また，認定こども園には，①幼保連携型（幼稚園的機能と保育所的機能の両方の機能をもつ），②幼稚園型（幼稚園が保育所的機能を備える），③保育所型（保育所が幼稚園的な機能

図1　認定こども園の位置づけ
出典：内閣府「子ども・子育て支援新制度ハンドブック」

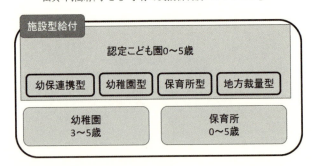

を備える），④地方裁量型（幼稚園・保育所いずれの認可もない施設が認定こども園として必要な機能を果たす）の4類型があり（図1），地域の実情や保護者のニーズに応じて，選択が可能となっている（内閣府）。本年度開園14年目を迎えた聖ニコラス天使園でも，2015（平成27）年4月に認定こども園となり，神戸市や東灘区の行政と協働し，また独自にも地域に向けた子育て支援を展開している。

2　聖ニコラス天使園の概要

　聖ニコラス天使園は，神戸市東端の東灘区に位置する認定こども園である。東灘区は，神戸市の中心である三宮や大阪へ20～30分で移動ができるため，通勤においても利便性が高く，関西でも居住地として人気の高い地域の1つである。同区の人口は213,727人，97,147世帯であり（国勢調査2015），他の地域よりも子育てに関するニーズが多いと思われる地域でもある。現在，聖ニコラス天使園は，在園児100名，保育教諭等30名で構成されている。本園の特徴としては，神戸市の障害児保育事業である「すこやか保育」に認定されている園児と発達の気になる子どもが全体の約15％在園しており，そのための特別支援教育的な配慮や支援をきめ細やかに実践している。

3　行政との取り組み
　　（神戸市地域子育て応援プラザ東灘からの委託事業）

　神戸市の地域子育て支援センター・応援プラザは，子育てについての相談，情報提供，助言その他援助を行うことを目的として2006（平成18）年に誕生し，市内の各区に設置されている。行政との取り組みとして，東灘区「地域子育て応援プラザ東灘」から本園に対する委託事業には，「体験保育：親子ふれあい遊び」と「プレママセミナー」の2つの事業がある。これらの事業は，2000（平

成 12）年から開始され，当初は東灘区の公立保育所（当時 12 ヵ所）が実施していた。2006（平成 18）年 4 月からは私立認可保育園も対象となり，本園でも 2008（平成 20）年から本事業を実施している。これらの事業は，通常年 1 回の実施で，内容については各園に任されている。「体験保育：親子ふれあい遊び」「プレママセミナー」の概要及び本園での内容は表 1～表 4 に示す。

表 1　体験保育　「親子ふれあい遊び」の概要

ねらい	・親子で触れ合って遊ぶことや他の親子と一緒に過ごす楽しさを味わう ・子どもの成長発達の状況を理解し子育ての一助としていく ・給食体験を通して食育への関心を持ち育児情報や育児助言を得ながら，育児への意欲を高める ・参加者同士の交流を楽しみながら友達作りをしていく ・クラス保育に参加することで，園児と生活，遊びを共にし，育児の一助とする
内容	4 回シリーズ（4 週連続）親子体験保育 ・あそび：親子ふれあい遊び，在籍児との交流・ふれあい，行事参加　等 ・食　事：昼食（給食）1 回，おやつ（菓子・お茶）3 回 ・その他：母親交流タイム，育児相談，育児講話，情報提供
対象年齢	0 歳～2 歳児の子どもとその保護者（実施園と決定）
参加組数	上限 5 組まで（各園任意最高 10 組まで）
日程	地域子育て応援プラザ東灘と実施園とで調整
募集方法	広報誌 KOBE（区民版）・チラシ　等
参加者の 選定・連絡	地域子育て応援プラザ東灘が実施
参加費	1,000 円 /4 回（給食・おやつ・教材費・傷害保険加入料），実施園にて徴収

表 2　体験保育　「親子ふれあい遊び」プログラム（本園の場合）

9：50	受付（名札渡し・参加費徴収）
10：00	挨拶・自己紹介 親子ふれあいあそび・製作あそび・絵本の時間 母親交流タイム・育児相談・育児情報提供　等
10：50	おやつ（給食提供回は 11：00）
11：20	帰りの準備・挨拶
11：30	解散（給食提供回は 11：40）

3 行政との取り組み

写真1 親子ふれあい遊びの様子

表3 プレママセミナーの概要

ねらい	・認定こども園で妊婦が実際に子どもに触れることができる機会（保育体験）を持つことにより，将来の子育てへの見通し，安心感を持ち，出産・子育てへの意欲を高めていく ・園の様子を実際に見学することにより育児をしながら働き続けることへの安心感を持てるようにする ・（食育の観点から）園での各クラスの食事の様子を見学し，提供されている給食を試食することにより，バランスの取れた食生活の重要性を理解する
内容	講話・ディスカッション，クラス見学，0歳児との保育体験，給食試食，参加者交流，園内見学・情報提供等
場所	保育所・認定こども園
実施回数	区内全体で各月1～2回，平日に設定
対象者	区内在住の初産婦
参加人数	園の状況等に応じて決定（各園3～6人程度）
日程	地域子育て応援プラザ東灘と実施園とで調整
募集方法	地域子育て応援プラザ東灘が実施
参加者の選定・連絡	地域子育て応援プラザ東灘が実施
参加費	250円/人，実施園にて徴収

表4 プレママセミナープログラム（本園の場合）

10：00	受付（名札渡し・参加費徴収）
10：05	挨拶・自己紹介
10：15	0歳児クラスの見学，園児のふれあい （手遊び・絵本の読み聞かせ・おむつ替えや着替えの援助体験）
11：15	離乳食（初期・中期・後期）と幼児食の試食
11：35	気になることや不安を感じていることについて助言や共有
11：50	挨拶・解散

4 本園における地域の子育て支援実践

聖ニコラス天使園では，地域に根ざしたこども園として，地域の要望に応えるために様々な取り組みを実施している．主な取り組みとしては，「一時保育」「ふくプククラブ」「ペアレントクラス」「命の感動体験学習」の4つの活動がある．

■ 一時保育

「一時保育」とは，保護者のパート就労や病気等により，一時的に家庭での保育が困難となる場合や保護者の育児負担軽減のため，保育所等で一時的に保育する制度である．本園での「一時保育」は，神戸市より市内私立認可保育園に対する導入要請を受け，2007（平成19）年10月に開始した．「一時保育」の受け入れは，神戸市のガイドラインに従い，事前に面接を実施し，一時保育利用者登録を行うことから始まる．一時保育の対象児は，満1歳から就学前の乳幼児で，利用の類型は，非定型保育，緊急保育，リフレッシュ保育の3種類ある（表5）．本園での「一時保育」の乳幼児は，基本的には該当年齢クラスに入り，在園児と共に過ごすことになっている．しかし，受け入れクラスの状況や一時保育児の状態によっては，他の学年で受け入れたり，子育て支援担当職員や主任，フリーの職員が保育にあたったりする場合もある．非定型で週2～3日継続利用している場合は園だよりや昼食メニュー配布するなど，在園児とほとんど変わらない対応を実施している．これらの家庭の場合，運動会などの行事に参加することもある．

表5 一時保育の類型

非定型型保育	保護者の就労や技術習得のための職業訓練校及び学校への進学によって，家庭での保育が断続的に困難となる乳幼児を一時的に預かる．利用可能日数：1週間あたり平均3日まで
緊急保育	保護者の病気や出産・家族の看護・冠婚葬祭・学校行事などで，家庭での保育が一時的に困難となる乳幼児を預かる．利用可能日数：保育を必要とする事由ごとに14日まで
リフレッシュ保育	保護者の育児にともなう心理的，肉体的な負担を軽減するため，一時的に乳幼児を預かる．（体験入所も含む）利用可能日数：1ヶ月あたり7日まで

4 本園における地域の子育て支援実践

■ 地域との取り組み　ふれあいのまちづくり協議会との協働「ふくプククラブ」

　ふれあいのまちづくり事業は，1991（平成3）年に市区町村社会福祉協議会が実施する国庫補助事業として創設された地域福祉推進事業の1つである。神戸市の各地域でも，自治会・婦人会・民生委員児童委員協議会・老人クラブ・子ども会・PTA・ボランティアグループ等が中心となって「ふれあいのまちづくり協議会」を自主的に結成し，地域の福祉活動及び交流活動を企画・実施している。聖ニコラス天使園が所在する青木地区では，「青木ふれあいのまちづくり協議会」が中心となって地域の福祉センターにて未就園児親子を対象にふれあい遊びを月に3回提供する活動「ふくプククラブ」を実施している。「ふくプククラブ」の基本的な運営は，まちづくり協議会のスタッフが行っているが，本園も，子育て支援担当職員を含む合計3名を派遣し，親子ふれあい遊びの提供を中心に共に活動している。本事業は2017（平成29）年4月で14年目を迎え，本園では2009（平成21）年4月より，出前保育型地域子育て支援活動として開始した。ふれあい遊びの活動内容は，運営サイドにより前もって決

表6　ふくプククラブ　ふれあいあそび活動内容（2016年度）

月	内容
4月	「握手でこんにちは」手遊び・紙芝居 今月の歌「チューリップ」「お花がわらった」
5月	「仲良しになろう！」リトミック・手遊び・紙芝居 今月の歌「こいのぼり」
6月	「みんなで遊ぼう！」水遊び・手遊び・紙芝居 今月の歌「かえるのうた」
7月	「お話を聞こう」お話の会・手遊び・紙芝居 今月の歌「七夕」
9月	「紙で遊ぼう！玉つくり」手遊び・紙芝居 今月の歌「とんぼのめがね」
10月	「運動会遊び」秋みつけ 今月の歌「どんぐりころころ」
11月	「リトミック」手遊び・紙芝居 今月の歌「どんぐりころころ」
12月	「クリスマス会」手遊び・紙芝居 今月の歌「あわてんぼうのサンタクロース」
1月	「あけましておめでとう」お正月遊び・手遊び・紙芝居 今月の歌「ゆき」
2月	「鬼は外！福は内！」お話の会・節分遊び・手遊び・紙芝居 今月の歌「豆まき」
3月	「発表会」 今月の歌「ひなまつり」

められており，本園はそのテーマに即した内容を提供したり，参加者の子育て相談に応じたりしている（表6）。また，定例の活動以外に毎年10月には福祉センターに隣接するグラウンドにて運動会を開催し，毎年40〜50組の親子が参加している。

■ 本園独自の取り組み「ペアレントクラス」

「ペアレントクラス」は，地域の乳幼児の保護者を対象とした本園独自の在園家庭及び地域の子育て支援プログラムである。本プログラムは，毎月1回開催しており，外部から講師を招いたり，職員が講師を務めたりして，毎回様々な内容を工夫し開催している。特にヨガや絵本講座，親子クッキング等は好評で毎年恒例となっているプログラムである。2016（平成28）年度のプログラムは図2の通りである。開催にあたっては，在園児家庭及び一時保育利用者に案内プリントを配布し，参加を募っている。地域に向けては，園の掲示板に告知したり，東灘区の子育て応援プラザ発行のちらしに掲載してもらったりしている。

■「命の感動体験学習」

「命の感動体験学習」は，神戸市全9区（行政），区内の小学校，地域の民生児童委員協議会，地域住民（乳幼児と保護者）との連携・協働事業である。この事業は，次世代育成支援の一方策として，小学校5〜6年生が，乳幼児とその保護者と自然で日常的なふれあいを通して命の尊さを学び，その感動を体験し，将来父親や母親になる不安を軽減できるように支援することを目的としている。「命の感動体験学習」は，小学校や児童館において，小学校高学年の児童と乳幼児のふれあいや，お世話体験，乳幼児の母親からの子育て体験の話を聞く等の内容で行われている。この体験学習における本園の役割は，小学生と交流する乳幼児とその保護者を選出し，体験学習当日，その親子をサポートすることである。体験学習に参加した児童は，助産師の講話から命が誕生する奇跡や尊さについて学び，乳幼児とのふれあいによって自分も大切に育てられて

きたことに気づいていく。このように，「命の感動体験学習」は，「命」の大切さと父母に対する感謝の気持ちを育む場となっている。交流会に参加した乳幼児の保護者にとっても「うちの子もこんな小学生になったらいいな。」「小学生と関わる機会がなく，良い体験になった。」等，子どもの成長に気づき，今後の育児の見通しをもつ機会となっている。

図２　聖ニコラス天使園での案内プリント

```
2016. 5. 6
             2016年度ペアレントクラスのお知らせ

子育てには楽しいことや嬉しいことだけでなく，辛いこと，悲しいこと，大変なこともたくさん
あります。
それでも，子どもを育てるということは，この世の何ごとにも勝る素晴らしいことだと思います。
すぐに見えない結果に，思い通りにならない我が子に，待ってはくれない仕事や家事に，何もかも投げ
出してしまいたくなることもあるでしょう。100点満点のお母さん，お父さんにならなくてもいいのです。
時には手抜きや赤点をとることも，子育てでは，立ち止まって，回り道したりしながら進むものです。
子育ては一人でするものではありません。先輩に教えてもらい，周りに助けてもらい，支えてもらい成り
立つものです。ニコラスも，保護者の皆さまとともに子育てをしてゆきたいです。
```

	ペアレントクラス予定表		託児
5月14日	親子ヨガ①	未経験者大歓迎！ちゅうりっぷぐらいから子どももできます。育児と仕事で疲れてませんか？ヨガで心と身体をゆったり解放し，リラックスしましょう！	○
6月25日	英語あそびとママのための子どもの育ち講座①	子どもたちはミワ先生（子どものための英語教師有資格者）と英語あそびを楽しみます。ママたちは助産師のイルマズ和恵先生のお話を聴き，お茶を飲みながら悩み相談や情報交換します。イルマズ先生の個別育児相談もあります。　※託児もあります。	○
7月	親子ヨガ②	未経験者大歓迎！ちゅうりっぷぐらいから子どももできます。日程未定。	○
8月	絵本の時間	ニコラスの大切にしている絵本のよみきかせについて，子どもの育ちに与える影響や絵本のもつ魔法の力をお話をします。	○
9月3日	英語あそびとママのための子どもの育ち講座②	子どもたちはミワ先生（子どものための英語教師有資格者）と英語あそびを楽しみます。ママたちは助産師のイルマズ和恵先生のお話を聴き，お茶を飲みながら悩み相談や情報交換します。イルマズ先生の個別育児相談もあります。　※託児もあります。	○
10月	親子ヨガ③	未経験者大歓迎！ちゅうりっぷぐらいから子どももできます。日程未定。	○
11月5日	英語あそびとママのための子どもの育ち講座③	子どもたちはミワ先生（子どものための英語教師有資格者）と英語あそびを楽しみます。ママたちは助産師のイルマズ和恵先生のお話を聴き，お茶を飲みながら悩み相談や情報交換します。イルマズ先生の個別育児相談もあります。　※託児もあります。	○
11月19日	ベビークラシック	親子で気軽に生のクラシックにふれる貴重な機会です。ご家族はもちろん，お友だち親子も誘ってご参加ください。	
1月	親子ヨガ④	未経験者大歓迎！ちゅうりっぷぐらいから子どももできます。日程未定。	○
1月	英語あそびとママのための子どもの育ち講座④	日程未定。	○
2月	親子クッキング	詳細未定。お父さんとの親子ペア大歓迎です。	
3月	親子ヨガ⑤	未経験者大歓迎！ちゅうりっぷぐらいから子どももできます。日程未定。	○

```
今年度はどれか一つには参加していただきたいです。子どもと一緒に過ごす時間，自分一人の
自分のための時間，誰かに話をきいてもらうための時間…それぞれの時間を楽しみましょう。
                                                              聖ニコラス天使園
```

5 本園における今後の子育て支援の方向性

　2015(平成27)年，幼児教育や保育，地域の子育て支援の量の拡充や質の向上を進める「子ども・子育て支援新制度」が開始された。また，2017(平成29)年には新保育所保育指針が告示され，次年度より改正施行される。この新保育所保育指針の中でも，子育て支援が保育所の担うべき大切な役割であることが示されている。本園では，このような新しい法や制度に基づいて，地域に居住する子育て家庭の不安感や困り感を軽減するための支援や取り組みを行政や地域と協働して実施してきた。これらの実践を通して，在園保護者には，子育ての興味関心を見出し，共に子どもの成長を喜べる心の通い合う支援が大切である。また，支援を受ける保護者自身が地域の一員として生き生きと活動できることが目指すべき子育て支援であると考えた。そのためには今後も子育て家庭を支援する教育・保育現場，地域と行政がよりいっそう連携・協働しながら，「育つ子ども」「育てる親」を支援することが必要である。そして，在園児を含む地域の子ども達一人ひとりがかけがえのない存在として保護者からはもちろん，地域から愛され，護られ，最善の環境の中で育つことができるように，子育て支援のセンター的役割としてのこども園を目指していきたい。

《参考文献》
- 伊藤嘉余子，澁谷昌氏史 2017『子ども家庭福祉』(ミネルヴァ書房)
- こども家庭局子育て支援部振興課 2016「平成27年度地域子育て支援センター事業報告書」
- 内閣府「認定こども園概要」
  http://www8.cao.go.jp/shoushi/kodomoen/gaiyou.html
- 内閣府 2014『子ども・子育て支援新制度ハンドブック』(施設・事業者向け平成27年7月改訂版)
- 東灘区保健福祉部東灘こども家庭支援室 2016『平成27年度地域とともに子どもを育てる「命の感動体験」報告書』

コラム 大学と自治体が連携した子育て支援活動 コラボカフェ（神戸市看護大学 × 神戸市）

高田 昌代（神戸市看護大学健康生活看護学領域 教授）

　大学施設を活用した神戸市地域子育て支援拠点事業「ひろば型」の一環として週3日，コラボカフェ（Collaboration＋ひと休みのカフェ）を実施している。目的は，学生と住民の参加と支援により親と子が健康に育つこと，それらを通じて看護者を目指す学生が成長することである。特に，看護大学であることを生かし，親子の健康づくりに焦点を置いた支援を行っている。

　開催は，週3日（火・木・金）の10時から12時半，13時から15時に学生で賑わう大学食堂の隣で行っている。保育士が常駐し，年間延べ約5000人の親子が参加している。しっかり聞きたい・見たい「イベント・講演会」と，ちょっと聞きたい「相談会」などを実施している。

【対象・内容】
（対象）本学周辺に在住で就園前までのお子さんとその親子
（内容）
・日々の保育士による相談，みんなでおしゃべり
・イベント：ふれあい遊び，七夕まつり，クリスマス会，ひなまつり，パパもママもみんなでからだを使ってあそぼう！（YMCAと共催），シャボン玉あそび，水を使って遊ぼう　など
・講習会：「子どものくつ選び」「子どもの心の発達」「叩かず，甘やかさず楽しく子育てする方法」など
・その他：子育て情報の発信，子どもの身長・体重の測定，教員による母乳や子どもの発達，保育所での生活などのアドバイス

コラボカフェが地域や親子に対する役割は、「子育ては結構楽しい」と感じるための余裕を、親に少しでも持ってもらえるための親支援である。カフェのような雰囲気の場で話せる相手をもつことで、ストレスを発散し、子育ての情報を得て、自分らしい子育てを探っていく力をつけてほしいと考えている。そして、学生もその中で育ってくれることを願っている。

第3章

地域子育て支援の場
～多様性と役割～
❷ 総合児童センターの立場から

小田桐 和代
神戸市総合児童センター 副所長

各区社会福祉協議会 子育てコーディネーター

児童館は，未来を担う地域のすべての子ども達の砦であり，大人になるまで継続して見守ることのできる安心・安全な施設である。原則として，家庭の状況や身体的特徴などで利用を限定することはない。「誰でも利用できる」「みんな来ていい」児童館は，地域の多様な出会いや交流の中で，お互いに好影響を与え合う関係性がつくり出されている。また，子育て家庭や配慮を要する児童への支援を行ったり，子育て中の親同士の出会いや交流の場となる取り組みを行うなど，親子の良好な関係づくりや子育ての仲間づくりにも一役買っており，地域の中で子育て支援の拠点となることを目指している。児童館は全国に4,613か所設置（社会福祉施設等調査2015年10月1日現在）されており，神戸市には地域の児童館123館と総合児童センター1館が設置されている。ここでは，神戸市の児童館及び総合児童センターが地域で果たす役割や機能，特徴的な取り組みについてまとめている。

キーワード
神戸の児童館　児童の健全育成　居場所づくり支援　放課後児童クラブ

1 児童館

　児童館は「児童福祉法」第 40 条に規定されている児童福祉施設であり、屋内型の児童厚生施設である。0 歳から満 18 歳に達するまでのすべての児童を対象に、健全な遊びを提供し心身の健康を増進し情操を豊かにすることを目的としている。施設の種類は規模や事業に応じて、小型児童館、児童センター、大型児童館の 3 種類に大別される。

■ 児童館の職員

　遊びは子どもにとって楽しく面白い、快適な感情体験を伴う活動である。職員は子ども達が楽しく安全に遊べるように、子どもの成長支援・援助、育成環境の整備、児童虐待防止等に努めている。
　また、保護者が就労等により昼間家庭にいない小学生を対象とした放課後児童クラブを実施している児童館では、放課後児童支援員が保護者に代って放課後の遊びや生活の支援を行っている。

■ 神戸市の児童館

　神戸市では 1966（昭和 41）年 3 月に東川崎児童館を設置後、中学校区に 1 か所を基準に設置し、現在（2017 年 6 月）公設 117 館、民設 6 館、そして市内児童館の中核施設として「神戸市総合児童センター」（こべっこランド）1 館を設置している。子どもの遊び・ふれあいの場、ママ友づくりの場等として、無料で楽しむことのできる子どもの育ちになくてはならない居場所になっている。
　また、児童館での業務経験が豊富な職員が、子育てコーディネーターとして各区社会福祉協議会に配属されており、児童館の巡回相談や職員研修等を行い、児童館の運営支援と職員の資質向上を目指して支援している。

■ 神戸市の児童館事業

　子どもにとって遊びは，おもしろさを追求し満足感を得ることができる創造的で自由な活動である。児童健全育成事業は子どもの成長発達の過程で，子どもの生活の中で大きな位置をしめる「遊び」を通して行うところに特色があり，遊びを通じて子ども達の元気な育ちを応援する児童館では遊びのもつ効用を最大限に生かしながら事業を進めている。

（1）子ども育成事業

　児童館での日常の遊びは，子ども自身が自主的に展開している。卓球やボール遊びなど「動」の遊びをしたり，ままごと遊びや将棋・ボードゲームなど「静」の遊びをしたり，図書室で絵本や児童書を読むなど，子ども自身の興味や関心に基づいて自由に過ごしている。職員は遊びの環境を整え，子どもに関わりながら「遊びを指導する者」として援助している。

（2）放課後児童クラブ事業（学童保育）

　放課後児童クラブ（学童保育）は，児童福祉法第6条に基づき実施しており，仕事と子育ての両立を支援している。小学校1年～6年の児童で，保護者が就労により昼間家庭にいない児童や，疾病，介護等で家庭で養育できない児童を対象に，放課後の遊びや生活の場を提供し児童の健全育成を目的に児童館や小学校の空き教室で実施している。そこでは放課後児童支援員が，保護者に代って宿題やおやつの時間，適切な遊びと家庭的な雰囲気をもった生活の場を与え支援している。利用料は神戸市の場合，月額4,500円，延長利用料1時間あたり1,500円，保護者の所得状況などにより減免制度がある（2008年7月より有料化）（写真1）。

写真1　放課後児童クラブ

（3）在宅育児家庭支援事業

　神戸市では，就園前児童のいる在宅育児家庭への支援として，児童館で乳

幼児親子が気軽に集えるクラブや広場を実施しており，総称して「親子館事業」と呼んでいる。親子館事業では，すこやかクラブ，キッズクラブ，なかよしひろばの3事業に加えて，子育て相談やお弁当ひろば等を実施している。
・すこやかクラブ：幼児と保護者対象。親子で遊んだり子育てについて学びながら保護者同士の交流を深める場。＜週1回登録制＞
・キッズクラブ：すこやかクラブに参加する保護者が交代で子ども達の世話を行い，交流を深める相互援助活動の場。＜週1回登録制＞
・なかよしひろば：子育て中の親の孤立感や不安感を緩和し，乳幼児親子が気軽に集い交流を図る居場所。＜週2～3回自由参加＞

(4) 地域連携推進事業

　児童館は地域の児童健全育成の中核的施設として，地域住民，地域の各種団体，行政機関と結びついて活動することが不可欠である。地域全体で子どもの健全育成や子育てに目を向け支えあう環境づくりを目指し，地域に開かれた施設として運営している。また，児童館の適正な運営を図るために運営委員会を設置しており，民生委員児童委員やふれあいのまちづくり協議会，学校関係，その他関係機関の方々が委員となって，児童館と地域をつなぐパイプ役として運営に協力している。

2　拠点児童館

　神戸市は，子育て支援及び児童の健全育成の強化・充実を図るために拠点児童館を設置している。児童問題に関して専門性を有する児童館として，2011（平成23）年度に神戸市保健福祉局の子育て支援の重点施策の一つとしてスタートし，現在（2017年）7館が設置されている。

魚崎児童館（東灘区），原田児童館（灘区），有野児童館（北区），細田児童館（長田区），落合児童館（須磨区），小束山児童館（垂水区），有瀬児童館（西区）

　拠点児童館では，児童館の基本的事業である子ども健全育成事業や子育て支

援事業に加え，神戸市総合児童センター（こべっこランド）と連携した専門性の高い子育て講座を実施している。こべっこランドまで行かなくても，より身近な地域の児童館で子育ての専門的な講座を受講できるため，保護者の負担を軽減することができる。こべっこランドでは，大学の研究グループや神戸市こども家庭センターと連携しながら，発達がゆっくりな子どもへの支援，子育て中の親や保育・療育の現場で活躍する方をサポートする各種教室・講座・専門研修などを実施している。それらの事業をコンパクトにするなど編集したものを，講師とともに研修や指導助言を受けた拠点児童館の職員が中心となって実施している。

■ 拠点児童館の事業〜子育ての専門講座〜

(1)「赤ちゃんとのふれあい講座」（1講座4回）

乳児の発達について学んだり、睡眠・排泄・授乳などについて，他の保護者の話を聞いたり，育児の疑問や悩みを話し合い，保護者が子育てに不安感を持つことなく，楽しんで子育てできることを目指している（写真2）。

(2)「探してみよう！親と子の新しいコミュニケーション」（1講座4〜5回）

写真2　拠点児童館 赤ちゃんとのふれあい講座

学齢期の子どもの特性や子育ての課題・問題について，保護者が講義やロールプレイ（体験学習）を通して学び，親子の良好なコミュニケーションが図れるように支援している。

(3)「おねしょをとおしたふれあい講座」（1講座3回）

おねしょがある小学1年〜3年生の保護者を対象に，おねしょのメカニズムやタイプ，子どもへのポジティブな関わり方を学び，親子のふれあいが深まるよう支援している。

■ 拠点児童館の事業〜指導者向けの講座〜

(1)「保育現場で活かす感覚運動あそび」(1講座3回)

　児童館や幼稚園，保育園，放課後等デイサービスの施設職員が，感覚統合理論の基礎を学び，保育プログラムに活用する実践講座。

(2)「保育現場で活かすインリアル・アプローチ」(1講座2回)

　児童館や幼稚園，保育園，放課後等デイサービスの施設職員を対象に，発達がゆっくりな子どもへの言語指導等について学ぶ講座。

■ 拠点児童館の事業〜地域や関係機関と連携した支援事業〜

(1)「Jidoukan-Cafe」(発達がゆっくりな乳幼児親子の居場所)(週1回)

　発達がゆっくりな乳幼児親子の憩いの場として，気軽に立ち寄って"ホッ"としたり，気兼ねなく遊ぶことができる居場所。

(2)「Jidoukan-Lunch」(子どもが安心できる居場所)(通年)

　課題を抱えた家庭の児童や保護者が地域で孤立することがないように，地域団体や学生ボランティア等と連携して，おべんとうひろばや高齢者との食を通したふれあい事業等を実施し支援する居場所。

(3) 子育てシニアサポーターの養成

　子育てを経験した地域のシニア世代を中心に子育てサポーターとして養成し，拠点児童館の専門講座の託児や区役所の母子保健事業への協力等を行うなど，地域で子育てをサポートする人材の養成を行う。

3 神戸市総合児童センター（こべっこランド）

こべっこランドは，児童の健全育成をはじめ，児童福祉の中核施設として児童問題に総合的に対応するため，ハーバーランドに1987（昭和62）年11月22日に開館した（写真3）。神戸市こども家庭センター（児童相談所）と併設しており，地上8階，地下1階，延床面積5,994㎡（1～4階はこども家庭センター2,370㎡，4～8階はこべっこランド3,624㎡），年間の来館者数は424,565人（2016年度）である。

写真3 総合児童センター外観

こべっこランドには，空中トンネルやゴンドラなどの大型遊具で自由に遊べるプレイルーム，パソコン・iPadが使えるコンピュータールーム，芸術文化の鑑賞や体力増進事業が行われるホール，料理教室，造形スタジオ，音楽スタジオ等がある。無料で遊べる大型児童センターとして、年間を通じて利用者のニーズに沿った魅力的なイベントや講座を多数開催している。子ども料理教室や中学生プログラム，高校生によるワークショップなど各種イベントを通じて健全な遊び場の提供，親子のふれあいの促進，異年齢の交流，クラブ活動の推進を図っている。

1～4階にはこども家庭センターが併設されており，児童の複雑・多様化する問題に対して，深刻化の未然防止や子育て支援を行うために，こども家庭センターと大学研究グループとともに「療育指導事業（発達クリニック）」に取り組んでいる。また，発達がゆっくりな子どもへの支援や子育て中の親支援，保育や療育の現場で働く支援者向けの講座も実施しており，これらの事業を神戸市内の児童館にも出張講座として事業展開している。

神戸市内には123か所の地域に児童館が設置されているが，こべっこランド

は，その中核施設として様々な運営支援を行っている。
・職員研修：児童館職員を対象に資質向上を目指して，必要な知識や技術の習得のための研修を実施している。
・派遣事業：児童館活動の一層の充実を図るため講師を派遣したり大型遊具の貸し出しを行っている。
・巡回支援：児童館での業務経験が豊かな職員が「子育てコーディネーター」として児童館を巡回し，相談や運営支援を行っている。

　こべっこランドはボランティアの養成にも力を入れており，中高生ボランティア，大学生ボランティア，社会人ボランティアを養成し，活動を通じてボランティア自身が達成感や自己肯定感を高めることができる場となっている。
　また，こべっこランドには神戸市ファミリー・サポート・センターと神戸市子ども会連合会事務局が設置されている他，福祉施設・地域団体・近隣施設・大学・企業など様々な団体との連携事業を推進する中で，児童福祉に関わる人材の育成に努めている。

■ 神戸市総合児童センターの基本方針

(1) 児童の福祉向上を目的とし，児童が心身ともに健やかに育つための中核施設とする。
(2) 健全育成機能と療育指導機能の両方の機能を持つ大型児童センターと，こども家庭センター（児童相談所）で構成する。
(3) 機能の異なる両施設を一体的に運営して，相乗効果を発揮させる。

コラム 尼崎市立花地区の子育てネットワークと大学

大江 篤（園田学園女子大学人間教育学部 教授）

　少子高齢化がすすむなかで，本学が所在する尼崎市も人口減少が深刻である。1970（昭和45）年をピークに約45年間で10万人が減少している（2017年3月，46.3万人）。その原因は，自然増減（出生数－死亡者数）と社会増減（転入数－転出者数）である。後者については，20歳代前半が大幅に転入超過となっているものの，0～4歳と30歳代が大幅に転出超過していることが課題である。「子育て世帯」が近隣市に大幅に転出している。「市民意識調査から見る子育て世帯の流出の現状と原因」（尼崎市，2016年4月20日）によると，市外に移りたい理由は，若年夫婦，ファミリー世帯ともに「治安・マナーが悪いから」が最も多い。そして，若年夫婦は「自然や空気などの環境が悪いから」「学校教育に不満があるから」が，ファミリー世帯では「学校教育に不満があるから」「子育て支援に不満があるから」が理由にあがっている。ファミリー世帯の転出を食い止めるためには，子育て支援は大きな課題である。

　兵庫県では，子育て支援の取り組みをつなぐ仕組みとして「ひょうご子育てコミュニティ」（2006年設立）がある。NPO，行政，企業，大学等の各団体が継続して情報を共有し，協働して子育て支援を行うものであり，社会全体での子育て支援の取り組みを一層進めることを目的としている。この他「まちの寺子屋」「ひょうご子育て応援の店」「まちの子育てひろば」など県内の各所で様々な取り組みが展開している。なかでも尼崎市の子育て支援の取り組みにおいて，2017（平成29）年4月，立花地区で立花「結's」という子育てネットワークが自主的に結成されたことが注目される。

　立花「結's」は2016（平成28）年度に尼崎市立立花公民館で「立花（りっぱな）子育てひろげようサミット」が開催され，その成果として結成された自主的なグループである。NPO法人，子育てサークル，子ども会，保育所，主任児童委員，行政，地域振興センター，社会福祉協議会，大学等，子育て支援に関わる団体で構成され，公民館を事務局，会場に月1回の活動を行っている。

例えば、子育てサークルへ0歳児の加入が多くなり、未就園児が親子で学習する場が減少している現状について話し合われた。そして、課題を共有し、6月10月には発達特性をテーマに子育て支援講座を開催、11月には公民館祭りに参加した(写真1)。

これまで個別に活動していた団体がゆるやかなネットワークを形成することにより、地域の子育て力の向上を目指しているのである。

このネットワークのなかで、本学は地域と共に歩み専門知を地域課題に活用するとともに、学生の経験値を高め、地域課題を創造的に解決できる人材を育成することをめざしている。

2017（平成29）年度、本学は地域志向科目「つながりプロジェクト」（2年次必修科目）で16名の学生の取り組みを受け入れていただいた。この科目は、2学部4学科の横断的な科目で、クラスには、教員、保育士、管理栄養士、看護士等の専門職をめざす学生が所属している。尼崎市子ども政策課、尼崎社会福祉協議会、NPO法人やんちゃんこから子育て支援の場・人・活動や子どもを育む地域の取り組みについての講義を受けた。その後、3つのグループに分かれ、地域子育て情報誌の企画、取材、制作にあたった。立花「結's」のメンバーから、この地域の子育ての課題を直接聞くことによって学生の理解も深まり、学内の講義、演習では得られない貴重な体験となっている（写真2）。

また、教育学、看護学、栄養学、心理学、民俗学など異なる学問分野の教員がかかわることによって、子育て世代のさまざまな課題へのアドバイスや取り組みを支援することができる。

本学は、今後も立花「結's」の一員として、地域に寄り添いながら歩んでいきたい。

写真1　立花「結's」講演会
　（2017年10月22日　園田学園女子大学）

写真2　授業風景　尼崎市子ども政策課のワークショップ
　（2017年5月25日　園田学園女子大学）

第3章

地域子育て支援の場
〜多様性と役割〜
❸ NPO児童発達支援・放課後等 デイサービスの立場から

大歳 太郎

NPO法人児童サービスたくみ 理事長,
関西福祉科学大学作業療法学専攻 教授

発達障がい児支援を考える際に，保健・医療・教育・福祉・労働すべての領域における連携が必要不可欠である。一方，これまでの支援は縦割り型の行政で進んできており，年齢により異なるサービスを受けることになるため，ライフステージを見据えた支援がしにくい状況であった。近年，公的機関の支援だけではなく，作業療法士などが起業し，発達障がい児に対する支援が可能となっている。筆者は，大学教員として勤務しながら特定非営利活動法人を立ち上げ，発達障がい児に対する支援を行っている。本稿では，特定非営利活動法人の概説，当法人の概要，障害児通所支援の実践内容から，障がいがある児または予測される児に対して，地域で支えていく支援の在り方を考えたい。

キーワード

NPO　発達障がい児　障害児通所支援
児童発達支援　放課後等デイサービス

1 はじめに

　作業療法士として臨床・教育・研究を行ってきた中で，臨床で疑問に感じたことを研究で明らかにすること，その知見を学生教育にいかすことを意識してこれまで実践してきた。特に教育においては，実際に学生が子どもの臨床にかかわることで，座学では得ることができない主体的な学びの場になることを実感していた。その流れで就職を考えた場合，身体障害領域や老年期の領域では就職先に困らないが，発達障がい領域の就職先は公的機関が主のため非常に狭い門戸であり，この問題を解決したい気持ちが強くあった。

　このような状況の中で，2000（平成12）年の介護保険制度の施行，2006（平成18）年の会社法の成立により，法人格を得て起業し，介護保険制度における高齢者に対するリハビリテーション関連業務に参入する作業療法士や理学療法士が増えてきた。子どもにおいてもこのようなサービスを提供できないかと考えていたところ，2009（平成21）年4月に障害者自立支援法の枠組みにおける児童デイサービスの報酬が改定された。この報酬改定により，自ら児童デイサービスを立ち上げることができるのではないか，と具体的に考え始めるようになった。前任校にいた際，理学療法士が主体となり児童デイサービスを展開している事業所の方と話をさせていただく機会があり，発達障がい領域においても高齢者と同様法人格を取得すれば事業所を立ち上げ，運営できることを実感できた。そこで法人格を調べ，営利目的が主となる株式会社は，私自身行いたい事業を考えると目的が異なっていると感じ，特定非営利活動法人という法人格が最も合致しているのではないかと考え，取得に向けて動き出した。

　以下に，筆者のこれまでの経緯を振り返りながら，特定非営利活動法人の概要，当法人の概要，障害児通所支援の実践内容を概観し，障がいがある児または予測される児に対して，ライフステージを見据えた地域で支えていく支援の在り方を考えたい。

2 特定非営利活動法人（NPO法人）とは

　特定非営利活動促進法は，特定非営利活動（NPO）を行う団体に法人格を付与すること等により，ボランティア活動をはじめとする市民の自由な社会貢献活動としてのNPOの健全な発展を促進することを目的として，1998（平成10）年12月に施行された。法人格を持つことによって，法人の名の下に取引等を行うことができるようになり，団体に対する信頼性が高まるというメリットが生じる。NPO法人は，法人数も増加し社会に定着してきており，2011（平成23）年6月には，こうしたNPO法人のプレゼンスの高まりを背景としながら，法人の財政基盤強化につながる措置等を中心とした大幅な法改正が2012（平成24）年4月に行われた。この改正により，NPO法人が市民の身近な存在として，公的機関や大企業では解決できない多様化する社会のニーズに応えていくことがますます期待されている。

　さて，NPOとは以下の20種類の分野に該当する活動であり，不特定かつ多数のものの利益に寄与することを目的とするもの，とされている。所轄庁は，原則として主たる事務所が所在する都道府県知事となる。ただし，その事務所が一の指定都市の区域内のみに所在する場合は，当該指定都市の長となることが定められている。

1. 保健，医療又は福祉の増進を図る活動
2. 社会教育の推進を図る活動
3. まちづくりの推進を図る活動
4. 観光の振興を図る活動
5. 農山漁村又は中山間地域の振興を図る活動
6. 学術，文化，芸術又はスポーツの振興を図る活動
7. 環境の保全を図る活動
8. 災害救援活動
9. 地域安全活動
10. 人権の擁護又は平和の推進を図る活動

11. 国際協力の活動
12. 男女共同参画社会の形成の促進を図る活動
13. 子どもの健全育成を図る活動
14. 情報化社会の発展を図る活動
15. 科学技術の振興を図る活動
16. 経済活動の活性化を図る活動
17. 職業能力の開発又は雇用機会の拡充を支援する活動
18. 消費者の保護を図る活動
19. 前各号に掲げる活動を行う団体の運営又は活動に関する連絡，助言又は援助の活動
20. 前各号に掲げる活動に準ずる活動として都道府県又は指定都市の条例で定める活動

3 NPO法人格の取得と事業の概要

　2011（平成23）年1月に「児童サービスたくみ」という名称で，NPOの法人格を取得した。当法人における定款の目的には，「この法人は，障がいが予測される児童，ことばや行動に問題がある児童及び障がい児童に対して自立活動と社会参加促進に関する事業を行い，当該児童の保健，医療，教育又は福祉の増進と地域の活性化に寄与することを目的とする。」ことを謳った。次に，NPOの種類には，①保健，医療又は福祉の増進を図る活動，②社会教育の推進を図る活動，③子どもの健全育成を図る活動，の3種類を選択した。具体的な内容としては，特定非営利活動に係る事業として，①児童福祉法に基づく障害児通所支援事業，②児童福祉法の枠組みに該当しないグレーゾーン児に対する支援事業，③障がい児又はグレーゾーン児をもつ兄弟姉妹に対する一時預かり事業，④市民，障がい児関連団体及び関連職種に対する障がい理解や対応に関する啓発・研修事業，⑤遊具やおもちゃなどの製作・活用を媒介とした市民と障がい児等の交流事業，である。その他の事業として，障がい児が使いやす

いおもちゃの製作・販売事業，を掲げている。

　主として実施している事業は，障害児通所支援事業における児童発達支援事業と放課後等デイサービス事業であるが，乳幼児発達相談といった保健業務の委託を受け，2つの市に定期的に作業療法士が関わっている。

4　障害児通所支援事業における実践

■ 沿革

　2011（平成23）年1月のNPO法人格取得後，同年5月より「児童デイサービスたくみ」という名称で，障害者自立支援法の枠組みで一日定員10名の児童デイサービスを実施する兵庫県西宮市の事業所としてスタートした。そして，翌年の2012（平成24）年4月に，障害者自立支援法から児童福祉法への法改正後，児童デイサービスから児童発達支援事業と放課後等デイサービス事業の多機能型事業所として一日定員10名と枠組みが変更となった。なお，児童発達支援事業は未就学児，放課後等デイサービス事業は就学児から原則18歳までが対象となっている。その後，児童発達支援事業，放課後等デイサービス事業ともに利用児が増えてきたため，2013（平成25）年7月から一日の利用定員を，児童発達支援事業10名，放課後等デイサービス事業10名の計20名と増員した。その後も，保護者のニーズを踏まえて対象児の利用日を調整してきた。しかし，2017（平成29）年3月現在，当該事業所の児童発達支援対象児67名，放課後等デイサービス対象児79名が在籍している現状とキャンセル待ちの増加や物理的に利用回数が減少するという状況を改善するために，2017（平成29）年4月より同事業であるSTEPたくみを同じ地域で新たに開所した。

■ 障害児通所支援を利用するにあたって

　当該事業を利用するにあたって，受給者証が必要になる。なんらかの発達上の問題を抱えた保護者が公的機関の窓口をとおして申請し，相談支援専門員が

面談を行い，その後当該事業を運営している施設・事業所との面談になる。そこで利用が決定すると，ひと月に何日利用が可能であるかを検討し利用日数が決定，受給者証が発行されることになる。利用料については，世帯収入に応じて上限額が設定されており，1割負担が基本となる。

　児の利用までの流れは，児童発達支援事業の場合は，乳幼児健康診査で要観察または観察となり保健師から紹介されるケース，保護者から運動発達やことばの遅れが気になるから直接相談に来たというケース，保育所や幼稚園で気になる子どもとして指摘を受けたケースなど，多岐に渡る。一方，放課後等デイサービス事業は，児童発達支援事業を利用していた児の年齢があがったために移行するケースが大半であるが，小学校に入学後，学業面や行動面での問題が露呈して新規で利用されるケースも存在する。つまり，これまでの障がい児支援のように，療育手帳の有無や診断の有無にかかわらず，気になる段階から利用することができ，早期発見，早期療育が可能である制度といえる。

■ 療育実践内容

　当事業所では，TEACCH（Treatment and Education of Autistic and related Communication handicapped Children）を基盤とした構造化した集団療育（小集団と個別課題）を提供し，別途作業遂行や感覚統合の観点を取り入れた個別作業療法を実施している（図1）。職員は，作業療法士，臨床心理士，保育士，幼稚園・小学校・特別支援教育の教育免許を保有しているものである。

　当事業所の目標は，「作業をとおして達成感をもち，チャレンジする意欲を育てること」である。特徴は，①担当制をひかずに，すべての職員でかかわること，②集団療育と個別作業療法とを併用してかかわること（一部集団療育，個別作業療法のみの児も在籍），③臨床心理士により，利用開始時，1年後というように継時的に発達検査を行い，療育効果を客観的に評価していること，が大きな特徴である。①のメリットは，担当している児のみだけではなく，すべての児をサポートすることが可能であり，他職種を含めてその場で意見交換をしやすいことにある。②のメリットは，個別作業療法でいきいきと活動している児が保育所・幼稚園・学校といった大集団になると能力を発揮できない

4 障害児通所支援事業における実践

児が存在する。小集団で直接かかわることにより，対人面へのかかわり方や社会性の部分を垣間見ることができる。個別作業療法と集団療育で相互に関わることにより，一人ひとりの特性に応じた療育が可能になる。

集団療育は，自由あそび（活動），はじめの会，個別課題，

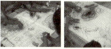
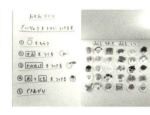

図1　療育の実践内容

小集団の設定活動，おやつ，おわりの会，で構成されている。個別課題は，保護者からの希望調査と児の発達状況の刷り合わせを行い，作業療法士を中心として職員一同で考え，作業遂行能力，巧緻性，ことば，社会性などの向上を目的として個々に応じた課題内容を決定している。小集団の設定活動は，週ごとに①買い物，②サーキット，③工作・制作，④ゲームなど，を設定し，感覚-運動，巧緻性，社会性，学習など日常生活のスキルを伸ばすことを目的とし，だれもが参加できるように作業内容の難易度を調整している。また，放課後デイサービスを利用している就学児童には，はじめの会やおわりの会で児童に司会などの役割をもたせ，目的をもってかかわるように工夫している。個別作業療法では，感覚統合を取り入れた介入と集団療育でも取り入れている個別課題を組み合わせて，感覚-運動，作業遂行能力，巧緻性といった個々のスキルを向上することを目的として「達成感」を大事にしながら展開している。

■ 今後の課題と展望

放課後等デイサービスは，18歳までの支援が可能であり，全国的に居場所

としての機能を果たすことができつつある。一方，事業所間での質の差の違いが問題視されており，2016（平成28）年4月から「放課後等デイサービスガイドライン」が厚生労働省から打ち出された。さらに2017（平成29）年4月から，指導員の要件を2分の1は有資格者にする，といった従来の無資格でも指導員といった人員要件の非常に緩い基準が見直され，今後段階的に専門職のみとなっていくと思われる。

　このように児童発達支援事業，放課後等デイサービス事業は，法人格を取得すれば少ない職員でも展開することができる。利用する児や保護者にとってもこれまでに住んでいる地域を基盤とすることができ，関わり手においても児のライフステージを見据えた支援が可能である。今後，就労につなげていく支援や就労支援を展開できると，途切れのない支援が可能となると考える。

《参考文献》
- 大歳太郎 2016「発達障害児支援における現状と課題－近年の動向と実践－」(『保健医療学雑誌』7巻1号11-16頁)
- 厚生労働省，放課後等デイサービスガイドライン，
  http://www.mhlw.go.jp/file/05-Shingikai-12201000-Shakaiengokyokushougaihokenfukushibu-Kikakuka/0000082829.pdf
- 内閣府 NPO ホームページ，特定非営利活動（NPO法人）制度の概要，
  https://www.npo-homepage.go.jp/about/npo-kisochishiki/nposeido-gaiyou

第4章

子育て支援における医療従事者の役割
～ 専門的ケアを必要とする子どもたち ～

常石 秀市
医療型障害児入所施設・療養介護事業所　医療福祉センターきずな院長　小児神経科

遺伝情報に基づく先天性の疾患，あるいは乳幼児期のアクシデント的疾病による発達途上の脆弱な脳への障害は，脳性麻痺や知的障害，発達障害などの不治の病の基となる。これら障害を有する子どもたちを養育していく家族には多大な負担が強いられ，地域社会から孤立し，少子化の一因にもなる。彼ら・彼女らに寄り添う医療は，福祉・行政・教育も包括した，長年に渡る根気を必要とする，多職種による「協働」に支えられていくべきものである。これら専門職の個々のベクトルを同じ方向へ導く指揮者たる小児科医の働きは，障害児・者に優しい成熟した社会の象徴たるものであり，これからの地域創生の要としての役目を担っているのである。

キーワード

重症心身障害児・者　医療的ケア　短期入所　発達障害

1 はじめに

　先天性の疾患や小児期に発症する慢性疾患の研究が進む中で，その原因のほとんどが遺伝子の問題であることが判明してきている。遺伝子の異常を確認することで診断は確定し，治療法や予後が明らかとなってきている。これら遺伝子異常が原因である疾患群は病状の軽重はあるにせよ，不治の病であることが多いのも事実である。小児科領域は，遺伝子の異常を明らかにする科学的診断とその治療法の開発を目指す先端医療として日々進歩を遂げている。一方で，アクシデント的な原因による中枢神経系障害から，脳性麻痺を中心とした非進行性でありながら，永続的なハンディを生じさせる疾患群も存在する。

　これら不治の病の患者に対する医療は，その疾患の治癒を目指す医療ではなく，ハンディを有しながらも生き生きとした生活を地域で送っていくための「寄り添う・支える医療」と言える。その目標のためには，専門的ケアを要する子どもたちに対して，医師，看護師，保健師，リハビリ職，介護職，教員，福祉行政職など多職種の人々の効率的連携が不可欠となっている。本項では小児期の発達に関連する疾患群・障害種を解説するとともに，それらのためにハンディを有しながら生活している人々を地域で支えていくための医療従事者の役割について詳説する。

2 小児の障害論

　子どもは母体内に受精卵として宿り，胎児期から出生までの間に，身長50センチ，体重3キログラムにまで成長し，機能的にも視覚，聴覚などの感覚器を始めとして，胎外生活に適応可能な状態にまで発育する。生後は母体との深い結びつきの中で，適切な刺激を甘受することで脳は発達していく。この受精から就学齢（6歳）までの脳は，不適切な外力や刺激への「脆弱性」とともに，

障害部位を他の部位が補填機能する「可塑性」という相対する能力を有する。そのため，たとえ先天的な脳障害や発達障害を有している個体でも，その子どもに対する適切な時期かつ適切な療育的介入は，quality of life（QOL）改善に対する無限の可能性を有していると言える。

　障害は大きく身体障害，知的障害（精神遅滞），精神障害に大別される。近年，注目されている注意欠如多動性障害や自閉症スペクトラム障害などの発達障害も精神障害の一部に含まれる。小児領域の身体障害としては，姿勢・運動機能の障害を来す脳性麻痺を始め，先天的な要因や幼若脳への障害による視覚障害，聴覚障害，さらには先天性心疾患などの内臓障害などが含まれる。知的障害は先天性の原因不明なケースが大半を占めるが，中には代謝異常症や脳循環障害，中枢神経系感染症などが原因であることがある。その判定には知能テストなどの心理評価が用いられている。小児期に精神障害が顕性化することは稀であるが，難治性てんかんや自閉症スペクトラム障害に合併する不安神経症や問題行動などが精神障害者手帳の対象となる。

3　重症心身障害

　身体の障害（肢体不自由）として身体障害者手帳「2級以上」（歩行障害レベル），かつ知的障害として療育手帳「重度（A）」（発達指数／知能指数で35未満）を呈するもののうち，その障害の原因が胎児期から新生時期に存在するものを重症心身障害と呼称する。実際には年齢幅を拡大解釈し，幼児期（就学齢）まで包括しているのが現状である。よって，先天奇形や新生児仮死などに限らず，幼児期の溺水や急性脳症，被虐待児症候群に因る脳障害なども含まれる。重症心身障害という概念は医学用語には存在しないが，法律や福祉行政においては今でも重要なカテゴリーとして用いられている。

　重症心身障害児は脳性麻痺による姿勢・運動障害を有しており，寝たきりのことも多く，そのことに因る二次的障害を多岐に渡り有している（図1）。脊柱が彎曲・回旋変形する側彎症は股関節脱臼や四肢関節拘縮，胸郭・肺変形に

図1　重症心身障害児・者の合併症

側彎症と四肢関節変形拘縮による典型的な姿勢異常を示す。脳神経系や骨関節系以外にも、精神科、呼吸器科、消化器科、皮膚科、泌尿器科などの合併症を呈する（江草、2005）。

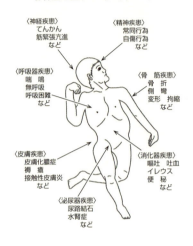

因る呼吸障害，胃食道逆流症などの原因となる。嚥下障害の進行は唾液の嚥下も阻害し，誤嚥に因る肺炎のみならず，呼吸機能にも悪影響を及ぼす。喉頭軟化症などの閉塞性呼吸障害の進行と喀痰の排出障害は安楽な呼吸を阻害し，生命の危機にも至る。長期に渡り寝たきりである重症心身障害児においては，程度の差こそあれ，これら呼吸と摂食（栄養）の問題が大きくなってくる。

その対処方法として，咽頭・喉頭の分泌物や痰をチューブにて吸引することによる排痰や嚥下の補助，嚥下し易い食事形態としてトロ味を付けたキザミ食やペースト食の利用などに留意していくことが重要である。しかし，これら保存的対処法ではリスクを軽減出来ないレベルに至ったケースでは，気道確保と吸引排痰のために外科的に気管切開を置く。喉の正中，輪状軟骨の下の気管軟骨部に切開孔を設け，カニューレというL字型のチューブを留置する。自発呼吸が十分なケースでは，このカニューレを装着した状態で呼吸が可能であり，必要に応じて酸素吸入を併用することもある。自発呼吸が不十分なケースでは，この気管切開カニューレを介して人工呼吸器を装着する。気管内の喀痰に対しては，この気管切開カニューレから吸引チューブを挿入して吸引する。

経口摂取を断念すべきケースでは，経管栄養法を導入する。すなわち，鼻から胃までチューブを挿入留置して，栄養剤や水分を直接胃内へ注入する。胃食道逆流が重度なケースでは，逆流防止のために胃の入り口に当たる噴門部の噴門形成術とともに，胃の大彎側に孔を開けて胃ろうを造設して栄養を注入する。胃の消化機能が破綻しているケースでは，腹壁から直接小腸にチューブを挿入留置する腸ろう栄養を利用することもある。注入場所と消化機能に応じて，さらさらの液体から半固形ゼリー食，完全消化態栄養食から一般食のペーストな

どを選択する。

　重症心身障害児・者の実数については，最近の愛知県の調査で人口1万人あたり3.5人程度とされており，全国に換算すると約4万3,000人に及ぶ。その内2万人余りが医療施設入所されており，全国に民営施設133，国立病院機構関連病棟74を数える。これら重症心身障害児・者施設は，福祉行政上は18歳未満を対象に「医療型障害児入所施設」，18歳以上を対象には「療養介護事業所」と呼称されている。これら入所施設に勤務している医師の内，約7割が小児科医となっている。患者が幼いころから担当してきた小児科医は，全身管理やてんかん，神経筋疾患などに精通しており，生育（成長）と障害の両方をサポートする能力に長けている。入所者は「終の住処」として施設で生活されており，入所者の8〜9割が成人年齢に達しているのが実情であるため，加齢・老化に伴う疾患群にも小児科医が対応している。在宅で生活している重症心身障害児・者数も約2万人に及び，通院病院施設の主治医として，さらにまだまだ少数ではあるが在宅訪問医として，小児科医が活躍している現状がある。

4　医療的ケア

　重症心身障害児・者では，呼吸障害に対する口腔・咽頭，気管切開カニューレ内の吸痰処置や，経管栄養のためのチューブ接続と栄養剤注入の処置を必要としている。これらの処置は日々毎日のことであり，在宅では家族が行っていることがほとんどである。注射や点滴などの医療行為と，おむつ交換や体位交換などの日常生活援助行為の中間に位置し，ほとんど侵襲的では無いもののある一定のリスクを負い，日常の介護をしている家族が医師の指導のもと実施しているケアを「医療的ケア」と呼んでいる（図2）。医療的ケアを実施するためには，最低限の解剖学的知識や疾病の知識が必要であり，日々の患者の状態に精通している必要性もある。法改正以前は，養護学校の教員等が医師法に抵触する中で，「違法性の阻却」という難解な理解のもと，手探りで児童生徒に対して医療的ケアを実施していた。その後，2012（平成24）年の介護福祉士

図2 医療的ケア

介護福祉士法改正により，講習・実技実習の履修の後に実施可能と定められた医療的ケアは，吸引吸痰系と経管栄養系に分けられる。

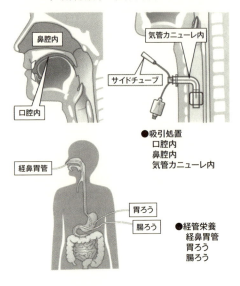

法の改正により，一定の講習・実技研修を受けて資格を取得した者は，医師の指示書，看護師の指導監督，ケア対象児の親権者の承諾のもと，法律に抵触することなく医療的ケアを実施出来るようになっている。

特に養護学校の教員などが受け持ちの児童生徒に対して医療的ケアを実施するための研修は，「特定の者」を対象とする「3号研修」と呼ばれている。その講習・実技研修の指導担当には，重症児医療に精通した小児科医が当たっている。医療的ケアの実施をすべて学校看護師に任せている養護学校においても，医療的ケアを受けている児童生徒の生活状況を理解するために講義を依頼されることが多い。

5 重症心身障害児の増加

新生児・乳児死亡率が世界一低い我が国の小児医療は，超未熟児や重篤な奇形症候群などの子どもたちの生存を可能にしてきた。その結果，複雑高度なケアを必要とする状態から脱することが出来ず，新生児集中治療室（NICU）や小児集中治療室から在宅へ移行出来ない子どもたちが増加してきている。これら退院出来ない重症児の存在は，高度な小児医療を提供するべきはずのベッドを長期に占拠してしまうといった社会問題にもなってきている。

文部科学省の統計調査によると，全国の特別支援学校／養護学校等の児童

生徒の実数として，医療的ケアのべ件数が2007（平成19）年の14,327件から2016（平成28）年は25,900件と9年間で1.8倍に増加している（表1）。胃ろう管理は3.0倍，人工呼吸管理は2.5倍に著増している。同様の調査を兵庫県内の20歳未満を対象に実施したところ，経管栄養管理は2007（平成19）年に比し（杉本，2008），2014（平成26）年では4.3倍，気管切開管理は4.3倍，人工呼吸管理は4.6倍に増加していた（杉本，2015）（表2）。医療的ケアを必要とする子どもたちの圏域別分布についても（表3），都市部のみならず，過疎地域にも同様の人口比で存在している現状が判明しており，医療資源や福祉資源の乏しい過疎地域においても，厳しい在宅ケアを継続しながら生活されている姿が見えてきた（杉本，2015）。

表1 特別支援学校／養護学校等での医療的ケア実数

文部科学省公表の年次統計資料を基に筆者が作成
www.mext.go.jp/a_menu/shotou/.../1370505_04.pdf

	医療的ケア項目	19年度	22年度	25年度	28年度	対19年度比
栄養	経管栄養（鼻腔チューブから）	2,273	2,219	2,376	1,808	0.8
	経管栄養（胃ろうから）	1,340	2,310	3,672	4,063	3.0
	経管栄養（腸ろうから）	87	98	137	137	1.6
	経管栄養（口腔ネラトン法）	115	97	66	40	0.34
	中心静脈栄養	31	49	105	66	2.1
呼吸	口腔・鼻腔吸引（咽頭より手前）	2,349	2,928	3,967	4,242	1.8
	口腔・鼻腔吸引（咽頭より奥まで）	1,521	1,953	2,532	2,212	1.5
	経鼻咽頭エアウェイ内吸引	122	135	233	157	1.3
	気管切開部の吸引	1,366	1,878	2,844	1,177	0.86
	気管切開部の衛生管理	1,277	1,754	2,728	2,681	2.1
	ネブライザーによる薬液吸入	1,324	1,702	2,010	1,749	1.3
	経鼻咽頭エアウェイの装着	146	155	205	146	1.0
	酸素療法	762	1,030	1,447	1,554	2.0
	人工呼吸器の使用	523	763	1,270	1,333	2.5
排泄	導尿	334	434	599	631	1.9
その他	その他	756	906	984	1,362	1.8
	合計（のべ人数）	14,327	18,411	25,175	25,900	1.8

表2 兵庫県における20歳未満の医療的ケア項目別のべ件数

2007年データ（杉本，2008）と2014年データ（杉本，2015）を基に筆者が作成

20歳未満	経鼻経管	胃ろう	口鼻吸引	気管切開	酸素吸入	人工呼吸	総計	未成年人口	発生率／千人
2014年	178	298	252	281	404	157	734	103	0.71
2007年	110		67	66	47	34	118	108	0.11
増加率	4.3倍		3.8倍	4.3倍	8.6倍	4.6倍	6.2倍		6.5倍

表3　兵庫県圏域別の20歳未満在宅児医療的ケア人数と発生率

2014年データ（杉本, 2015）を基に筆者が作成

圏域	人口（万）	ケア人数	発生率／千人
但馬	18	27	0.067
丹波	11	23	0.048
西はりま	27	24	0.112
中はりま	58	96	0.060
北はりま	28	43	0.065
東はりま	72	110	0.065
阪神北	72	62	0.116
阪神南	103	100	0.103
神戸	154	236	0.065
淡路	14	13	0.107
総計	559	734	0.076

　重症児の入所施設である医療型障害児入所施設のベッド数は限られており，一旦入所すると永続的に入所を継続するため，常時満床の状態にある。従って，新たに発生してくる重症児の多くは在宅医療を余儀なくされる。養育介護の負担は家族，特に母親に掛かってくるため，兄弟へのしわ寄せもあり，重症児が体調不良で入院でもすれば家族機能が崩壊してしまう。重症児の在宅医療への移行には，在宅訪問医，訪問看護，緊急時受け入れ病院，福祉行政等々の連携が不可欠であり，現状ではこれら医療福祉資源のコーディネートの主役は小児科医が負っている状況にある。

6　重症心身障害児施設の役割

■ 入所

　1961（昭和36）年，日本初の重症心身障害児・者施設として東京都多摩市に島田療育園が設立されてから55年が経過した。諸外国には例を見ない病院機能を有する施設であり，肢体不自由と知的障害の重複した重症児・者が入所生活を送っている。現在は国立病院機構の病院・病棟として74施設，社会福祉法人などの法人立が133施設にまで増加している。入所者は在宅において医

療レベルを維持出来なくなった重症児・者ばかりではなく，介護する側の家族の事情に因ることも多い．一旦入所すると死亡退院まで永続的に入所生活を継続されるのが通常であり，医師は個々の障害状況に精通しながらも，家族の元で暮しているような生活の質を提供することが責務である．そのために，医師は看護師などの医療従事者のみならず，介護福祉士や保育士などの療育職，理学療法士や作業療法士などのリハビリテーション職，さらには特別支援教育の教員までも包括したチームワークの要としての任を果たさなければならない．気管切開や経管栄養などを要する寝たきりのケースが多くを占めているものの，日々の生活の中で安心，安全を守るだけではなく，人間らしく変化に富んだ楽しい活動を織り交ぜていくことが求められる．たとえ植物状態で意識が無いケースに対しても，名前を呼んで挨拶をしながら接していくことが命を敬う医道や看護道の基本である．病院施設，特に高次機能を有するこども病院等からの施設入所は，本来は高度救命のためのベッドを慢性的に長期占有してしまう重症児問題の解決策として重要視されている．しかし，入所を受け入れる施設側の思いは，ベッド問題だけではなく，昼夜も感じられない無機質な入院生活から季節や朝夕の変化を楽しめる日々，入浴や朝夕の更衣など家庭で生活しているような暖かさを体験させてあげたい一心で取り組んでいる．

　また最近は，近い将来に在宅生活を希望しながらも児の重症度から踏み切れず，元の医療機関に長期入院と成りかねないケースに対し，重症心身障害児・者施設が在宅移行への中間施設としての役割を担うことで，スムーズな退院・在宅移行に取り組んでいる地域も出てきている（船戸, 2017）．医療機関から転院という形で入所させ，2～3か月の間に家族に医療的ケアや入浴などの生活援助行為に慣れていただき，自信を付けた段階で在宅へ背中を押してあげるものである．

■ 短期入所

　重症心身障害児・者施設は，重症児・者の障害に精通した医師，看護師，療育職が勤務しており，入所者のための施設ハード面とプロ集団である職員ソフト面は，在宅ケアを継続している家族のためにも利用されるべきものである．

福祉行政から受給者証の発行を受けた重症児・者に対し，日帰り〜長期（2か月間程度まで）に至る預かりサービスとして短期入所事業（ショートステイ）を受託している。家庭で日々実施されている医療的ケアを，その家庭でのやり方を尊重して実施しながら，平均2〜3泊施設で預かるのが短期入所である。施設側と患者側との契約に基づくあくまで福祉の事業であり，保険医療による入院とは異なる。人工呼吸器や経管栄養などの高度なケアを要するケースにも対応し，預かった時点の健康状態を維持し，無事に家庭にお返ししなければならない。利用するための理由は必要なく，冠婚葬祭や兄弟の学校行事はもちろん，休息やお買い物などありきたりの日常生活を取り戻す「レスパイト」を可能にすることが役割である。

短期入所を利用される重症児・者は，先天性あるいは幼少期の疾患による障害に対する主治医をそれぞれ有しており，短期入所を受け入れる側の重症心身障害児・者施設の医師は患者の病歴や普段の状態に精通しておらず，けいれん発作ひとつをとっても対応に困ることが多い。看護師も同じ理由で短期入所患者には神経を遣うことが多い。患者自身もいつもの家と家族の元ではない環境での生活はストレスが強く，体調を崩すことも少なくない（竹本，2014）。しかし，家族の元から離れる体験は，障害を持つ子どもたちにとっても精神面を大きく成長させてくれるイベントであり，社会に目を向ける学習の一環としての意味合いもある。

現状においては，医療的ケアの必要な重症児・者を短期入所として受け入れることが出来る施設は非常に限られている。条件としては，看護師の24時間の常駐が必須であり，実質は重症心身障害児・者施設がそのほとんどを担っている（渡辺，2017）。2015（平成27）年度の兵庫県下の短期入所実態調査では，50名以上の契約者数を有している5施設の平均稼働率は77％で，県内全体で一日平均28名の短期入所を受け入れているにすぎない。今後は短期入所の受け入れ先として，特別養護老人ホームでの軽症例限定実施，入院医療機関における福祉ベッド申請下での実施，無床診療所や訪問看護ステーションでの日中レスパイト事業サービスなどを拡充していくことが急務となっている。

■ 障害児・者外来

　重症心身障害児・者施設における外来業務は，その診療対象として感冒やアレルギー疾患などの一般小児疾患を通常除外し，成長発達における障害・問題に特化していることが多い。すなわち，精神運動発達遅滞，てんかん，脳性麻痺，重症心身障害などが診療対象である。しかし，最近は乳幼児健診や保育所等訪問支援などの充実，学校におけるスクールカウンセラーの活躍などから，注意欠如多動性障害，学習障害，自閉症スペクトラム障害，緘黙や愛着形成障害などの発達障害系の問題を有する子どもたちの受診が増加してきている。一般病院の小児科外来では，これらの疾患を有する子どもと家族を診療する時間も空間も制限が有り，替わって重症心身障害児・者施設が活躍している。

■ 障害児・者通園事業

　2012（平成 24）年の児童福祉法の改正により，肢体不自由のみならず，注意欠如多動性障害や自閉症スペクトラム障害，知的障害の子どもたちに対する通園事業の場として，重症心身障害児・者施設に事業が委託されることが増えている。特に，医療資源が充実しており，理学療法や心理療法を始めとするリハビリテーション職も常駐しているため，医療型の児童発達支援（未就学齢）や放課後等デイ（就学齢），生活介護通園事業所（高等部卒業後）を併設して稼働させている施設が少なくない。看護師が身体障害に留意しながらケアを実施し，学校や家庭への送迎車にも同乗する。特に長期の季節休暇の間は，家族のレスパイトにも貢献している。医師は医療上のリスク管理をしつつ，家庭や学校での生活・教育面へのアドバイスの任も受け持つ。

■ 在宅訪問医療，訪問看護

　医師が施設を飛び出して，障害児・者の居宅を訪問して診療を行う在宅訪問医療が，国の施策として推進されている。訪問医は月 1～2 回，計画的に居宅訪問を行い，体調管理，日常ケアの指導，気切カニューレや胃ろうボタンなど

の医療デバイスの交換を行う。点滴や内服薬の処方も可能である。患者は病院や施設に受診することなく医療を受けることが出来る。訪問看護師との協働により，さらに効率的な在宅医療が可能となる。医師は訪問看護ステーションとの連携の中で看護師の指導に当たり，看護師は家族との絆の強化のもと患者の状態維持に努める。

　前述の通園事業，そして在宅訪問事業は，重症心身障害児・者施設と患者の居宅場所との立地上の時間的・距離的問題が大きく，実際には1時間以上の遠方からの通園や，遠方への居宅訪問には限界がある。従って，ある程度の重症児・者の居住密度がある都市部でないと運営困難であることは間違いない。兵庫県では中部～北部の過疎地域にも重症児・者が生活されており（杉本，2015）（表3），通園や訪問関連の事業を実施するためには，小児科医に限定せず，高齢者等の在宅医療を展開中の内科医や外科医を始めとした非小児科医を取り込んで，過疎地においても重症児・者へのサービスを提供出来る体制を構築していかなければならない。そのために，小児科以外の医師への指導・相談，あるいは訪問医療の連携先として，小児科医はその責務を果たしていかなければならない。

7　重症心身障害児施設医師の地域社会への貢献

■ 特別支援学校／養護学校の学校医・指導医

　近年の特別支援教育においては，知的障害児と肢体不自由児の共学化（知肢一体化）が進められている。そのため，本来は知的障害児を受け持つ特別支援学校にも胃ろう栄養や導尿などの医療的ケアを要する児童生徒が学んでいる。障害児医療に精通している重症心身障害児施設の医師に対しては，特別支援学校の学校医や指導医への就任要請が後を絶たない。一方，養護学校は主に肢体不自由児が通学する学校であり，子どもたちが自治体圏域を超えて通学していることも多い。その児童生徒らが必要としている医療的ケアは非常に多様化かつ重度化しており，圏域を超えて指導医への就任要請がある。いずれの場合も在校生の健康・保健上のアドバイスや教員への講習などを担当する。特に教職

員を対象とした医療的ケアの講習（3号研修）の講師を受け持ったり，養護学校勤務が初めてとなる教諭への指導研修を依頼されたりする。また，医師のみならず，リハビリ職が依頼されて学校において実技講習を受け持つことも多い。

■ 小児在宅医療委員会

　2014（平成26）年春，兵庫県小児科医会に「小児在宅医療委員会」が発足した。本委員会は様々な医療的ケアを在宅で実施している重症児の医療・福祉を向上させることを目標とする。その構成メンバーは小児科医と小児外科医から成り，障害児を地域へ送り出す側の小児センター病院，大学病院，こども病院の医師，小児在宅訪問医療を実施している診療所医師，そして短期入所事業をはじめとした重症児へのサービスを提供している重症心身障害児・者施設の医師が任命されている。その活動として，県内の医療的ケアを要する小児在宅症例の全数把握・地域分布調査（杉本, 2015），短期入所資源の実働状況調査，実働小児訪問医の状況調査などを実施した。また，「小児在宅医療実技講習会」として医療的ケアの理解と担い手の開拓のため，医師はもちろん，看護師，介護福祉士，理学療法士，教員などを対象に，医療的ケア講習用の人体模型（まあちゃん人形）を用いて，気管切開カニューレの挿入・吸引，胃ろうボタンの挿入・栄養チューブ接続を実技実習として盛り込み，医療的ケアの基本的な知識の講義とともに開催している。この講習会では，問題点の抽出と共有を目的に，訪問看護ステーションや養護学校の実状，在宅ケアを継続されているご家族の講話，福祉行政の取り組みの紹介などもプログラムに含めている。

　これらの医療的ケアを要する重症児・者の実状啓蒙活動の中でも，喫緊の課題として掲げられているものが「重症児・者コーディネーター」の養成である。現在，65歳以上の高齢者に対しては，介護保険という最強唯一の保障制度が充実しており，その利用に際してはケアマネージャーという専門職が活躍している。彼・彼女らは専門の知識を習得して福祉制度に精通し，個々の利用者に最適な福祉援助プログラムを立案作成し，その対価として正当な報酬を保証された職業として確立している。しかし，重症児・者，特に20歳未満の小児に対する福祉施策は，子ども医療，小児慢性特定疾患，特別児童扶養手当，特

別支援教育など何重にも考案され，子どもたちを守るべく運営されているはずであるのに，これら複数の制度の仕組みに精通し，個々の子どもの障害に合った利用法を考案する役割を担う専門職が存在していないのが実情である。小児科医や保健師はその中でも比較的これら制度に詳しく，障害を持った子どもたちのために努力している存在である。しかし，高齢者に対するケアマネージャーのように，重症児・者のために集まり汗をかいてくれる多くの職種をまとめ，制度を駆使する能力を有し，患者家族に寄り添いながら，技術職として正当な報酬を得られる重症児・者専門の「重症児・者コーディネーター」が必須な状況となっているのである。その養成の端緒としての講習会であり，福祉行政を動かすための講習会であり，多職種の顔が見える集まりとしての意義は大きい。

■ 発達障害外来

重症心身障害児・者施設の多くは「医療福祉センター」と呼称される機能を有し，外来部門において重症児・者を診療対象とするのはもちろん，発達上の問題を有する子どもたちも診療対象としていることが多い。すなわち，感冒や感染症，アレルギー疾患，予防接種などの一般小児科診療は行わず，運動面の遅れや脳性麻痺，言葉や社会性の遅れ，てんかん，そして昨今話題になることが多い発達障害の診療を行っている。対象年齢としては制限を設けず，新生児から思春期，青年期までも包括している。発達障害はその特性から，軽度知的障害，注意欠如多動性障害，限局性学習障害，自閉症スペクトラム障害などに分類され，それらの鑑別診断には詳細な病歴聴取と本人観察が必須であり，当然診療には時間がかかる（初診60分以上）。しかも，投薬治療の適用となるケースは極僅かであり，病院への診療報酬としては厳しいと言わざるを得ない。

上述の発達障害の子どもたちは言語を獲得して会話が可能なレベルにあることがほとんどであり，その診断・指導には知識と経験が必須である。その診療の中心的役割は小児科医の双肩にかかっている。軽度知的障害は心理判定検査（発達指数検査，あるいは知能指数検査）の結果に準じての重症度分類が必要であり，発達指数・知能指数値が70未満を軽度知的障害域と分類する。70から84は境界域（ボーダーライン），85以上を正常範囲とする。就学前の6歳

時に相談を受けることが多く，検査で70前後からそれ以下にある子どもたちには特別支援教育の利用が勧められることが多い。この判定・意見を総括するのも小児科医に委ねられることが多い。各市町村の就学指導委員会への参画を要請されることも多い。

　注意欠如多動性障害は不注意，多動性，衝動性の特徴を示し，集団の中でトラブルの基となることが多い。指導者の指示を聞けず，勝手な振る舞いが多く，学習中も離席したり，教室から脱走したりしてしまう。クラスメイトへの暴言や暴力も散見され，保護者への嘘や汚言も多い。周囲からの刺激に注意が容易に逸れてしまい，集中出来ず，学習にも失敗してしまう。忘れ物が多く，提出物が出せず，整理整頓が出来ない。周囲の大人からいつも叱責を受け，自己評価が低下し，反抗挑戦性障害や行為障害などの反社会的なレベルにまで問題行動が深刻化してしまう例も少なくない。

　自閉症スペクトラム障害は，言語獲得が遅れることが多く，特異な発達パターンを呈する。すなわち，くるくる廻って遊んだり，壁に頭を打ち当てたりする自己刺激動作，他者の手をクレーン（マジックハンド）のように扱って要求を示すクレーン現象，不機嫌から30分以上も大泣きするようなパニック，おもちゃを並べたり，分解・組み立てを繰り返すような単調で広がりの無い遊びなどが幼少期に見られる。他者の気持ちを推し量れず，会話を字義通りに解釈し，曖昧な内容は理解出来ない。恒常性や趣味へのこだわりが強くなり，同じ服装や同じ道順に固執したり，ひたすら図鑑の内容を記憶したり，ドラマや解説番組の台詞を真似して繰り返したりする。強迫症を合併してくるケースも多く，"これはこうあるべき"との思いが強く，物の位置や順番にこだわったり，同じ時間（分単位で）に同じ行為をしなければ気が済まなかったり，家の中の扉や窓を閉めて廻ったりするような行動がエスカレートしていく。

　限局性学習障害は，生来から読み，書き，計算，想像力などの能力のうち一つか二つにのみ障害を認めるもので，努力しても本読みが出来なかったり，努力しても他者が読めないような文字しか書けないものを言う。

　これら4種類に分類された発達障害は生まれつきのものであり，親の躾や家庭環境などが原因ではない。しかし，生活環境の影響から症状が大きく動き，年齢とともに重度にも軽度にも成り得るものである。そして様々なパターンで

複数の発達障害を合併して有している場合も少なくない。成人に向かって完全に治癒することは無いのであるが，療育や教育によって症状が変動し，個性の範囲内程度まで軽症化することも多い。そのためには，早期発見，早期介入が重要であり，保育士や保健師，学校教諭などと小児科医との連携が重要となってくる。

　重症心身障害児・者施設の外来には，これらの発達障害を有する子どもたちが，健診事業や保育所等訪問指導，保育士や教諭などの助言のもと，受診して来ることが増加してきている。一部の自治体で開始された5歳児スクリーニング健診でも多数のケースが要再検となっている。発達障害外来では，これら子どもたちとその保護者，時には保育園や学校の先生方とともに面接診察して診断評価を行う。診断のみで終了することは保護者の心配を増長させるだけで有害無益なことであり，必ず対処方法やフォローの計画を伝える。同居家族が子どもたちの発達障害を理解し，その特性に合った対応を出来るように親身に指導していくことが要求される。また，心理士や言語聴覚士などに繋いで療育活動を立案したり，特別支援教育を利用することも助言していく。

■ 健診事業，発達相談事業，就学指導事業

　小児科医は子どもたちの成長・発達に精通していることから，いわゆる乳幼児の健診事業への出務を要請される。法律で義務付けられている生後4か月健診，1歳6か月健診，そして3歳健診が該当する。

　前述の定期健診で要フォローとなったケースや，保育士等から気になると要請のあったケースに対して乳幼児発達相談事業が各市町村で行われており，その場にも小児科医は招聘されることが多い。この二次健診とも言える相談事業には，正常発達とそのバリエーション，発達障害と福祉教育行政，これらの知識と経験に裏打ちされた指導力が必要となる。筆者も周辺5自治体の事業に出務しており，その延長線上の就学指導にも関与している。現在の小学校，中学校にはほぼ全校に知的障害特別支援学級と自閉症・情緒障害特別支援学級が存在する。多人数のクラスの中では指導が困難な子どもたちに対し，基本的には国語と算数（中学では英語も含む）の教科のみ特別支援学級で少人数指導をす

るものであり，その入級指導にも小児科医の意見・指導が不可欠である。

■ 発達障害に関する啓蒙講演

　各地域には子どもたちの発達障害を理解出来る大人を増やしていく目的で活動している団体グループが増加してきており，その集会で発達障害についての講演を依頼される機会が増えてきている。保育園・幼稚園・学校のPTAであったり，NPO法人やボランティア団体，児童発達支援や放課後等デイにおける保育士や心理士のグループ，特別支援学校の教諭グループなどである。最近では県議会議員などの政治家グループや市役所の行政職を対象としたものも経験している。講演を行う度にほとんど名前以外は知らなかった発達障害について，理解納得して支援側に就いてくれる応援団を増やしていくことが出来ていると実感している。

8　おわりに

　筆者が勤務する重症心身障害児・者施設は北播磨地域にあり，周囲の5市1町を合わせた人口は27万人弱に過ぎない。自動車で1時間以内の距離にある地域をカバーするとしても，その対象人口は50万人に満たないであろう。しかし，身体や知的に障害を持つ子どもたちはどの地域にも存在しており，また彼ら・彼女らは生活の場である「地域」においてサービスを受ける権利を有しているのである。独りの小児科医に出来ることには限りが有ると考えがちではあるが，重症児・者のために多職種による専門家集団を構成・稼働させ，地域の人々を巻き込んで行き，在宅医療を始めとした支える医療を推し進める戦略において，独りの小児科医の力は決して小さなものではないと自負している。

第 4 章　子育て支援における医療従事者の役割〜専門的ケアを必要とする子どもたち〜

《参考文献》
- 江草安彦監修 2005『重症心身障害療育マニュアル 第 2 版』(医歯薬出版)
- 杉本健郎,河原直人,田中英高他 2008「超重症心身障害児の医療的ケアの現状と問題点－全国 8 府県のアンケート調査－」(『日本小児科学会雑誌』112 巻 1 号,94 － 101 頁)
- 杉本健郎,田中一宏,常石秀市他 2015「兵庫県の医療的ケア調査・2014」(『日本重症心身障害学会誌』40 巻 3,373 － 380 頁)
- 竹本潔,船戸正久,馬場清他 2014「療育施設におけるショートステイの現状と課題」(『日本小児科学会雑誌』118 巻 5 号,755 － 761 頁)
- 船戸正久,竹本潔,飯島禎貴他 2017「在宅移行中間施設としての療育施設の役割」(『日本小児科学会雑誌』121 巻 6 号,993 － 999 頁)
- 渡辺章充,森俊彦,平元東他 2017「重症心身障害児(者)入所施設・国立病院機構における短期入所の全国実態調査」(『日本小児科学会雑誌』121 巻 4 号,739 － 744 頁)

第5章
高齢化による影響とは

小野 玲
神戸大学大学院保健学研究科地域保健学領域 准教授

本邦は世界一の長寿国であり，総人口に占める65歳以上人口の割合は27.3%と超高齢社会となっている。世界各国で高齢化が進む中，諸外国に例を見ないスピードで高齢化が進行している日本の動向が注目されている。なぜ日本ではこれほど急速に高齢化が進行したのであろうか。また，高齢化がもたらした影響はどのようなものであろうか。そして，これから起こることが予測される事態に対する課題は何であろうか。本章では，主に医療・介護分野に焦点を置き，日本における高齢化の実態とその影響について述べる。

キーワード
超高齢社会　人口減少　平均寿命　医療　介護

第 5 章　高齢化による影響とは

1　高齢化とは

　総人口に占める 65 歳以上の高齢者人口の割合を高齢化率という。この高齢化率によって，高齢化社会（高齢化率 7 〜 14%），高齢社会（同 14 〜 21%），超高齢社会（同 21% 以上）と分けられる。2016（平成 28）年 10 月 1 日現在の日本の高齢化率は 27.3% であり，すでに超高齢社会となっている。他の主要国と比較しても，日本の高齢化率は格段に高い数値で推移することが予測されている（図1）。しかし，今後は日本以外の主要国でも高齢化が進み，2030 年には主要国の多くで高齢化率が 20% 以上に達する見込みである。もはや，高齢化は国際的な問題と言える。そのような中で，今まさに日本の高齢化事情や動向は世界から注目されている。世界で最も高齢化率の高い長寿大国の日本は，今一度この問題について見直しが必要ではないだろうか。

図 1　主要国の 65 歳以上人口の割合の推移
　　　国立社会保障・人口問題研究所 人口統計資料集（2017 改訂版）表 2-17 主要国の 65 歳以上人口割合：1850~2100 年のデータを基に筆者作成

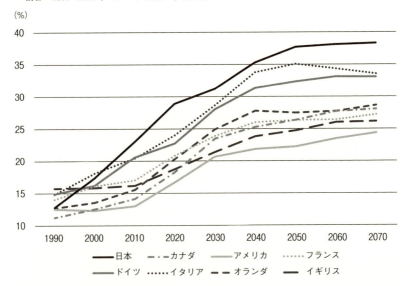

1 高齢化とは

■ 高齢化の現状

　国立社会保障・人口問題研究所が公表した「日本の将来推計人口」によると，本邦の総人口は 2008（平成 20）年をピークに減少に転じており，現在 1 億 2,693 万人（2016 年）であるが，2053 年には 1 億人を下回ると推計されている（図2）。高齢者人口は今後増加が続き，2042 年にピークを迎えた後，減少に転じると推計されている。高齢化率は，総人口が減少する中で高齢者が増加するため上昇を続け，2036 年に 33.3% で 3 人に 1 人となる。2042 年以降は高齢者人口が減少するが，少子化の進行もあり高齢化率は上昇し，2065 年に 38.4% になると推計されている。日本国内の地域別の高齢化率を見ると，最も高い県は秋田県で 32.6%，最も低い県は沖縄県で 19.0% である（2014 年）。高齢化率は，今後すべての都道府県で上昇し，2040 年に最も高い秋田県では 43.8%，最も低い沖縄県で 30.3% になると推計されている。特に，首都圏や大阪・愛知などの大都市圏や東北地方では，高齢化が 10 ポイント以上上昇する見込みだ。

図2　年齢区分別将来人口推計
　　　出典：平成 29 年版高齢社会白書（全体版）第 1 章 − 第 1 節 − 図 1-1-3

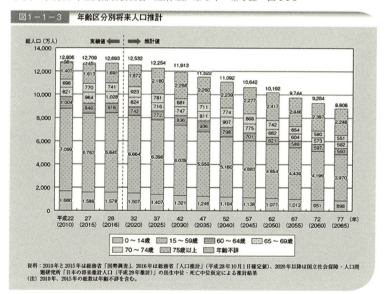

第5章 高齢化による影響とは

■ 高齢化の要因

ではなぜ，日本ではこれほどまでに高齢化が進むのであろうか。高齢化率が高い原因としては，①死亡率の低下による65歳以上の人口増加，②少子化による若年人口減少の2つ大きな要因として考えられる。

①高齢者の死亡率の低下については，死亡者数の実数は増加する中，高齢者の死亡率は男女別年齢別にほとんどの年齢層において低下していることで説明される（図3）。高齢者の死亡率低下の理由としては，医療技術の進歩，生活環境の改善，食生活・栄養状態の改善等などがあげられる。

図3　高齢者の性・年齢階級別死亡率の年次推移
　　出典：平成29年版高齢社会白書（全体版）第1章－第1部－図1-1-9

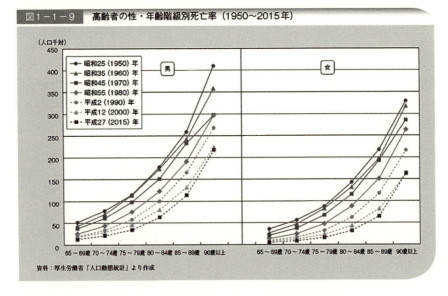

日本は戦後の急激な経済成長に伴い，人々の生活は大きく変化した。戦後の日本では地域の公衆衛生体制の強化が図られ感染症が制御されたことで，戦後数年で国民の健康状態はめざましく改善され，平均寿命が急激に延長した。その後の経済成長により，公害問題など一部では大きな健康被害も巻き起こった

が，日本はそれを教訓として環境衛生の分野で世界を牽引してきた。また，旧日本軍の陸海軍病院等を国立病院・国立療養所として一般国民に開放し，公立病院や公的医療機関については，医療水準を確保するための施設基準を定め，設置に要する費用に国庫補助を行える規程が設けられた。診療所についても整備に対する国庫補助が増額され，市町村直営診療所も増加した。このような医療機関の整備は，医療提供水準の向上に大きく寄与した。さらに，戦後の保健医療需要の増大や医学進歩に伴う医療内容の高度化に合わせて，コメディカルの専門分化が図られ，医療技術職も多様化した。それぞれの医療専門職の具体的な変遷については後述するが，それまで医療マンパワーの中核をなした医師・看護師・薬剤師に加えて，1965（昭和40）年代からはリハビリテーション分野や検査分野を支える理学療法士・作業療法士・診療放射線技師・臨床検査検査技師などの新たな資格制度が創設された。

　また，多くの国において，経済的水準・社会的地位の低い層ほど死亡率・疾病罹患率が低い傾向が見られる。日本においても同様であり，経済成長によって資源が豊富になったことで，健康促進や病気の予防・高度な治療を受けることが可能になった。その上でも，日本の平均寿命は他の先進国と比較しても格段に長い。日本が他の国と大きく違う点は，社会心理的な要因が大きいと推察されている。社会格差が大きい不平等な社会においては，教育や公衆衛生などの資源への投資が少なく，社会的な結束が弱まり，結果として健康に悪影響を及ぼすとされている。日本においては，この社会的結束が強く，健康寿命の急速な伸長に寄与している可能性がある。社会格差の縮小を実現している一つの要因は，国民皆保険制度の存在である。日本の国民皆保険制度は，全国民が支払い可能な範囲の費用で，健康増進・予防・治療・リハビリテーションなどの保健介入サービスを利用することができ，経済的リスクから国民を保護することを原則としている。さらに，高齢化に伴う医療費の抑制のため，2000（平成12）年には公的介護保険制度も導入された。つまり，日本では国民が公平に高水準の医療・福祉・介護サービスを利用できる仕組みが出来上がっているのである。

　さらに，日本の寿命の伸長に大きく寄与したと考えられているのが食事である。これまで日本人の健康を支えていた伝統的な和食は理想的な食事バランス

で構成されている。和食は，主食の米に加えて，一汁三菜と言われるように汁物1品とおかず3品（主菜1品＋副菜2品）を基本とする。この一汁三菜には，水産物・畜産物・野菜など多彩な食料が用いられ，糖質（炭水化物）・脂質・タンパク質をバランスよく摂取することができる。また，欧米諸国と比較すると日本人の全体的な食事の分量も少ない。このような食事形態は，低カロリーのため栄養不足が深刻な時代では必ずしも健康的ではなかったかもしれないが，経済発展を遂げ必要な栄養を摂取することができる現代社会においては，伝統的な和食は健康的な食事パターンといえる。現在は日本においても食の欧米化による生活習慣病の増加が問題視されているが，伝統的な和食は日本人の平均寿命伸長に大きく貢献したと考えられる。

②少子化による若年人口減少は，日本における出生数の低下で説明される。出生数は，第1次ベビーブーム（1947（昭和22）〜1949（昭和24）年），第2次ベビーブーム（1971（昭和46）〜1974（昭和49）年）の2つのピークの後は減少傾向にある。合計特殊出生率（その年次の15歳から49歳までの女性の年齢別出生率を合計）は第1次ベビーブーム以降急速に低下し，1975（昭和50）年に1.91と2.00を下回ると，1993（平成5）年に1.46と1.50を割り込み，2005（平成17）年には1.26と過去最低を記録した（平成27年は1.45）。少子化の具体的な要因については，第1章を参照されたい。

2　高齢化による社会保障給付費への影響

　高齢化によって，年金・医療・介護の社会ニーズは高まる一方である。その中でも，年金・医療への社会支出水準は主要国並みで，医療の質や平等性という観点からの評価では日本の医療制度は世界第一位と評価されている。ところが，止まることのない少子高齢化によって，1人の若者が1人の高齢者を支えるという社会がすぐそこまで迫っている。現在の年金・医療・介護サービスの水準を維持するだけでも，税金投入を毎年1兆円以上増加させる必要があり，この財源を確保できなければ社会保障制度の維持が困難になるとされている。

2 高齢化による社会保障給付費への影響

　前節で述べたように，国民皆保険は日本が世界に誇る制度である。しかし，人口構造・経済・政治の各要素によって，その財政的持続可能性が今まさに脅かされている。医療費を持続可能な方法でどのように抑制するかが課題となっている。

　2014（平成26）年度の社会保障給付費（年金・医療・福祉その他を合わせた額）は，国民所得の30.76％となり過去最高を記録した（図4）。社会保障給付費のうち，高齢者関係給付費（年金保険給付費，高齢者医療給付費，老人福祉サービス給付費及び高年齢雇用継続給付費を合わせた額）について見ると，2014（平成26）年度は社会保障給付費に占める割合は67.9％となった。入院や外来受診，薬剤などの医療費を概観すると，2015（平成27）年度の年齢別医療費では，65歳以上において医療費の59.3％を使用しており，75歳以上が年代別に見ると最も医療費を使用していた（図5）。介護保険制度における要介護又は要支援の認定を受けた人は，2014（平成26）年度末で591.8万人となっている（図6）。65～74歳の要介護又は要支援の認定者は同年代の4.4％であるが，75歳以上では要介護又は要支援の認定者は同年代の32.5％となり，高齢になるほど介護保険の認定者が多くなり，結果として介護給付も増加して

図4　社会保障給付費の推移
　　　出典：平成29年版高齢社会白書（全体版）第1章－第1節－図1-1-11

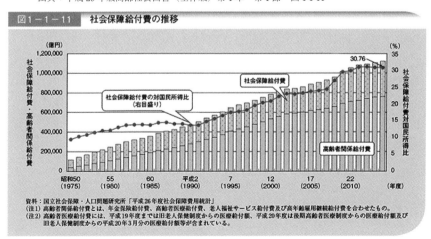

第 5 章　高齢化による影響とは

図 5　平成 27 年度年齢階級別国民医療費

出典：厚生労働省平成 27 年度国民医療費の概況（参考 1）
平成 27 年度 国民医療費の構造 年齢階級別国民医療費

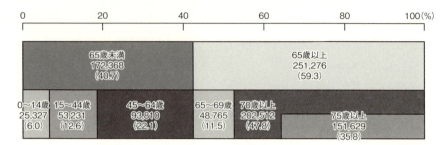

図 6　65 歳以上の要介護度別認定者数の推移

出典：平成 29 年版高齢社会白書（概要版）第 1 章 – 第 2 節 – 図 1-2-14 第 1 号被保険者（65 歳以上）の要介護度別認定者数の推移

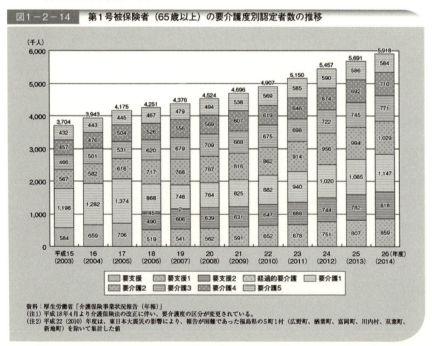

いる。高齢になるほど医療費や介護保険利用が多くなってきている。高齢者人口は今後しばらく増加するため，社会保障給付費は今後ますます増加することが考えられる。この事実は避けられないことであり，高齢者に対する給付費用の見直しも必要であるが，医療・介護を利用しない（最小限とする）健康づくりが最も重要である。

3　高齢社会と医療・介護専門職

　高齢化が進む中，大きな課題となるのが医療と介護である。前述したように，日本では多様な職種が医療・介護現場を支えている。特に，戦後の医療体制の充実化が図られていく中で，コメディカルの専門分野が多様化した。しかし，急速な人口構造の変化によって，医療体制に大きな歪みが生じている。ここでは，各職種の変遷と今後の課題について述べる。

■ 医師の変遷と課題

　医師は人類史上で最も古い職業の一つとされている。古代から呪術医などが存在し，それぞれの文明の中で伝統医療体型が発展してきた。西洋近代の科学的医学が確立したのは1800年代とされ，その後急速に近代科学と整合させて発展した。日本においては，18世紀前期から西洋医学・医術が本格的に学ばれるようになったが，明治維新までは"医師"という明確な資格はなかった。その後，徐々に資格制度が発達し，1946（昭和21）年から医師国家試験が開始された。

　総医師数は年々増加しており，2014（平成26）年の段階で311,205名とされている。しかし，現在は深刻な医師不足が続いており，"医療崩壊"という言葉も目にすることが多くなった。この総医師数には現役を退いている医師や直接的な医療行為を行わない医師も含まれているため，毎年国家試験が実施されていれば総医師数が増えるのは当然のことであるが，実質的に医療業務を行える医師のマンパワーは不足していっているのが現状だ。日本では，1970（昭和

45）年に「最小限必要な医師人口10万対150人」を目標として医師養成が積極的に行われたが，1983（昭和58）年に医師数が人口10万人当たり150人に達すると，将来の医師過剰を防ぐために医学部定員の削減が始まった。しかし，実際の医療現場の医師の勤務実態は非常に過酷であり，救急医療体制の維持も困難な状況が顕在化した。その結果，比較的待遇の良い大都市の民間病院に医師が集中し，地方の医療が崩壊しかけている。高齢化が進んだことで地域での医療がより強く求められている中で，医療の質の地域格差は今後さらに拡大することが予測される。今後の医師の体制の動向については，注目が集まるところと言えよう。

■ 看護師の変遷と課題

　看護師の起源は中世ヨーロッパで，修道女が教会で病人の世話をしたのが始まりとされている。現在の看護師の土台を築いたのはフロイレンス・ナイチンゲールとされ，世界では1860（明治13）年に初めての看護婦養成所が創設された。日本においては，明治維新以降医師の補助を行う役割として看護師が登場し，医師と同様に古くから医療を支える存在となった。1886（明治19）年に最初の看護学校が設立され，本格的な看護の専門家の養成が始まった。1950（昭和25）年に第一回目の看護師国家試験が行われ，さらに翌年1951（昭和26）年には准看護師制度も制定され，看護師・准看護師は我が日本の医療の普及に大きく貢献した。もともとは"看護婦"と呼ばれ女性が就く職業というイメージが定着していたが，21世紀には男性の参入も当然となり，法律も"保健婦助産婦看護婦法"から"保健師助産師看護師法"と変更が加えられた。医療の高度化に伴って教育面でも強化が図られており，看護師は高度専門職として少子高齢社会を牽引する重要な職業の一つである。

　しかし，看護師も医師と同様不足が叫ばれている。高齢化が進行し人々が抱える疾患や病的状態が重症化・慢性化している中，医療・介護は病院完結型から地域完結型に以降されつつある。その中で，看護師に求められる役割は拡大し多様化した。看護師の需要は高まっているが，離職率は高いまま経過しており，看護師不足は改善されていない。看護師は女性の占める割合が高い職業の

ため，結婚・出産・子育てなど人生のターニングポイントでの離職も高い傾向ではあるが，そのような人生の変換期で就業の継続や復職が難しくなる背景としては，やはり何よりも過酷な労働環境が挙げられる。いかに看護職のワークライフバランスを確保し離職を防ぐか，そして，いかに離職中の免許保有者の復職を支援するかが焦点となっており，これからの動向が注目される。

■ リハビリテーション職の変遷と課題

　医療の中でも，比較的新しい分野であるのがリハビリテーションである。日本ではかつて，リハビリテーションは肢体不自由児や戦争で負傷した軍人を主たる対象として実施されていた。高齢者がリハビリテーションの主な対象となったのは1945（昭和20）年に終戦を迎えて以降で，リハビリテーションの専門職が生まれたのもこれ以降である。1963（昭和38）年に日本初の理学療法士・作業療法士の養成校が開校し，その後，1965（昭和40）年に理学療法士・作業療法士法が施行され，翌1966（昭和41）年に日本初の理学療法士・作業療法士が誕生した。さらに，1997（平成9）年に言語聴覚士法が制定され，1999（平成11）年に言語聴覚士も誕生した。理学療法士・作業療法士法の第2条において，理学療法は「身体に障害のある者に対し，主として基本的動作能力の回復を図るため，治療体操その他の運動を行わせ，及び電気刺激，マッサージ，温熱その他の物理的手段を加えること」，作業療法は「身体又は精神に障害のある者に対し，主としてその応用的動作能力又は社会的適応能力の回復を図るため，手芸，工作その他の作業を行わせること」と定義される。また，言語聴覚士法の第2条において，「音声機能，言語機能又は聴覚に障害のある者についてその機能の維持向上を図るため，言語訓練その他の訓練，これに必要な検査及び助言，指導その他の援助を行うことを業とする者」と定義される。

　時代の変遷によってリハビリテーションに求められることは変化してきている。高齢者の死亡率が低下していることについては前述したが，亡くならない＝健康というわけではない。現在，死亡までの期間（平均寿命）と心身ともに自立し健康的に生活できる期間（健康寿命）の差の拡大が問題視されており，何らかの心身の問題を抱えて老後を過ごしている人が多いのが現状である。そ

れに反して，医療費の問題からしっかりと病院や専門機関での治療を受けられる期間はどんどん短くなっている。つまり，リハビリテーション職には，これまでより短期間で，より効率的な機能改善によって，患者を健康な生活に戻すこと，さらには予防にも力を入れることが求められている。リハビリテーションに関する研究は徐々に進んできているものの，その効果についてまだエビデンスレベルが十分ではない点も多い。そのような中で，より効果的なアプローチを選択し，医療としての質を担保していくことが，今後の大きな課題と言えるのではないだろうか。

■ 介護職の変遷と課題

　戦後の高度経済成長とともに福祉の分野も整備され，高齢社会で避けることのできない高齢者介護の分野も発展を遂げた。介護分野で代表的な職種が社会福祉士および介護福祉士である。1987（昭和62）年に社会福祉士及び介護福祉士法が制定され，社会福祉士および介護福祉士が誕生した。この法律において，社会福祉士は「身体上若しくは精神上の障害があること又は環境上の理由により日常生活を営むのに支障がある者の福祉に関する相談に応じ，助言，指導，福祉サービスを提供する者又は医師その他の保健医療サービスを提供する者その他の関係者との連絡及び調整その他の援助を行うことを業とする者」，介護福祉士は「身体上又は精神上の障害があることにより日常生活を営むのに支障がある者につき心身の状況に応じた介護を行い，並びにその者及びその介護者に対して介護に関する指導を行うことを業とする者」と定義される。さらに，介護の状況の改善を目的に2000（平成22）年から介護保険法がスタートし，それと同時に介護支援専門員（ケアマネージャー）という職種が創設された。ケアマネージャーは「要介護者等からの相談に応じ，及び要介護者等がその心身の状況等に応じ適切な居宅サービス又は施設サービスを利用できるよう市町村，居宅サービス事業を行う者，介護保健施設等との連絡調整を行う者であって，要介護者等が自立した日常生活を営むのに必要な援助に関する専門的知識及び技術を有する者」と定義される。また，ホームヘルパーという資格も存在する。1950（昭和25）年代から疾患などによって家庭での通常の生活を

送ることが難しくなった場合に家庭養護婦と呼ばれる人を派遣する事業として始まり，具体的に名称として登場したのは1990（平成2）年からである。ホームヘルパーは主に身体的・精神的な問題によって日常生活を送ることに支障のある者の家庭に訪問し，介護サービスや家事援助サービスを提供することが主な業務となる。社会福祉士・介護福祉士は国家資格にあたるが，ケアマネージャーおよびホームヘルパーは公的資格にあたる。このように，日本では様々な職種が介護支援に従事している。

　止まらぬ高齢化によって要介護高齢者が増加し，寿命の延長によりに介護期間も長期化している中，介護のニーズはますます増大している。介護保険法の施行により，介護分野への民間業者の参入が認められサービスの利用量が増加している一方で，介護の質についての問題が浮き彫りになってきている。この問題が生じる大きな原因として，介護職の低賃金が挙げられる。介護職員はパートや臨時職員も多く，非正規雇用による低賃金も目立つ。身体的・精神的にも負担が大きい仕事であり，離職率も高い。需要が高まり現場の負担が増大していく中，賃金に反映されていないため，慢性的な人手不足が解消されず，その結果介護スキルや質の低下が起こっている。介護サービスの質の保障・向上のための対策は今後の大きな課題である。

4　高齢社会を生きる人々の幸福

　「高齢社会のために財政が圧迫されている」と聞くと，まるで長生きが悪いことのようであるがそうではない。高齢化の背景には，日本の医療技術の進歩・社会経済の発展があり，今の国民の生活はその恩恵を受けて成り立っていることも忘れてはいけない事実である。これからの高齢化や人口減少による影響を考え対策を練ることももちろん重要ではあるが，今の人々の生活をどのように保障し豊かにしていくかも重要な課題なのである。幸せの度合いやどうしたら幸福になれるかなどは個人的な要素が強く，定量的に評価することは極めて難しい。内閣府の平成23年度国民生活選好度調査結果によると，日本人が幸福

感を判断する際に重視した事項のトップ3は「家計の状況（所得・消費）」・「健康状態」・「家族関係」であった。今後より厳しい状況に陥ることが予測されている今こそ，これらの因子も踏まえて人々の幸福について今一度考える必要があるのではないだろうか。

■ 幸せを支える所得と貧困

　経済的豊かさと幸福度が比例するかどうかについては議論の余地があるが，前述のように国民の幸福感の判断因子として「家計の状況」が上がったことから考えると，やはり所得は人々の幸せを構成する一つの重要な因子であると言えよう。

　日本においては近年，所得格差は拡大傾向にある。その要因の一つが少子高齢化による世帯構造の変化があげられている。家計の主たる収入を得ている人が高齢者の世帯間では所得格差が大きく，そのような構造の中で高齢者世帯が増えたことから，全体の所得格差が増大しているとされている。"孤独死"というワードをよく目にするようになったが，日本では高齢者の約20%が貧困状態にあり，お金がなくて病気に気がついていても医療機関を受診できないままひっそりと死を迎える高齢者が後を絶たない。日本では年金制度が整っているが，保険料を支払うことができなかった人は年金を受取ることはできない仕組みになっている。また，雇用形態が多様化して若い世代の非正規雇用が増加したため，子からの資金援助も得られない状況にもある。日本の場合は学歴や新卒時の就職環境で生涯年収が決まる傾向にあり，若いときに収入が低く保険料を支払えない人は年金を受け取れず，貧困が一生続いてしまう。さらに，親の収入が子の教育や雇用に影響する傾向にあり，親から子への貧困の連鎖も問題となっている。少子高齢社会において，貧困対策は重要な課題である。

■ 多様化する健康概念

　健康とは何を指すのであろうか。世界保健機構（WHO）は「健康とは，身体的，精神的，そして社会的に完全に良好な状態であり，単に疾病や虚弱さがないと

いうだけではない」と定義しており，身体的要素だけでなく精神的・社会的要素へも考慮が必要とされている。長寿化が進む日本においては，医学的な健康状態だけではなく生活の質（Quality of life；QOL）へ関心が広がり，健康に対する価値観は多様化している。その中で，個人の主観に基づく健康感の充実は重要な課題の一つだ。主観的健康感とは，自らの健康状態を主観的に評価する指標であり，死亡率・疾患罹患率などの客観的指標では評価することができない。そのため，必ずしも医学的な健康状態と一致するものではない。主観的健康感は個人の環境と密接に結びついており，予後を規定する重要な因子の一つともされている。健康への価値観が多様化する中，人々の健康をどのように評価し，どのようにサポートしていくか，さらなる検討が必要である。

■ 少子高齢社会における家族の絆の重要性

　高齢社会における医療・介護現場の課題を述べたが，医療・介護が病院完結型から地域完結型に変遷していく中で，要介護者の家族は欠かすことのできない重要な役割を求められる。家族の一員が病気にかかり要介護状態となると，家族の役割が一部停滞する。家族の中ではその役割の置き換え調整が必要になるだけでなく，"介護"という役割がさらに追加して必要になることとなる。ただでさえ核家族化によって世帯の構成人員が減り家族一人が担う家庭内役割が増えている中で，要介護者が抱える問題の重症化および介護期間の長期化により介護によって家族が抱える負担が増大している。孤独死や老老介護など，少子高齢化がもたらす家族内の問題も浮き彫りになっている今，医療・介護における家族の役割の重要性を再確認し，要介護者だけでなく家族に対するサポートの充実を図る必要があると思われる。

《参考文献》

- 国立社会保障・人口問題研究所，人口統計資料集
  http://www.ipss.go.jp/syoushika/tohkei/Popular/Popular2017RE.asp?chap=0
- 内閣府，平成 29 年版高齢社会白書（全体版）

http://www8.cao.go.jp/kourei/whitepaper/w-2017/zenbun/29pdf_index.html
- 内閣府，平成 28 年版高齢社会白書（全体版）
http://www8.cao.go.jp/kourei/whitepaper/w-2016/html/zenbun/s1_1_2.html
- 公益財団法人 日本国際交通センター，(2011) The Lancet Special Series on Japan: Universal Health Care at 50 years『ランセット』日本特集号：国民皆保険達成から 50 年
www.jcie.or.jp/japan/csc/ghhs/lancetjapan/
- 厚生労働省，平成 19 年版 厚生労働白書 医療構造改革の目指すもの 第 1 章我が国の保健医療をめぐるこれまでの軌跡
http://www.mhlw.go.jp/wp/hakusyo/kousei/07/dl/0101.pdf
- 野村恭子 2011「我が国の医師不足問題 医師臨床研修制度と医師の人的医療資源の活用」(『日本衛生学雑誌』66 巻 1 号，22-28 頁)
- 小糸秀，川本龍一，鈴木萌子他 2015「地域在住高齢者における主観的健康感に影響する背景因子及び生存率に関する調査」(『日本プライマリ・ケア連合学会誌』38 巻 3 号，214 - 220 頁)
- 安部志穂，森本弥生，井崎亜紀他 2012「病気の家族を持つ家族の役割移行における役割遂行」(『高知女子大学看護学会誌』38 巻 1 号，77-86 頁)

第6章
高齢化問題
～求められる人材育成～

石原 逸子
神戸市看護大学基礎看護学 教授

石井 久仁子
兵庫大学看護学部看護学科 講師
（元神戸市看護大学地域連携教育・研究センター 助教）

本章では，地域包括ケアシステムについて概観し，当該システム支える人材，特に医療・在宅との連携を中心的に推進できる看護人材育成について紹介する。さらに，在宅ケアを支える多職種（薬剤師，医師，歯科医師，ケアマネージャー，訪問看護師等）連携の在り方について述べる。

キーワード

地域包括ケアシステム　看護人材育成
看護教育モデル　コラボ教育

第6章　高齢化問題〜求められる人材育成〜

1　はじめに

　1950（昭和25）年代の日本人は，自宅で生まれ，自宅で亡くなることが多かった（総務省, 2012）。病気に罹れば，家庭医や近所の開業医を訪ね，施薬と共に生活指導を受け，家庭で療養していた。1960（昭和35）年代に入り高度経済成長下，科学技術の発達と人口の都市部への集積に伴い，医療技術の発展と医学の専門分化が進むと，医療の中心は病院となり，生・老・病・死は施設内での現象となった（総務省, 2016）。その結果，病気に罹患すれば病院に入院し，人々は生活から切り離され，臓器・疾患別の専門的な治療が必要な病者と見なされ，病状に応じた療養行動をとることが期待されるようになった（パーソンズ, タルコット, 1974）。
　また，経済的発展は人々の暮らしを豊かにし，消費者意識の台頭と共に，よりよい医療サービスの提供に対する意識も高まり，患者の権利憲章，インフォームド・コンセントなどが医療現場に導入された。このような個人と医療をめぐる社会背景の変化の下で，平均寿命は飛躍的に伸び，豊かな生活の享受と共に生活習慣病（高血圧，高脂血症，糖尿病，脳血管疾患，悪性新生物）が感染症に代わって主な死因を占めるに至った。したがって，慢性疾患を抱えながら健康な生活を営む中高年者が増加し，それに伴い医療費等が漸次増加し，生活習慣病の予防と介護予防の重要性から新たな施策の成立に至っている。
　そして，高齢人口の増加に伴い，今後の多死社会の予測は，病院中心の医療から地域での保健・福祉・医療の向上，高齢者の権利の尊重へと流れをつくり，たとえ病気を抱えていても，自宅などの住み慣れた生活の場で療養し，自分らしい生活を続けられることの重要性が指摘された。その結果，在宅療養を支えるための様々な医療介護の関係機関が行う包括的且つ継続的な医療・介護の提供が，「地域包括ケアシステム」として導入された。具体的には，24時間対応の在宅医療，訪問看護やリハビリテーションの充実，特養などの介護拠点の緊急整備，24時間対応の在宅サービスの強化などである。さらに，予防の推進として，自立支援，即ち人々のセルフケア能力を高め，自宅で過ごす為の介護

の必要性等である（厚生労働省，2012）。

　本章では，地域包括ケアシステムについて概観し，当該システムを支える人材，特に医療・在宅との連携を中心的に推進できる看護人材育成について紹介する。さらに，在宅ケアを支える多職種（薬剤師，医師，歯科医師，ケアマネージャー，訪問看護師等）連携の在り方について述べる。

2 地域包括ケアシステム

■ 高齢化問題と地域包括ケアシステム

　日本の社会保障制度は戦後の医療改革からスタートし，1961（昭和36）年には国民皆保険制度の創設，1973（昭和48）年の高齢者医療費無料化など医療の充実を行ってきた。その後，高齢化が進む中で高齢者の「社会的入院」や在宅介護の課題が急増し，医療の見直しと福祉の充実の時代へと移行した。1980（昭和55）年代には在宅ケアの3本柱といわれた「ホームヘルプ」「デイサービス」「ショートステイ」の3つの事業が推進され，1990（平成2）年代のはじめには訪問看護ステーションや療養型病床群が創設された。そして，介護は「家族の中で行うもの」から「社会全体で支え合うもの」へと意識としくみの大きな転換が行われ，2000（平成12）年には介護の社会化を目指して介護保険制度がスタートした。介護保険制度は生活に何らかの支援や介護を必要とする人に介護保険を使って訪問介護や訪問看護，デイサービス，住宅改修などの現物給付を行う制度であり，要介護認定者一人ひとりが介護支援専門員（通称ケアマネジャー）による相談支援やケアマネジメントによる適切なサービスの調整，給付管理を受けながら制度を利用するしくみである。介護保険制度がスタートして10数年が経過し，すでに国民に広く浸透してきている。

　一方で要介護認定者や介護サービス利用者の急増により，介護給付費は2000（平成12）年から2013（平成25）年の13年間に3.6兆円から9.4兆円と2.6倍に増加し（厚生労働省，2013），現在も増加し続けている。国は2006（平成18）年の介護保険制度改正において「持続可能な社会保障制度」を目標に掲げ，

介護予防給付を導入すると同時に全国に地域包括支援センターを設置した（地域ケア研究会，2013）。介護予防は介護給付費の抑制だけでなく，高齢者が可能な限り最後まで自立生活を営み，また介護を要する状況になっても重度化予防をすることでQOLを向上することにつながる。介護予防は介護保険制度の理念である「自立支援」と「尊厳の保持」の基盤となる重要な取り組みである（地域ケア研究会，2015）。

　近年は，高齢者の増加だけでなく独居や高齢者世帯が増加するなど世帯構造が変化し，さらに高齢化に伴う認知症が増加することで，公的なサービスでは補完しきれない日常の見守りや生活支援の課題が増加している。このような社会情勢の中，国は2011（平成23）年の介護保険制度改正で高齢者が住みなれた地域で安心して自分らしい生活を継続できる「地域包括ケアシステム」の構築の必要性を示し，現在自治体を中心に全国で地域特性に応じたさまざまな取り組みが行われている。

■ 地域包括ケアシステムの目的と定義

　地域包括ケアシステムは，介護保険法第5条第3項に「国及び地方公共団体は，被保険者が可能な限り住み慣れた地域でその有する能力に応じ自立した日常生活を営むことができるよう，保険給付に係る保健医療サービス及び福祉サービスに関する施策，要介護状態等となることの予防又は要介護状態等の軽減若しくは悪化の防止のための施策並びに地域における自立した日常生活の支援のための施策を，医療及び居住に関する施策との有機的な連携を図りつつ包括的に推進するよう努めなければならない」と定義されている（地域ケア研究会，2015）。具体的には，高齢者が日常生活圏域において医療や介護等のサービスが24時間365日切れ目なく提供できる包括的な支援・サービス体制である（図1）。日常生活圏域は概ね高齢者の居宅から30分以内でサービス提供ができる範囲とされている。

図1　地域包括ケアシステム（イメージ図）
　　出典：厚生労働省
　　　　　http://www.mhlw.go.jp/stf/seisakunitsuite/bunya/hukushi_kaigo/kaigo_koureisha/chiiki-houkatsu/index.html

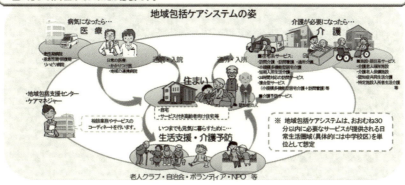

3　地域包括ケアにおける看護人材育成，看護教育について

　地域包括ケアシステムは，「尊厳の保持」「自立生活の支援」の2つの原則に基づき構成され，具体的な構成要素については，植木鉢の図で示されている（図2）。植木鉢の図の底の部分「本人の選択と本人・家族の心構え」は，「養生」という文言で表現されているが，自らの健康は自らの責任において判断，実行し，健康な生活を維持・生活していくことを顕している。健康な生活の維持管理には，知識やサービスを提供する保健・看護の専門職の存在が求められる（秋山，2016）。しかも，自ら主体的に健康を維持していくには，一方向的なやり

とりではなく双方向的且つ必要な情報を取捨選択し生活のなかに取り入れるという自己決定の力も必要となる。このような住民と協力しながら住民の主体性を促していける人材づくりには，どのような教育を行えばよいのか。

図2　進化する地域包括ケアシステムの「植木鉢」（地域包括ケアシステムにおける「5つの構成要素」イメージ図）

出典：平成27年度 老人保健事業推進費等補助金　老人保健健康増進等事業
　　　地域包括ケアシステム構築に向けた制度及びサービスのあり方に関する研究事業
　　　報告書 http://www.murc.jp/sp/1509/houkatsu/houkatsu_01.html

■ 地域包括ケアシステムを支える教育モデル

以下に，地域包括ケアシステムの鉢底（図2）を形作る「本人の選択と本人・家族の心構え」を支援する人材づくりの具体例として，神戸市看護大学が2006（平成18）年から取り組んでいる教育内容を紹介する。

少子高齢社会と保健医療福祉政策の転換に対応する看護人材への教育には，看護の対象者の発達段階を枠組みとする従来の看護体系（母性・小児・成人・老年看護学）から脱却し，健康生活支援学，療養生活支援学を中心としたカリキュラムの展開が求められた。このことはつまり，地域住民への健康生活への支援のあり方は，専門家から一方的に提供するのではなく人々の意欲や主体性を大切にする協働でなければならないという考え方から出発している（神戸市看護大学，2009）。既にこの時点で，神戸市看護大学のカリキュラムは，地域包括ケア時代に必要な人材の未来図を想定していた可能性も読み取れるが，この点は，当該大学が阪神淡路大震災後設立され，教育理念として「地域社会への

関心を深め，特に健康問題に関するニーズを把握し，積極的に地域活動に参加する態度を育成する」ことを掲げ，公立大学として地域へ貢献する使命を果たしてきたことに依るところが大きい。

開学当初より，家族や近隣，人々とのつながりや助け合いを大切とし，2006（平成 18）年より新たに取り組んだカリキュラムでは，病院での看護師の育成はもとより，「地域で生活する人々の健康生活を支援する実践力を養う」こと，及び「住民主体の健康づくり，まちづくり」を主眼とし，地域を基盤に学ぶことができる教育課程と教育環境の整備を行っている。すなわち，地域住民と行政などと共に行う大学による地域住民への健康支援と，地域住民による大学教育への支援の 2 つの試みを融合させたカリキュラムを新たな看護教育モデルとして構築した。具体的には，地域住民を教育ボランティアとして授業での語り手，演習での模擬患者として導入する一方，本学による地域での健康支援事業を統括し，教育課程のなかに融合している（表 1）。当該カリキュラムが目指したのは，「利用者の意思決定を支える援助」「多様な年代や立場の人との援助的人間関係の形成」「人の成長発達段階・健康レベルの看護アセスメント」「生活共同体における健康生活のアセスメント」「健康の保持増進と健康障害の予防に向けた支援」「次世代を育むための援助」「高齢期にある人の健康生活の援助課題の判断と支援」「地域ケア体制の充実に向けた看護の機能」等，地域住民の健康生活に関する総合的な看護実践力を培う内容となっている（神戸市看護大学, 2009）。

よって，新たな看護教育モデルは，地域包括ケアシステムの鉢底である住民自身による健康な生活の管理と意思決定や養生を支えるカリキュラムであるといえる。

第6章　高齢化問題〜求められる人材育成〜

表1　大学による健康支援事業一覧

出典：平成25年度「知（地）の拠点整備事業」計画書p4＜表1＞現在コラボセンターが行っている主な地域活動（平成24年度）

活動名		活動内容	開始年度	実施回数
看護専門職公開講座		看護専門職者の卒後教育や資質向上を目指した公開講座	平成9年度	1回／年
国際フォーラム		看護専門職者に国際情報を提供するための公開講演会	平成9年度	1回／年
ユニティ市民公開講座		市民と大学の交流をテーマに、生涯学習のニーズに応えた一般市民向けの公開講座	平成11年度	1講座／年（全5回）
西区ヘルスアップ作戦		住民代表が推進委員となって行っている健康増進活動を、西区保健福祉部と共に支援	平成17年度	1回／年
神戸市看護大学まちの保健室	まちの保健室	地域住民の方々を対象に、健康に関する講義や体験学習、健康チェックや健康相談などを行う	平成17年度	12回（1回／月）
	子育て支援	子育ての保護者とその子どもを対象に、健康相談や子どもの発達測定、参加者間の交流促進支援などを行う	平成18年度	6回
	こころと身体の看護相談	こころの悩みを抱えている型を対象にした看護相談	平成19年度	12回（1回／月）
	もの忘れ看護相談	もの忘れや認知症で、不安やお困りのことがある方を対象にした看護相談	平成23年度	4回
次世代育成事業	命の感動体験事業	小学生が地域の乳幼児や乳幼児の親とふれあう体験を通して、命の尊さを学び、小学生から育児性を育てる事業	平成15年度	17回
	命の出前講座	助産学専攻科の学生による小学生を対象にした思春期健康教育の支援	平成16年度	2回（2校／年）
	思春期ピアカウンセリング	学生と教員が、思春期の若者が性や生き方について話し合い、コミュニケーションスキルを獲得していく過程を支援する活動	平成16年度	2回回数確認
	プレパパ・プレママセミナー	妊娠中の女性とパートナーを対象とした栄養指導、分娩の心得、おむつの使い方、沐浴などの教育	平成17年度	3回
コラボセンターの設立		現代GP終了時の地域指向型活動の学内組織として設立	平成21年度	
子育て広場「コラボカフェ」		子どもの健康な生育と、親の親としての役割の確立を、地域住民とともに支援（神戸市地域子育て支援拠点事業）	平成24年度	120回（3回／週）

■ 医療・介護・予防の一体的な提供を支える看護人材

　75歳以上の高齢者の人口が2倍に増加すると予測されている2025年には，鉢の図の上部のような，医療・介護・予防の一体的な提供が可能となる在宅医療体制の整備と高齢者の自立支援が求められ（図2），このことは，2011（平成23）年度の保健医療福祉計画にも示されている通り，神戸市においても優先順位の高い課題である。医療・介護の重要な柱となる支援策は，退院支援に始まり，その後の日常の療養支援，看取り，急変した際の緊急時の対応などがあげられる（秋山，2016）。これらのどの事柄においても，生活の中で病態の変化やそれに伴う療養の必要性を判断できる看護職の役割は重要である。例えば，

退院支援では，退院時の継続看護を担当する病棟看護師，及び在宅医療担当の看護師は，他の医療専門職と連携を取りながら退院後を見据えた生活の調整をおこない，施設から在宅へと切れ目のないケア提供を行う役割を担っている。さらに，在宅では，訪問看護師が日常の療養支援や看取りを他の医療関係者と連携しながら療養者に対応している。

このような課題解決に必要な看護職の育成には，病院と在宅とを切れ目のないケアでつなぐ継続看護について学べる授業や実習科目を整備し，さらに在宅での看護ケアである訪問看護への志向性を高めるカリキュラムの整備が必要である。すなわち，前述した地域住民の自主的な健康管理力を高める取り組みをさらに強化し，高齢者の自立支援について学び，そのうえで，継続看護の教育の強化と在宅看護学を学習できるカリキュラムである。

以下に，医療・介護・予防の一体的な提供を担える人材育成につながる看護学教育カリキュラム（図3）の具体的な内容について述べる。

図3　コラボ教育に基づく地域包括ケアシステムに関連する科目群

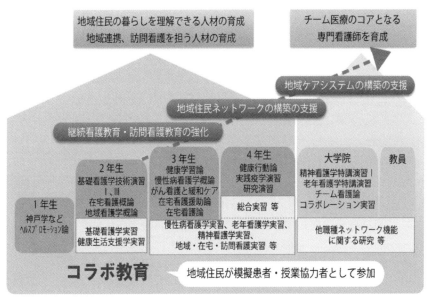

第6章 高齢化問題～求められる人材育成～

■ 継続看護教育の強化

現行の看護師養成カリキュラムでは,「病院での看護」と「地域での保健師の教育」に重点が置かれ,病院と在宅とを接続させ切れ目のないケアを学ぶには限界がある。そこで,こうした教育枠組みの転換を図り,全卒業生が地域の人々の日々の暮らしを理解し,その上で保健・医療・福祉を捉え,看護学をより包括的にとらえることができるようにする。具体的には,(1)コラボ教育を実施し,(2)継続看護に関する実習内容の強化が必要である。

(1) コラボ教育とは

図3に示すように,前節で紹介した地域住民による教育ボランティア制度を学内外に拡充させ,住民へのインタビューや健康測定,住民の居住地域と健康生活とを結びつける実習を高齢化率の高い地域の中で行い,高齢者を対象とした活動をより強化するプログラムである(図4)。

(2) 継続看護の講義や実習の強化

上記「コラボ教育」の学びに基づき,継続看護について講義の中で内容の充実を図り,さらに医療機関,施設,居宅介護支援事務所や訪問看護ステーションでの臨地実習(基礎看護学,老年看護学,地域・在宅・訪問看護学,慢性病看護学,精神看護学,周手術期・クリティカルケア看護学,小児看護学,総合実習)において,退院指導や退院後の継続ケアについて体験などを通じて学ぶ。前述( )内の実習群は,それぞれの専門領域に精通した学修目標があるが,継続看護については,以下のような共通の目標を設ける。

A. 患者・クライエントの生活を支えるために,継続的に提供される看護を学ぶ。
　1. 退院・退所に向けてどのような看護が提供されているのかを学ぶ。
　2. 退院・退所後,看護をはじめとする利用可能な保健医療福祉サービスがどのように提供されているのかを理解する。
　3. 継続的に提供される保健医療福祉サービスが適切に患者・クライエント・家族のニーズを満たしているかを知り,必要な対策について考える。
B. 患者・クライエントとその家族に関わる他職種との連携・協働を通して,保健・医療・福祉の統合的ケア提供のあり方と看護職の役割について学ぶ。

3 地域包括ケアにおける看護人材育成，看護教育について

図4 コラボ教育と継続看護，訪問看護
　　地域連携教育・研究センター作成

1．コラボ教育

教育目標
1．地域住民の健康ニーズや健康問題を理解し、生活と健康・病気との関連を理解することができる。（学生）
2．衣食住をどのように工夫すれば健康な生活が維持でき、またどのように生活を調整すれば病気を悪化させずにおくことができるのかを、地域の人々と共に考え、工夫することができる。（学生）
3．地域住民が共にコラボ教育を計画・実施することにより、住民自らがヘルスプロモーションを行っていくためのネットワーク構築や、健康づくりのリーダーを育成することをサポートする。（教員）

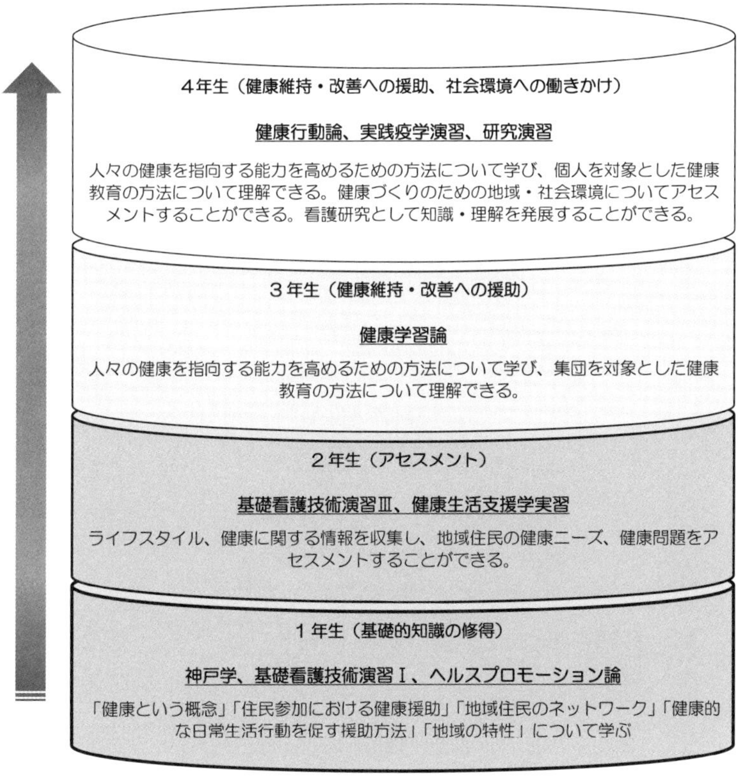

4年生（健康維持・改善への援助、社会環境への働きかけ）

健康行動論、実践疫学演習、研究演習

人々の健康を指向する能力を高めるための方法について学び、個人を対象とした健康教育の方法について理解できる。健康づくりのための地域・社会環境についてアセスメントすることができる。看護研究として知識・理解を発展することができる。

3年生（健康維持・改善への援助）

健康学習論

人々の健康を指向する能力を高めるための方法について学び、集団を対象とした健康教育の方法について理解できる。

2年生（アセスメント）

基礎看護技術演習Ⅲ、健康生活支援学実習

ライフスタイル、健康に関する情報を収集し、地域住民の健康ニーズ、健康問題をアセスメントすることができる。

1年生（基礎的知識の修得）

神戸学、基礎看護技術演習Ⅰ、ヘルスプロモーション論

「健康という概念」「住民参加における健康援助」「地域住民のネットワーク」「健康的な日常生活行動を促す援助方法」「地域の特性」について学ぶ

2．継続看護/訪問看護

教育目標
神戸市における地域ケアシステム、在宅医療の連携システムの中で継続看護および訪問看護の実践者としての役割を果たせる人材の育成。

継続看護の教育目標
1．病院や施設でのケアと在宅ケアの接続を計画・実行できるための基礎能力を身に付ける。
2．地域における施設医療から在宅ケアまでの流れを理解できる。
3．地域の人々の普段の生活や入院患者の退院後の生活を想像でき、退院後の生活者の視点から退院計画を立てることができる。

訪問看護の教育目標
保健・医療・福祉によるチームケアの核となって、医療・介護と患者・家族をつなぐことのできる訪問看護を担う人材を育成。

4年生（継続看護/訪問看護における知識と理解の統合）

総合実習

「患者・クライエントの生活を支えるために、継続的に提供される看護」「患者・クライエントとその家族に関わる他職種との連携・協働を通して、保健・医療・福祉の統合的ケア提供のあり方と看護職の役割」について学ぶ。各領域別の継続看護の現状と支援について理解を深め、継続看護の課題について考えることができる。

3年生（継続看護における援助の理解と実践）

<u>がん看護と緩和ケア、小児看護学実習、慢性病看護学実習、周手術・クリティカルケア学実習、老年看護学実習、精神看護学実習</u>

がん患者・家族に対する退院支援、援助について学ぶ。対象別（ライフステージ別：小児、成人、老年）、精神患者に対する退院支援、施設から在宅移行にむけた看護過程の展開について学ぶことができる。

3年生（訪問看護における援助の理解と実践）

<u>在宅看護論、地域在宅訪問看護学実習</u>

訪問看護における看護過程の展開について学ぶことができる。

2年生（知識の修得）

慢性病看護学概論、在宅看護学概論、基礎看護学実習

「継続看護を担う医療施設の部署（地域連携部門）」「退院調整看護師の役割」「訪問看護の役割や機能」「多職種連携」について知識を得ることができる。

1. 患者・クライエントに関わる他職種の機能と役割について知り，看護サービスとの関連および看護職の機能と役割について考える。
2. 看護職がどのように他職種と連携・協働あるいは調整をしているのかを理解する。
3. 他職種との連携・協働により，患者・クライエント・家族のニーズがどのように満たされているのかを把握する。

さらに，それぞれの領域における具体的な体験項目は，「病院の地域連携推進室等の見学」「退院指導，退院支援，退院前カンファレンスへの参加，サービス担当者会議等への参加」「病院の外来見学により，患者に対する継続看護を行うシステムや方法を理解する」「外出，受診，入所予定の事前訪問への同行」「地域活動支援センター，就労支援センター，グループホームなどの見学」などである。

■ 在宅看護学（訪問看護）に関する教育の強化

施設から在宅へ向けた切れ目のない看護ケアとは，継続看護の強化ばかりでなく，訪問看護や介護，リハビリの講義科目を充実させることも含まれる。特に，看護学部の基礎教育では，以下のような内容を重視する。

- 訪問看護ステーション等の協力を得て，訪問看護現場の臨地実習の充実を図る。
- 在宅看護学の授業科目，在宅看護学概論や在宅看護論の時間数を増やし（例；15時間⇒30時間，30時間⇒45時間），在宅の授業内容と在宅における看護技術の演習をより強化し，その後，在宅看護に関する実習を行う等である。ただし，臨床経験のない学部卒業生が直ちに訪問看護への志向性を高め，訪問看護を行うのは困難であるが，このような体験をし，学外から訪問看護師を招聘し訪問看護についての語りや，具体的な看護について学修することにより，看護専門職として訪問看護への将来展望を持つことに役立つ。

第6章　高齢化問題〜求められる人材育成〜

■ 地域住民のネットワークの構築支援

　医療・介護・予防の一体的な支援にとって欠かせないのが高齢者への自立支援である。

　地域包括ケアシステムが機能するためには，「公助」「共助」「互助」「自助」の4つのサポートが必要である（図5）。公助は，生活保護などの措置制度で，国や地方自治体によるサポートである。一方，共助は，介護保険や医療保険などの相互扶助である。互助は，近隣や友人，ボランティアなどの周囲や地域の人々の支え合いによるインフォーマルなサポートであり，自助は，高齢者自身が在宅生活を継続していくうえでの心構えや将来への備えとして欠かせない要素である。前節では，地域包括ケアシステムの基盤を支える仕組みについて述べたが，住民個々の健康管理活動を住民同士の助け合いや協力関係を通じて継続的に行うことにより，地域住民のネットワークを形成でき（いわゆる絆を高める），よりいっそうセルフケアを強化できる。このような住民同士の健康管理に関する互助活動に大学が学生の教育と住民の健康支援を目的に参加することにより，住民同士の互助をより活性化できると考える。具体的には，教員や学生と地域の民生委員・児童委員や自治会，地域住民との共同作業により，健康相談やミニ講義，健康測定などの健康増進・疾病予防活動を，高齢化率の高

図5　「自助・互助・共助・公助」からみた地域包括ケアシステム
　　出典：地域包括ケア研究会
　　http://www.mhlw.go.jp/seisakunitsuite/bunya/hukushi_kaigo/
　　kaigo_koureisha/chiiki-houkatsu/dl/link1-3.pdf

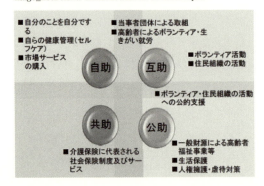

い地域でコラボ教育として行えば，それによって地域住民のネットワーク構築や地域のリーダーづくりの手助けとなる。

4　地域包括ケアシステムにおける多職種連携

　地域包括ケアシステムに携わる看護人材の育成と住民参加について述べてきたが，地域包括ケアシステムでは，保健・介護・医療・福祉の専門職が連携し，システムを機能させることが求められる。いわゆる，専門職間の連携が当該システムを推進させる原動力となる。地域包括ケアシステムにおける多職種連携の関係機関，取り組みに必要なネットワークとは，かかりつけ医，かかりつけ歯科医，かかりつけ薬局，病院関係者，訪問看護師，介護支援専門員，地域包括支援センター職員，在宅リハビリテーション（理学療法士）等がお互いの専門性を生かし，利用者個々の生活から治療まで必要なニーズに応えることである。このような多職種による連携の推進には，名称は地域によって異なっているが，「地域包括ケア推進会議」を開催し，利用者の円滑なサービスの利用やより効果的な連携と協働の在り方について検討している（神戸市保健医療計画平成27年～平成28年）。

　このような連携システムの一メンバーとなる看護専門職を育成するには，どのようなカリキュラムを設定すべきなのか，看護系学部，大学院の課題でもある。

　職種間連携（Interprofessional Education and Development；IPED）の学習機会についての看護系大学への実態調査によると，当該教育を行っている大学の多くが「実習で他職種間の共同連携の具体的な場面を見学する機会」を設けている。また，医系の他学部との協働での授業，単科大学の場合は，他大学の医系の学科と共同で講義・演習を行っている。授業に含まれている内容としては，「チーム医療」「保健医療福祉チーム員の専門性と相互の尊重」「チームの中の看護専門職の役割」「リーダーシップ」「情報の共有」「保健医療福祉機関の連携・協働」等であった（文部科学省，2014）。

　以下に，チーム医療に関する実習「ヘルスケアマネジメント実習」を行って

いる大学のケースを紹介する。当該実習は、「学生が地域の健康を考えられるようになることをねらいとしており、看護学科、理学療法学科、社会福祉学科、栄養学科の4学科が連携しながら行う共通科目（必修）となっている。各専門職の専門性と独自性を踏まえ、地域の特性に応じた包括的なヘルスケアのための保健・医療福祉の連携と協働に必要な能力を身につけることを目的としている。4学科全員（240名）が、居宅介護支援事業所、地域包括支援センター等の14か所で、4学科の学生で構成されるグループで構成し、1事例についてのフィールドワークを行う。実習の成果としては、事例を通してその人が地域で生活していくためには、どのような地域や制度、社会環境が望ましいのか、看護の視点、理学療法の視点、社会福祉の視点、栄養の視点などの様々な視点から捉えられるとしている」（看護系大学協議会 p.28, 2016）。

当該実習の成果は、多職種間連携・協働という課題をどのような学修機会と方法によって解決し実現できるかという具体的内容を提示しており、学部教育に積極的に職種間連携に関する実習を取り入れる例示となる。今後、このような他職種連携に関する教育プログラムが、医療系、看護系大学のカリキュラムに取り入れられる可能性は高い。

5 地域包括ケアシステムに必要な看護師育成の成果

神戸市看護大学学部学生1，2年生に対する調査結果によると、「地域への関心・愛着」、「大学の地域貢献活動に関する認知度」が、地域に関する保健医療に関する知識に関連することが明らかになり（相原，2014）、学生たちの地域志向性に影響する可能性が示唆されている（表2）。また、経年的に行っている学生に対する調査では、「神戸市に関心がある」「神戸市に愛着がある」と回答した学生は6割以上、また「大学が教育・研究・社会貢献活動を推進していること」について知っている学生は8割であり、この点から、神戸市看護大学学生の神戸への地域志向性は高いといえる。前述した継続看護に関する実習を履修した学生の実習目標の達成度について、図6のグラフに示す（神戸市看護

表2 地域への関心・愛着，大学の地域貢献活動の認知度と地域保健に関する知識

	全体 (n=113) 標準化係数 (標準誤差)	1年生 (n=63) 標準化係数 (標準誤差)	2年生 (n=50) 標準化係数 (標準誤差)
地域への愛着・関心	0.32 (0.07)***	0.20 (0.11)	0.45 (0.99)***
大学の地域貢献活動の認知度	0.25 (0.11)**	0.32 (0.15)**	0.06 (0.18)
A市居住年数	0.05 (0.10)	-0.0002 (0.14)	0.17 (0.14)
学年	0.09 (0.34)		
調整済み R^2	0.17***	0.12*	0.26**

重回帰分析による、*$p<0.05$，**$p<0.01$，***$p<0.001$
対象：地域看護学・在宅看護学受講前の1・2年生113名

図6 継続看護に関する目標の平均点数の年度比較

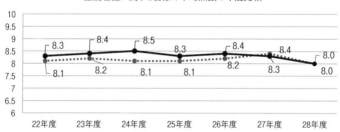

※ 目標項目は下記の通り、1項目あたり10点満点の平均点を掲載　n=79
※ グラフは、実線が目標A、点線が目標B.を示す）

大学，2017）。

　図6のデータから考えられることは，2006（平成18）年より始めた地域住民と行政などと共に行う大学による地域住民への健康支援と，地域住民による大学教育への支援の2つの試みを融合させた新たな看護教育モデルの成果が，このようなデータに結びついているとも考えられ，この点についてより詳細な分析が必要ではあるが，本学の取り組みが地域包括ケアシステムを支える人材育成にもつながっていることの示唆でもある。

　以上のように，学年の早い段階から地域に関する授業科目を設け，地域住民を教育ボランティアとして授業・演習に導入すること，また，大学が，学生と共に地域住民への健康支援を授業や地域貢献活動を行っていくことが，地域の保健医療知識を高め，人々の暮らしに応じたケアを担う看護人材に育成につながっていくと考える。

6　まとめ

　第6章では，高齢化社会と人材育成について検討し，特に地域包括ケアシステムを支える看護職の教育カリキュラムを中心に述べた。

　「ヘンリーストリート・セツルメント」を創設してニューヨークのロワーイーストサイドの貧しい住民を保護したリリアン・ウォルドは，「ヘンリー街で活動を始めてからずっと人間の尊厳を信じ，今の世代は次の世代をより良いものにする義務があるという信念でやってきました」（クリスティン・バレット p.75, 2014）と述べている。ウォルドは，公衆衛生看護を誕生させた看護の先駆者のひとりと言われているが，地域の中で看護を実践し，住民自らが自分と家族の健康を考えることの重要性を唱えている。

　日本の人々の暮らしは豊かにはなったとはいえ，暮らしと病気とは切り離して考えられないことが，高齢社会において再認識されている。看護は，日々の暮らしの中に在る人を対象とし，生活と病を切り離さない看護の実践活動が求められており，人々の暮らしを理解できる看護師の育成がなお一層求められる。

《参考文献》

- 秋山正子 2016「在宅ケアの不思議な力　どんなときでも，命は輝く」（『武庫川女子大学看護学ジャーナル』1巻，3－19頁）
- 相原洋子，石井久仁子，加藤憲司，石原逸子　2014「看護学生の地域志向性を高めるための早期教育の在り方に関する検討」（『日本公衆衛生学会総会抄録集』73回，550頁）
- 厚生労働省，介護保険料と給付費の推移，www.mhlw.go.jp/seisakunitsuite/bunya/hukushi_kaigo/kaigo_koureisha/chiiki-houkatsu/dl/link1-2.pdf
- 神戸市看護大学 2009「地域住民と共に学びともに創る健康生活－住民による教育支援と学生による地域支援の融合とeヘルスの活用－」（文部科学省「現代的教育ニーズ取り組み支援プログラム（現代GP）」平成18年～20年　成果報告書，3－9頁）
- 神戸市看護大学 2017（『COC実績報告冊子』第4号）

6 まとめ

- クリスティン・ハレット著，中村哲也監修，小林政子訳 2014（『ヴィジュアル版 看護師の歴史』，国書刊行会）
- 日本看護系大学協議会 2017『平成 28 年度文部科学省大学における医療人養成の在り方に関する調査研究委託事業「看護系大学学士課程における臨地実習の先駆的取り組みと課題－臨地実習の基準策定に向けて－」報告書』
- 三菱 UFJ リサーチ＆コンサルティング 2013「平成 24 年度厚生労働省老人保健事業推進費等補助金（老人保健健康増進等事業分）持続可能な介護保険制度及び地域包括ケアシステムのあり方に関する調査研究事業報告書＜地域包括ケア研究会＞地域包括ケアシステム構築における今後の検討のための論点」
- 三菱 UFJ リサーチ＆コンサルティング 2015「平成 27 年度老人保健事業推進費等補助金 老人保健健康増進等事業 地域包括ケアシステム構築に向けた制度及びサービスのあり方に関する研究事業報告書＜地域包括ケア研究会＞地域包括ケアシステムと地域マネジメント」
- タルコット・パーソンズ著，武田良三翻訳 2011『社会構造とパーソナリティ』（新泉社）
- 小塩隆士, 田近栄治, 府川哲夫著 2014『日本の社会保障政策：課題と改革』（東京大学出版会）
- 広井良典 1999『日本の社会保障』（岩波新書）
- 文部科学省 2014 3－2. 調査結果・課題分析 地域医療における多職種連携教育実施状況に係るアンケート調査結果・分析「超高齢社会に向けて地域在宅における患者家族の療養生活を支える基礎的能力育成への看護系大学の取り組み」
www.mext.go.jp/component/a_menu/education/detail/__icsFiles/afieldfile/2014/06/10/1348629_03.pdf

第 7 章
高齢者が抱える問題とその支援

種村 留美
神戸大学大学院保健学研究科リハビリテーション科学領域 教授

高齢期は身体的には生物としての衰退の過程を辿り，人生を見つめ返す時期として精神的な変化も訪れる。このような老化現象は疾患として現れることがあり，高齢者は様々な症状を合併して抱える。治療選択はその後の余命を見越して行われ，疾患が「治る」「治らない」だけにとらわれず，総合的な評価と判断が必要となる。また，少子高齢化に伴う社会構造の変化によって，老老介護や孤独死といった高齢者特有の社会問題も生じている。本章では高齢者の心身機能の変化，高齢者の代表疾患，そして老老介護・孤独死について解説する。

キーワード
老化　老老介護　独居高齢者　孤独死

1 はじめに

現在の日本は世界で最も長寿の国であり，平均年齢は80歳を超えている。しかし一方で，平均寿命と健康寿命の差は広がっている。ただ長生きするのではなく，亡くなる直前まで元気に活動する人生は理想的といえるが，加齢によって心身には様々な変化が生じ，人生の最終段階では何らかのサポートが必要となる場合が大半である。この人生の最終段階をより豊かに過ごすためには，どうすればよいのだろうか。

人間は生涯にわたり発達を続けていく。発達は「生物学的構造や機能が分化・多様化・複雑化していく過程に，学習（経験・練習・訓練・教育）が加わった現象」とされる。加齢により運動行動が変化していく過程を運動発達，精神的（心的・知的）に行動が変化していく過程を精神発達という。発達段階をライフステージ別で見ると，胎芽／胎児期・乳児期・幼児期・学童期・青年期・成人期・高齢期の大きく7段階で分けられる。その中でも，高齢期は老化が進行し，健康問題が顕著になる。さらに，社会的には定年を迎え，子や孫が自立して子育てから開放されるなど，公私に渡って自分の役割が大きく変化する時期である。また，家族や友人など親しい人の死に直面する機会も多くなり「死」が最もリアルになる時期となる。日本程の長寿国になると，多くの人にとって高齢期が人生の4分の1以上の期間を占めるようになる。高齢期，つまり老後を生き生きと過ごすためには，生物として防ぎきれない心身機能の衰退を知り，上手に付き合いながら生活する必要がある。本章では，高齢者が抱える問題とその支援について解説する。

2 老化とは

老化とは，「加齢とともに各臓器の機能，あるいはそれらを統合する機能が

低下し，個体の恒常性を維持することが不可能となり，ついには死に至る過程」をいう。この過程では，予備力・免疫力・回復力・適応力が低下する。それまで恒常性が保たれていても，何かをきっかけでバランスが崩れてしまうとなかなか元に戻らず，新しい事態にも適応できないなどの支障が生じる。ここでは加齢による身体的変化と精神心理的変化について述べる。

■ 高齢期の身体的変化

　高齢期の身体的変化は生物としての衰退の過程をたどる。身体的な変化は個人差が大きいが，白髪や皮膚のしわの増加，体型などの見た目の変化に加えて，目が見えにくくなったり耳が遠くなったりする感覚機能の低下，循環・呼吸・消化・代謝など生理機能の低下，転ぶことが多くなるなどの運動機能の低下が表れる。高齢期における身体的変化は生活の質（quality of life；QOL）に影響を与えるだけでなく，生命予後にも直接的に影響する。

　見た目に大きく影響するのが，体型の変化である。加齢に伴い腕や脚など四肢は細くなる一方，胴は太くなる。これは，脂肪が増えることよりも，主に全身の筋肉量が減少することによって起こる。四肢や腹部周囲の筋肉が減ることで，胸を張り背筋をまっすぐ伸ばした姿勢を保持することができなくなり，背中が曲がり，上体が前に倒れた状態となる。この状態のままでは前に倒れてしまうため，膝を曲げて重心を後ろに傾けた姿勢となる。

　感覚機能の変化には，見えにくい・聞こえにくいといった症状が一般的に生じやすい。見えにくいという視機能の低下の原因は老人性白内障や老眼が代表的である。老人性白内障は水晶体が濁ることで視力が低下することに加え，色の識別も難しくなり，60歳代で80％，90歳代で100％の高齢者が罹患している。聞こえにくいという聴機能の低下は，一般的に高齢期に急激に加速する。加齢以外に原因が考えられない難聴を老人性難聴といい，高齢者には感音性難聴が多い。特に高音が聞こえにくくなるという特徴がある。また，音の識別能力も低下するため，複数の音が重なる場面ではより聞き取りが難しくなり，会話もできなくなる場合もある。低下するのは視機能・聴機能に限らず，触覚・温冷覚・味覚・嗅覚などの他の感覚機能も低下する。

生理機能の低下は，自律神経機能の変化によって起こる。自律神経は，循環・呼吸・消化・代謝・体温維持・排泄などの生体機能を調整する。循環調節機能の低下では，血圧が上がりやすくなり，運動や精神的な興奮で上がった血圧が元の数値に戻りにくくなる。呼吸調整機能の低下では，肺活量だけでなく体内に酸素を取り込む機能が低下する。さらに，消化機能も低下し，噛んだり飲み込んだりする咀嚼・嚥下機能が下がり，消化液の分泌量も減少することで吸収障害が起こり，慢性の下痢や便秘に悩まされることが多くなる。排尿調整機能の低下では，尿失禁や排尿困難が起こる。

運動機能の低下は前述したすべての機能低下が複合した結果として起こる。姿勢制御は，視覚系・体性感覚系・前庭系の感覚受容器によって入力された刺激が中枢神経系によって処理され，筋骨格系によって出力されることで起こる。高齢期ではこれらの全ての機能が低下するため，歩く速度が低下し，ちょっとした段差につまずきやすくなったり，少しよろめいただけで転んだりすることが増える。

■ 高齢期の精神心理的変化

生活を知的に支える能力が知能である。知能は結晶性知能と流動性知能で説明されることが多い。結晶性知能は一般常識や過去に学習した知識や経験を基として生活を支える知能であり，人生の中で"生活の知恵"として積み重ねられていく。一方，流動性知能は新しいものを学習したり覚えたりする知能で，情報処理と問題解決にかかわる能力である。高齢期では，結晶性知能はほぼ低下が見られないが，流動性知能は20歳代から低下すると言われている。ただし，加齢による知能の低下は，その人の生きた時代や習慣など個人の環境によって大きく影響を受ける。

また，高齢期になると目立つようになるのは「もの忘れ」である。記憶は持続時間に基づいて，感覚記憶・短期記憶・長期記憶に分類される。外部からの刺激は感覚記憶に入り，その多くがすぐに消失する。短期記憶は，数分から数十分という短い時間で保持される記憶である。一度に把握できる情報の量は約 7 ± 2（マジカルナンバー7）といわれている。長期記憶は，短期記憶から移行

し定着するもので，ほぼ恒久的な記憶である。さらに，長期記憶はエピソード記憶と意味記憶に分類される。エピソード記憶は，「朝食は何を食べたか」など叙事的なもので，意味記憶は「日本の首都は東京」など知識に関するものである。記憶機能は加齢とともに低下すると思われがちであるが，すべての記憶が加齢で衰退するわけではない。感覚記憶は高齢者も若年者と変わらず，短期記憶についても加齢による低下はわずかで生活に支障をきたすほどのものではない。さらに，長期記憶にあたるエピソード記憶は加齢で著しく低下するものの，意味記憶はほとんど低下しないことが明らかとなっている（Salthouse T.A ら，1988）。つまり，生活に支障をきたす程の「もの忘れ」は，年齢の問題ではなく病的な状態といえる。

性格・感情も加齢で変化する。高齢期では，社会的役割の消失や身体機能の衰退に対する適応や不適応が性格や感情の変化と関連する（山根，1994）。「人となり」というものは，遺伝的な素質に加えて，人生で様々な経験を重ねて形成されていく。高齢期では，物事に対して過剰防衛になり頑固になっていく面と，物事に対して寛容になり受け入れやすくなる面を併せ持つ。

■ 心身機能の変化が及ぼす問題

厚生労働省の報告によると，65歳以上の死因は悪性新生物・心疾患・脳血管疾患・肺炎の代表疾患に続いて「不慮の事故」が位置する（厚生労働省，平成28年人口動態統計月報年計の概況）。「不慮の事故」とあると交通事故をイメージしやすいが，実際には転倒・転落，不慮の溺死・溺水，不慮の窒息が大半を占める。65歳以上では交通事故による死亡が減少する一方，これらの事故での死亡は年々増加している（図1）。その背景には，加齢に伴う心身の機能変化がある。転倒・転落は加齢による身体機能の低下によって起こりやすくなる。また，不慮の溺死・溺水は入浴中に起こる場合が大半を占め，入浴による温熱作用や水圧の負担に対して，循環反応が追い付かずに気を失って溺死する場合が多い。また，窒息は食事中に起こることが多く，加齢による咀嚼・嚥下機能の低下が背景にある。特に，高齢者が正月に餅を喉に詰まらせて救急搬送されたという例は毎年報道されている。このような不慮の事故にあたる死亡

事故は，湯船に浸かり身体をしっかり温めるという入浴習慣，正月には餅を食べるという食習慣など，日本独特の文化が背景にあることも留意すべきである。習慣や文化ともなると，生活に直結していて突然変化させることは難しく，大きく変化させてしまってはQOLが急激に低下してしまう。このような習慣や文化と共に高齢期の生活を豊かに過ごすためには，これまでより風呂の温度を下げる・水位を下げる，喉に詰まりやすい食べ物は細かく刻むなど，日常生活の中での工夫が不可欠であることを，本人・家族が認識する必要がある。

図1　65歳以上の死因「不慮の事故」の種類別にみた年間死亡数の推移
厚生労働省 人口動態調（e-Stat 政府統計の統計窓口）死亡－不慮の種類別にみた年齢別死亡数
1995年・2000年・2010年・2016年のデータを基に筆者作成

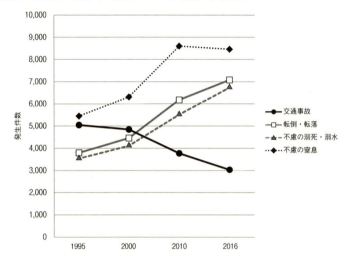

また，高齢者が思わぬうちに加害者になってしまう例が多いのが交通事故である。日本での交通事故発生件数は年々減少しているが，事故当事者を年齢別に分類してみると，65歳以上の高齢ドライバーによる事故発生件数はむしろ増加している。さらに死亡事故に限定すると，2006（平成18）年から2016（平成28）年の10年間で年間死亡事故の総発生件数は2,000件以上減少したが，65歳以上高齢ドライバーによる死亡事故発生件数はこの10年間でほとんど低下を示さず，むしろ総発生件数での割合は増加している（図2）。車の運転では，

状況に応じて変化する多くの情報を速やかに処理して，適切な判断をし，動作に移るという一連の作業がひたすら繰り返される．加齢に伴う心身機能の衰退は，徐々に運転技術を低下させていく．老化に伴い視野が狭窄し，情報処理能力や咄嗟の判断能力なども低下する．さらに，長年の運転経験を持つ高齢のベテランドライバーでは，自分への運動技能への過信や，「いつもの道だから大丈夫」と慣れからくる思い込みが強くなり，運転に対する危険意識も低下することで，大きな事故を引き起こしやすくしてしまう．ドライバーが自らの心身状況を知り自己管理をしっかり行って，運転技能の保持に努めなければ，悲しい事故は無くなることはない．

図2　交通死亡事故の発生件数と事故当事者が65歳以上高齢者の割合の推移

警視庁Webサイト　交通事故発生状況　交通事故の発生状況について－交通死亡事故について－（e-Stat 政府統計の統計窓口）平成28年における交通死亡事故について－原付以上運転者（第1当事者）の年齢層別死亡事故件数の推移データを基に筆者作成

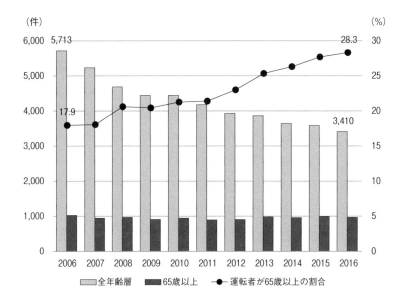

このように，高齢期では何気ない日常生活の場面でも，死に直結してしまうリスクが高まる．加齢による心身機能の変化は緩やかで本人や家族も気が付きにくい．しかし，少しずつの変化が積み重なって大きな問題につながる．生物

として生きている限り,「老い」から逃れることはない。ひとつひとつは見逃してしまいそうな変化であるが,まずは「老い」というものがどういったものかを知り,認め,向き合うことが,本人にとっても周囲にとっても豊かな老後につながるのではないだろうか。

3 高齢者の代表疾患

　老化が進行し身体および精神機能が低下した高齢者においては,何らかの心身の問題を抱えている場合が多い。また,高齢者の特徴として,抱える問題は単一ではなく,複数の疾患や問題を合併している例が多い。その多くが完治困難で非可逆的であるため,疾患そのものが「治る」「治らない」だけにとらわれず,総合的な問題を把握して予後を考慮した上で治療方針を決める必要がある。日本人の65歳以上の主な死因は,悪性新生物・心疾患・脳血管疾患・肺炎・老衰である。それらの死因別死亡率の推移を図3に示す。人生の終末期に何かしらの医学的健康状態を抱える人が多い中,これらの疾患とどう向き合うかは超高齢社会において重要な課題である。

図3　65歳以上の高齢者の主な死因別死亡率の推移
　　　平成29年度高齢社会白書(全体版)第1章－第2節 65歳以上の高齢者の主な死因別死亡率の推移データを基に筆者作成

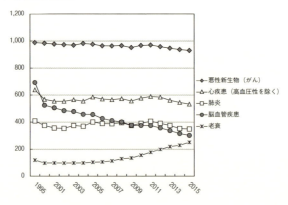

■ 悪性新生物（がん）

　悪性新生物（がん）は65歳以上の死因の第1位を占めている。悪性新生物（がん）とは，もともと正常な細胞がなんらかの原因によって突然変異してがん細胞となり，周囲の細胞や組織を破壊していく疾患である。がん細胞は血液やリンパの流れにのって，全身に拡がり増殖する。悪性新生物の治療方法は，手術（外科治療）・薬物療法（化学療法）・放射線治療を主として，いくつかの治療法を組み合わせる集学的治療が主流である。しかし，これらの治療法は侵襲が大きく，患者への身体的・精神的負担が大きくなる。特に高齢者の場合は，加齢により循環機能がもともと低いことや，糖尿病や心血管・脳血管疾患などの合併症を持つ例が多いことから，治療による全身状態の増悪リスクも増加する。治療によって起こる負担を考慮した上で，そもそも治療を行うかどうか，どの程度の治療を行うかなど，治療に関する選択が行われる。

　がんの種類や進行の程度などにもよるが，高齢者においては延命のためのがん本体への積極的な治療を行わず，QOLの維持を目的とした痛みなどの苦痛を取り除く対症療法を中心とした緩和ケアを選択する場合もある。また，がんが発見されたときの本人・家族の精神的ダメージが非常に大きく，診断後にひどく落ち込みうつ病に進展してしまう場合もあり，この場合にも心の辛さを取り除くための緩和ケアの実施が必要となる。

■ 心疾患

　死因の第2位は心疾患であり，その半数が，心臓の筋肉へ栄養や酸素を送る動脈が狭くなる狭心症，その動脈が完全に閉塞してしまう心筋梗塞と，虚血性心疾患が占める。このような虚血性心疾患は突然死のリスクが高く早期発見が重要であるが，高齢者においては症状が出にくく発症時の重症例が多いことから発見の難しさがある。一般的には，薬剤治療や外科治療によって閉塞した血管の血行再建が施される。

　また，心臓は絶え間なく収縮を繰り返し身体中に必要な血液を運搬しているが，高齢期ではこの心臓ポンプ機能が低下していく。心不全は，心臓のポンプ

機能が低下した状態で、指や足など抹消組織の酸素需要を満たすだけの血液を駆出できなくなった状態を指す。主な症状としては、動いたときの息切れや倦怠感、浮腫が挙げられる。主には薬物療法でコントロールされるが、心不全の予後は不良であり、栄養管理・水分管理・服薬・禁煙などの日常生活への配慮が不可欠となる。状態が安定している心不全であれば、安静による体力の低下が症状の悪化の要因となるとされており、適度な運動が症状を改善しQOLを高めるために必要である。

■ 脳血管疾患

脳血管疾患は1951（昭和26）年からの30年間は死因の第1位、さらに2008（平成20）年まで死因の第3位を占めていたが、徐々に死亡率は低下しており、現在は第4位となっている。脳血管疾患は他の疾患と比較して重篤な後遺障害を引き起こす可能性が高く、高齢者の要介護の原因疾患となっている。脳血管疾患は脳梗塞と脳出血の大きく2種類に分類される。脳梗塞は脳の動脈が狭窄あるいは閉塞することで血流が途絶えた部位の脳細胞が壊死した状態で、脳血管疾患の死亡のうち60％を占める。脳出血は脳内で血管が破れ出血し、血種によって周囲の脳細胞を圧迫することで症状を引き起こす状態を指し、高血圧を原因とするものが多い。

脳血管疾患による死亡は減ってきているものの、次に大きな問題となっているのが後遺障害である。代表的な症状としては身体の麻痺症状があげられ、日常生活を大きく阻害する要因となる。さらに、障害された脳の部位によっては、発声や嚥下、言語、人格までも後遺障害を引き起こすことがある。脳血管疾患による嚥下の障害は、後述する肺炎の発症も増加させている。これらの後遺障害は本人のQOLを大きく低下させる上、介護の原因となって家族や周囲の負担も増大させる。脳血管疾患では、安静による廃用症候群の予防やセルフケアの早期自立を目標に発症初期からリハビリテーション介入が行われ、その後も能力の最大限の回復や社会復帰を目標に回復期リハビリテーションが行われる。

■ 肺炎

高齢者における肺炎は，誤嚥性肺炎が多いことが特徴である。高齢者の誤嚥性肺炎は，飲食中にむせるなど明らかな誤嚥を原因とする場合もあるが，飲み込む機能（嚥下機能）が低下して飲食中や睡眠中に口の中の食物や唾液が知らないうちに気道に落ち込む誤嚥によって，肺の炎症を引き起こしている場合が多い。発症時には，発熱・咳・痰といった典型的な肺炎症状を呈さず，食欲不振・元気がないなどの非特異的症状を呈することも多い点に注意が必要である。何より高齢者と若年者の肺炎で大きく異なるところは，回復に要する期間である。高齢者肺炎の原因となる睡眠中の唾液の誤嚥などは十分な予防をすることができず，免疫力が低下しているところへ誤嚥を繰り返すため，症状がなかなか改善せず入院期間の延長に繋がっている。

高齢であるほど肺炎の死亡率は高く，高齢化によって肺炎の死亡が増えたことから様々な対策がとられるようになった。肺炎予防対策の一つにインフルエンザワクチンや肺炎球菌ワクチンの接種があげられ，日本では2014（平成26）年10月から高齢者を対象に肺炎球菌ワクチンの定期接種を開始している。また，口腔内衛生状態と誤嚥性肺炎との関連が明らかになり口腔ケアを積極的に取り入れたり，廃用症候群による身体機能の低下や安静による循環機能の低下を防ぐため早期からのリハビリテーション介入が行われたりと，肺炎の発症と増悪の予防を目的とした非薬物療法も行われている。高齢者の肺炎による死亡は一時増加したものの，このような予防の取り組みが功を奏したのか，現在は緩やかに減少傾向にある。

■ 老衰

高齢者の死因の中で増加を続けているのが老衰である。老衰死とは，直接の死因となる病気や怪我がなく，老化による身体機能の低下によって死に至ることであり，特に食べる機能が低下することで全身機能を低下させていくとされている。厚生労働省による死亡診断書（死体検案書）記入マニュアル平成29年度版には，『死因としての「老衰」は，高齢者で他に記載すべき死亡の

原因がない，いわゆる自然死の場合のみ用いる。ただし，老衰から他の病態を併発して死亡した場合は，医学的因果関係に従って記入することになる。』と記載されている。しかし，100歳以上の高齢者の病理解剖症例を調査した研究においては，解剖の結果すべての症例において敗血症，肺炎，窒息，心不全，高度栄養障害など老衰以外に当てはまる主要死因が見つかっている（江崎ら，1999）。

　死因に老衰が増える背景には，死因を決定する難しさがある。特に高齢者の場合は様々な病態を合併しており，何が直接死に至らしめたかについては判断が難しい。また，病院から在宅医療への転換が図られ看取りの場に自宅を選ぶ例も増えている他，死因の究明を望まない人や家族も多いのが現状である。

4　老老介護と孤独死

　超高齢社会の日本において介護は重大な社会問題である。近年，「介護疲れによる心中，自殺，殺人」などのニュースが度々見られるようになった。介護は，"介護をされる側（要介護者）"だけの問題ではない。配偶者や子などの親近者が介護の役割を担うことが多いが，特に要介護者だけでなく"介護をする側（介護者）"も高齢者である「老老介護」は負担が大きく，介護疲れによる悲劇的な事件を引き起こしやすい。また，核家族化が進み，一人暮らしの高齢者が増えた。日本では，社会から孤立し誰からも看取られずに死を迎える高齢者が多く存在する。高齢化に伴って深刻さが増している老老介護と孤独死については，改めて考える必要がある。

4 老老介護と孤独死

■ 老老介護の実態

平成28年度厚生労働省の国民生活基礎調査によると，65歳以上の高齢者がいる世帯は全世帯の48.4％（2,416万5千世帯）を占めると推計されている。そのうち「夫婦のみの世帯」が31.1％（752万6千世帯）と最も多く，次いで「単独世帯」が27.1％（655万9千世帯），「親と未婚の子のみの世帯」が20.7％（500万7千世帯）となり，核家族の割合が増加している（図4）。また，要介護者等がいる全世帯のうち高齢者世帯は54.5％となっており，同時に要介護者の高齢化も進んでいることが示されている。さらに，介護する役割は，要介護者と同居する配偶者・子・子の配偶者等がおよそ6割を占め，そのうち女性が占める割合は66％となっている。さらに介護者の年齢構成を見ると，60歳以上がおよそ7割であり，老老介護の状況が多く存在する（図5）。

老老介護とは，65歳以上の高齢者が高齢者を介護することと定義されるが，厳密に65歳という年齢での線引きではなく，65歳以下でも病気や加齢によって自身にも心身に負担を抱える者が介護者となり高齢者を介護するケースにおいても使われる言葉である。老老介護の大きな問題は，介護者側が心身ともに

図4 65歳以上の者のいる世帯の世帯構造の年次推移
　厚生労働省 平成28年国民生活基礎調査の概況 結果の概要−Ⅰ世帯数と世帯人員の状況データを基に筆者作成

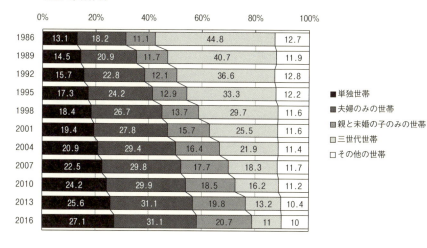

第7章 高齢者が抱える問題とその支援

図5　要介護者等からみた主な介護者の続柄
　　出典：平成29年版高齢社会白書（全体版）第1章－第2節－3 図1-2-3-10

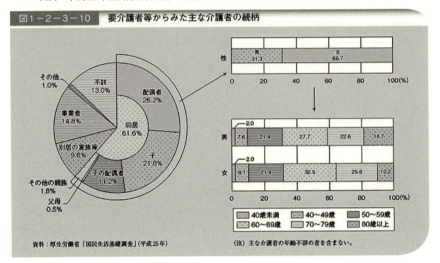

　疲れ果ててしまうことにある。そのストレスから，介護者から要介護者への虐待や殺害，心中といった事態が引き起こされている。介護者が高齢である程、うつの傾向が高く心身疲労の状態にあることが報告されている他，介護負担感や介護期間がうつと関連する報告も散見される。このように，介護に関しては否定的な要素の印象が強いが，老老介護の背景には日本の家族介護意識の高さなどの文化的特徴もあり，自宅での家族による介護は要介護者本人と介護者が望んだ形の場合もあることも重要な事実である。介護者が介護を続けられる要因として「やりがい」「被介護者への愛着」「慈愛の気持ち」「安心感」「気晴らしがあること」「負担に思わないこと」など肯定的な側面も報告が見られる。
　それでは，老老介護にはどのようなサポートが必要だろうか。日本では2000（平成12）年に介護保険が導入され要介護者が介護サービスを受けられるシステムが整えられているが，介護者への支援は十分ではない。医療費の圧迫により，医療・介護は病院からどんどん地域へシフトしており，介護者に負担が押し寄せている。今後さらに高齢化が進み，現行の医療・介護サービスの継続も問われるようになった昨今，要介護者だけでなく介護者への支援の動向に注目が必要である。

4 老老介護と孤独死

■ 独居と孤独死

　日本では，孤独死と考えられる事例が多数発生している。孤独死という言葉が一般に知られるようになったのは，1995（平成7）年の阪神・淡路大震災で被災後に身を寄せた仮設住宅の自室で死亡したまま気づかれることなく数日放置されていた事例が多数報道されたことがきっかけとされている。その後は災害とは無関係に孤独死が発生していることが明らかになり，孤独死が高齢化における社会構造の変化がもたらした日常的な問題として認識が高まった。誰にも看取られることなく息を引き取り，その後相当期間放置されるような「孤独死」の事例について，死因不明の急性死や事故で亡くなった人の検案，解剖を行っている東京都監察医務院が公表しているデータによると，東京23区内における一人暮らしで65歳以上の人の自宅での死亡者数は，2015（平成27）年に3,127人となっている（図6）。また，独立行政法人都市再生機構が運営管理する賃貸住宅約75万戸において，単身の居住者で死亡から相当期間経過後（1週間を超えて）に発見された件数（自殺や他殺などを除く）は，2012（平成24）年度に全体で220件，65歳以上に限ると157件とピークとなり，2008（平成20）年度に比べ全体で約4割，65歳以上では約8割の増加した（図7）。

　高齢化そして核家族化によって，高齢者の一人暮らし世帯は今後も増加することが予想される。その中で，孤独死の問題を避けることはできない。孤独死の予防対策として，巡回・訪問活動の実施があげられる。このような活動は自治体やボランティア，福祉事務所などの行政関連機関が中心となって行われていることが報告されている。また，周囲からの支援はもちろんであるが，高齢者本人の注意も必要である。60歳以上の高齢者でこのような孤独死を身近な問題だと感じる（「とても感じる」と「まあ感じる」の合計）人の割合は，全体では2割に満たなかったが単身世帯では4割を超えている（図8）。一人暮らしの高齢者において，孤独死が身近な問題であるとの認識は高まっている。孤独死による死後発見の遅れは，本人の尊厳はもちろんのこと，腐敗などの問題によって社会経済にも大きな影響を及ぼす。地域のつながりの希薄化が問題視されている近年ではあるが，少子高齢化社会の問題によって地域ネットワークの再構築や強化の必要性は高まっている。周囲からの支援，そして高齢者自

らが社会的孤立から身を守ることができるネットワーク作りが必要である。

図6　東京23区内における一人暮らしで65歳以上の人の自宅での死亡者数
平成29年版高齢社会白書（全体版）第1章－第2節－6 図1-2-6-18 データを基に筆者作成

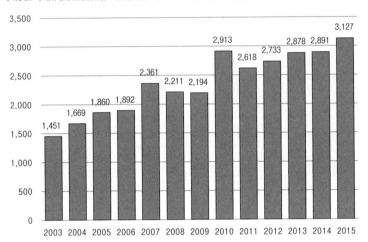

図7　単身居住死者で死亡から相当期間経過後に発見された件数
平成29年版高齢社会白書（全体版）第1章－第2節－6 図1-2-6-19 データを基に筆者作成

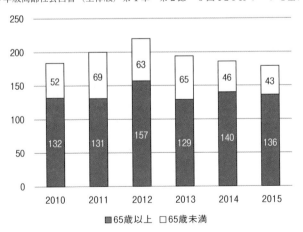

図8 孤独死を身近な問題として感じるものの割合

平成29年版高齢社会白書（全体版）第1章－第2節－6 図1-2-6-17 データを基に筆者作成

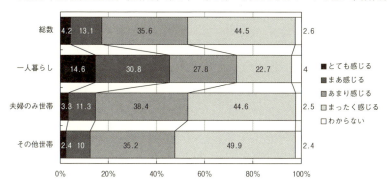

《参考文献》
- 福田恵美子編 2014『人間発達学 3版』（中外医学社）
- 浅海奈津美ら編 2009『老年期の作業療法』（三輪書店）
- 井藤英喜編集 2006『高齢者に多い疾患の神領の実際』（メジカルビュー社）
- 石川朗編 2010『15レクチャーシリーズ理学療法テキスト　内部障害理学療法学　循環・代謝』（中山書店）
- 石川朗編 2010『15レクチャーシリーズ理学療法テキスト　神経障害理学療法学Ⅰ』（中山書店）
- 厚生労働省 平成28年 国民生活基礎調査の概況
  http://www.mhlw.go.jp/toukei/list/20-21kekka.html
- 江崎行芳ら 1999「『百寿者』の死因　病理解剖の立場から」（『日本老年医学会雑誌』36巻2号，116-121頁）
- 羽生正宗 2015「老々介護の現状分析」（『山口経済学雑誌』59巻4号，39-77頁）
- 森英里奈，上杉裕子 2016「在宅における家族介護者の現状と課題」（『日本保健医療行動科学会雑誌』31巻1号，57-63頁）
- 平成29年版高齢社会白書（全体版）
  http://www8.cao.go.jp/kourei/whitepaper/w-2017/html/zenbun/index.html
- 福川康之ら 2011「孤独死の発生ならびに予防対策の実施状況に関する全国自治体調査」（『日本公衆衛誌』58巻11号，959-966頁）

コラム 認知機能障害に対するAssistive Technologyによる支援

種村 留美（神戸大学大学院保健学研究科リハビリテーション科学領域 教授）

現在，家電などのEveryday Technology（ET）の進化は著しいが，高次脳機能障害や認知症などによる認知機能の障害はETの恩恵を受けることは少なく，むしろETの著しい変化に戸惑い介護負担を増す事態となっている。このETの使用困難に対するAssistive Technology（AT）を使用した生活支援が注目されている。

筆者の研究グループでは，元気健常高齢者，デイサービス利用者，認知症患者を対象にそれぞれの自宅を訪問し，テレビのリモコンや洗濯機，携帯の使用などを含む101項目のETの使用状況を調査した。その結果，元気健常高齢者においてもパソコンやDVD，電子マネーチャージなど比較的最新のETは使用困難が見られた。ETの使用中止は，生活様式の変化によって使用しなくなった場合と認知機能の低下によって使用困難になった場合の2つの理由によるものであった。特に，認知症患者の例においては，ビデオや留守番電話の設定など操作手順が必要なものは，徐々に手順がわからなくなり使用できなくなっていた。

筆者らは，このような認知機能の低下によってETの使用が困難となっている例に対して，ATによる生活支援の実践に取り組んでいる。ATとは障害のある人の生活機能の向上・低下の防止・改善を目的に用いられる，あらゆる品目・装置部品・製品システムの総称である。操作手順を簡易化した簡単テレビリモコンや，徘徊を知らせるための徘徊予防センサーなどが具体的に挙げられる。本学では産学連携の取り組みとして，記憶補助アプリ「あらた」を開発した。「あらた」では，タブレットで日付や時間が確認できる他，予定をアラームで知らせるなど日常の記憶を補助する機能が搭載されている。「あらた」の導入により，日常生活がスムーズになり，介護者とのトラブルが減るなど，生活機能の改善が確認された。その一方で，アラームを切ってしまうなど機能を十分に使えない例もあり，患者に自覚のない場合は使用が困難であることが伺えた。

今後さらに，認知機能障害のある人やその家族に対する支援の重要性が増していく中，支援ツールの一つとしてATのさらなる発展が期待される。

第 8 章
高齢者介護問題と在宅支援

松本 京子
ホームホスピス神戸なごみの家 代表

我が国は，世界に類を見ない速さで高齢化が進み，高騰する国民医療費に対して医療の機能分化と再編が急務となっている。同時に，加齢や病気によってこれまでの生活が継続できなくなった時，どこで，どのように過ごし尊厳ある人生の終焉を迎えるのか重要な課題である。住み慣れた地域で尊厳ある生を全うしたいと願ったときに，医療と生活を切り離して取り組んできた高齢者問題の仕組みを見直し，医療と生活が密接に連携した地域包括ケアシステム構築は不可欠である。地域包括ケアシステムは，地域つくりの具体的な姿として，行政，事業所，市民が共に，新たな資源開発も含めて考える機会となることが必要である。

キーワード
高齢多死時代　医療と介護　看取り　意思決定　尊厳

1 医療費

　我が国の人口は，1945（昭和20）年以降増加し続けていたが，2008（平成20）年を境に減少に転じており，国立社会保障・人口問題研究所の「日本の将来推計人口」の推計によると，2048年には1億人を割るとされている。人口構成の変化をみると，年少人口及び生産年齢人口（15歳から64歳）の割合は減少する一方，75歳以上の後期高齢者人口は増加し続けており，高齢化率は急速に上昇している。2025年には，いわゆる団塊の世代といわれる人が75歳以上となり総人口に占める75歳以上が2割を占めると推計される。75歳以上が2割を占めるということは，健康な人もいるが全体として虚弱な体質となり，その結果年間に亡くなる人の数が160万人に達すると推計され，いわゆる高齢多死時代を迎えることになる。この現象は，単に高齢者が多く亡くなるだけでなく，虚弱となった高齢者を支える若い世代の減少により，社会保障の財源確保や介護問題等解決困難な課題がある。増加する高齢者問題を「世帯数の将来推計」からみると，世帯主が65歳以上の世帯に占める単独，または夫婦のみの世帯が2015（平成27）年には67％を占めていたが，2025年には70％になると推計される。また，国民生活基礎調査から見ると高齢者人口の伸び率より高齢者単身世帯の伸び率が上回っている。今後，単独世帯の人が身の回りに支援が必要になったとき，何処でどのように過ごすのか住まいの問題も再考する必要を迫られている。こうした現象は，現役世代の負担増と高齢者が適切な医療や介護を受け尊厳をもって人生を全うできるにはどうしたらいいのか，看取りも含めてどのような社会にしていくのか，未来を見据えて何が必要なのか早急に議論しなければならない課題といえる（図1）。

　1961（昭和36）年「国民皆保険」制度施行後，高齢者の自己負担を軽減するために，1973（昭和48）年老人医療費を老人福祉法で負担する老人医療費無料化が実施されることとなった。その後，高齢者の増加に伴い老人の医療費は増え続け，のちに老人保健法（1983年）が施行され，医療費抑制のために定額負担となった。しかし，高齢者の増加はとどまることなく，医療費は増え

1 医療費

図1 日本の人口構造の変化
　　　出典：厚生労働省　社会保障‐税一体改革
　　　　　　社会保障を取り巻く環境と現在の制度人口ピラミッドの変化

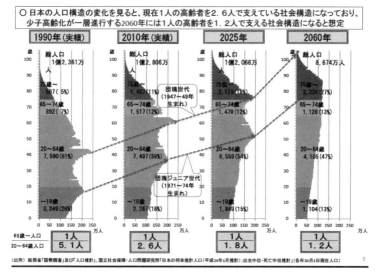

図2 国民医療費と老人医療費の推移
　　　出典：平成14年版高齢社会白書（全体版）第3章‐第2節‐図3-2-10

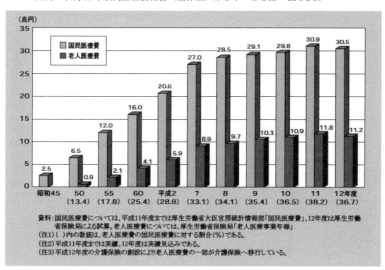

続け，75歳以上を対象とした後期高齢者医療制度（2008年）を施行するに至っている（図2）。

　老人医療費が無料化された時代は，高度経済成長のピークと相まって，女性の社会進出と核家族化により家族の介護力が低下し，入院への期待は高まったと考えられる。また，高度医療の成果は，様々な病気の治療成果をもたらしたが，老化による生活機能の低下も家庭の介護力がないために入院医療に頼り，治癒が期待できない状態で長期の入院生活の結果，さらに生活機能が低下してしまい，在宅生活への復帰を困難にし，いわゆる社会的な入院が増加した。

　国民は，医療の進歩の恩恵を受け長生きできるようになったが，"生・老・病・死"というすべての人が避けられない大切な出来事までも，病院医療にゆだねてきた。今や国民医療費に占める老人医療費の割合は，1989（平成元）年に30％であったが，2005（平成17）年には36.4％となり，2017（平成29）年には44.4％に増え続けることが推計されている。高齢社会における医療費の増加は十分予測されていたことであり，世界一の長寿国となった結果として虚弱になっていく高齢者の受診率は高くなり，老人医療費が増えることはやむを得ないともいえる。しかし，単に延命を目指してきた医療から一人一人の人間の尊厳という立ち位置に戻って，医療提供の在り方を考え直す時代を迎えている。

　人生を生き抜いてきて長生きをすることを喜び合える社会になるには，健康と暮らしの安心は不可欠である。しかし，我が国の平均寿命と健康寿命の差，すなわち日常生活に何だかの不自由さを抱えて生きる期間は，2001（平成13）年から2013（平成25）年にかけて，男性9.02年，女性12.40年と広がっている。日常生活になんらかの不自由さを抱えて生きる期間の延長は，個人及びその家族の生活の質への影響や，医療費や介護費用の増加につながる。平均寿命が延びるなかで，現代の医療を持ってしても，治癒困難な慢性の病気や障害とともに生きる10年を少なくするには，健康寿命を延ばすことが重要になり，各自治体が介護予防の必要性を重視するようになってきた。（図3）。

　2014（平成26）年の診療報酬改定では，2025年問題に対する医療と介護の姿を視野に入れた「社会保障と税の一体改革」の具体的な強化を背景に在宅への流れを一層強くするものであった。大きくは，医療の機能分化と在宅医療の推進，地域包括ケアシステムの構築を柱として医療と介護の連携，認知症対策，

図3 健康寿命と平均寿命の推移
　　出典：平成28年版高齢社会白書（概要版）第1章‐第2節‐図1-2-13

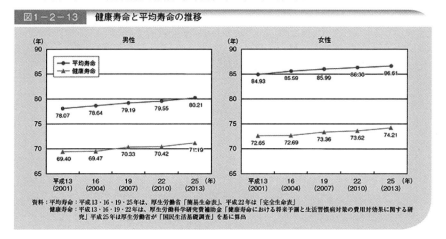

　介護予防などが盛り込まれた。機能分化とは，急性期，回復期などそれぞれのステージに応じて，質の高い医療を効果的・効率的に提供できる医療体制の再編である。そのイメージとしては，2025年を目標に高度急性期から一般急性期，亜急性期，療養型，介護系施設，在宅サービスまでが相互の連携を強化し，地域に密着した病床対応を構築しようとするものである。

　さらに，2016（平成28）年診療報酬改定の基本方針には，高齢社会を迎える我が国の医療政策の基本的な方向として「治す医療」から「治し，支える医療」への転換と，健康寿命を延ばすために予防と健康つくりの取り組みが述べられている。国の政策としての在り方を踏まえ，国民一人一人が医療費の増加が国民の健康と安心な生活につながっているのかどうか見極め，これからの医療の在り方を選択できるようになることが必要である。それが，未来を担う若い人たちの暮らしと健康な人生へとつながると考える。

2 在宅医療への変遷

　我が国では，少子高齢社会に対応した持続可能な社会保障制度を構築するために，国民の働き方を含めた改革に着手しており，医療・介護分野でも改革の方向性が示されている。高度急性期から在宅医療・介護までの一連のサービスを切れ目なく提供するために，効率的で質の高い医療提供体制と地域包括ケアシステムの構築が図られている。

　保健・医療・福祉制度そのものは，これまでの疾病の治療・回復を目的とする「医療モデル」から「生活モデル」へと変化しようとしている。

　高度医療の推進と医療モデルでは，延命を最重要な使命として提供され，死を敗北とする考え方を中心として今日に至っている。生命あるものは，いつか必ず死を迎える生理的な寿命すらも医療によってコントロールできると考えてはいないかと危惧する。老衰による自然死は現代においてモデルがないために，単に死を恐れ多くのチューブにつながれた高齢者の寝たきり状態を作り出している可能性がある。

　医療の進歩は，急性期の適切な治療が提供され，その後の管理が良ければ長期間生存が可能になり，生活の場で過ごすこともできるようになったことは，喜ぶべきことではある。そして，医療の在り方を人間の生活と切り離したところで考えるのではなく，それぞれの暮らしの場において，あるいは家族の傍で日常の暮らしを営むために医療の技術や知識が提供される医療の姿が今後の方向性となりつつある。

　在宅医療とは，通院が困難な療養者の生活の場（医療機関以外の施設も含まれる）において提供される医療である。感染症が死因の多くを占めていた時代は，家族（特に嫁）が介護を担うのが一般的とされ，患者の急変時には患家よりの要請を受けて医師が往診するのが，在宅医療の姿であった。しかし，現在の在宅医療は，このような当時の「往診」とは異なる意味を持っている。

　「治す医療」から「治し，支える医療」への転換は，単に高齢者の命を軽んじるのではなく，命の重さを尊重し，生存の質を高めることを目指している。

現在の在宅医療は，患家の要請に関わらず定期的に訪問診療を行い，24時間対応するようになってきた。それまでは，病気によって通院が困難な患者は入院をせざるを得なかったが，患者の住まいで訪問診療できる医療が充実してくると，高齢者だけでなくがん末期の患者も在宅療養を希望する人がでてきた。現在では，在宅でできる医療も充実し，人工呼吸器装着患者，在宅酸素療法を受ける慢性の呼吸不全患者，高カロリー輸液が必要な人，重度の小児，医療用麻薬の持続的な使用が必要な人，急性増悪で一時的に点滴が毎日必要な人も在宅療養を受けられるようになった。

2006（平成18）年診療報酬の改定において「在宅療養支援診療所」が創設され，24時間対応できる訪問看護ステーションとの連携や他の医療機関との連携による緊急入院受け入れ可能な体制が算定要件とされた。さらには，2年後2008（平成20）年診療所のない地域の病院でも診療報酬上高い評価をされる「在宅療養支援病院」が導入された。

さらに在宅への移行を推進するために実質的な緊急往診回数や在宅看取り数を厳密にし，連携する診療所間にも看取り数などを決めるなど，「強化型在宅療養支援診療所」が創設された。

しかし，在宅医療の現状は，高齢者の単独世帯の増加と在宅看取り率の低さ，医師や看護師の需要と供給などが効率的な在宅医療の提供や利用者のニーズに対応できない地域格差が広がっている。また，診療報酬の改定を繰り返しながら推進に向けて強化されてきたが，1人医師の診療所が継続していくためには24時間365日の対応が困難となってくる。日本医師会総合政策研究機構による「在宅医療の提供と連携に関する実態調査」では，在宅療養支援診療所の医師数は1名が無床診療所74.7%を占め，有床診療所であっても62.3%は医師1人であった。しかも，1人の医師で緊急連絡体制に対応するところが86.3%である。地域内の複数医療機関の連携や地域の24時間ネットワークシステムの活用は，全体の10%未満であった。その負担感は，1人医師の場合76%の医師が負担又はやや負担と答えている。在宅療養支援診療所の届け出は，2010（平成22）年現在12,487ヵ所であるが，今後の24時間365日の在宅医療体制には，他の開業医や訪問看護ステーションとの連携により，24時間対応で夜間・週末も対応可能な医療機関は増えつつあるが，緊急対応や緊急時の受け入れ医療

機関の整備が十分ではとは言えない現状がある。

　在宅医療を受ける側の国民の意識は長年病院医療になじんできた経緯もあり，病状の急変や介護への不安がある。国民の6割が在宅での看取りを希望しながらも，在宅看取りを希望する人の6割が実現は困難と考えている。その理由は，急変時の医療の問題や家族の介護負担である。また，在宅医療を担う医師が少ない過疎地など地域格差も大きいのが現状である。

　暮らしの中で過ごす療養者は，多様な価値観や生活習慣を持ち，家庭内や地域で発生する様々な問題に対処しながら日々を過ごしている。暮らしの中で医療を提供するには，医療だけでなく療養者とその家族の暮らしも含めた包括的な支援により，生活の質を維持又は高め，健康の回復，維持あるいは死に逝く過程を支える地域包括ケアシステムの構築は緊急課題である。同時に，病気や障害があっても，その人らしく生きられる「生活モデル」への変革には，医療をはじめとする専門職と共に国民全体の意識改革も求められている。

3　訪問看護

　看護は，疾病の治癒・回復に医師と共に取り組み，病院の中で診療の補助と身の回りの世話を主たる業務として発展してきた。2025年問題を迎え，療養の場を「医療機関から暮らしの場」へ移行するにあたって，看護の提供も病院に限らず地域での活動を求められるようになった。

　訪問看護とは，在宅療養者の住まいにおいて，必要に応じて医療処置や看護を提供する制度である。制度の創設は，1983（昭和58）年施行された老人保健法では，自治体が行っていた寝たきり高齢者への訪問看護は「訪問指導」に位置づけられ，医療機関が行う退院患者を対象とする訪問看護が老人診療報酬で算定されていた。しかし，「訪問指導」は回数が少なく，訪問看護を行う医療機関の割合も少なく，在宅療養者のニーズに対応できる状況ではなかった。

　1992（平成4）年老人保健法の一部改正により老人訪問看護制度が創設され，看護が独立した訪問看護ステーションが生まれた。当時，増加している寝たき

り高齢者の社会的入院が問題視されていた背景もあり，療養者や家族にとって暮らしの中で医療処置や看護を提供する支援は重要と考えられるようになった。

さらに，その2年後1994（平成6）年健康保険法及び医療法の改正により「指定訪問看護制度」が創設に至っている。高齢者だけでなく，すべての国民を対象に訪問看護が拡大された。健康保険法を使用するので，その対象は0歳児から障碍者などあらゆる人を対象とすることが可能となった。

老人訪問看護制度発足当時は，看護師が訪問すると利用者は1回250円の自己負担で60分程度の看護が受けられ，医療ニーズのみならず入浴介助等多くの介護ニーズにも応える状況があった。そして，2000（平成12）年介護保険施行を機会に，介護保険と医療保険の2つの制度を使って住まいにおける看護を提供できることとなった。介護保険施行によって，それまで250円で訪問看護を受けていた療養者にとって自己負担が3.5倍になり，同時に介護ニーズへの対応は訪問介護にゆだね，より医療ニーズへの期待が高まることとなった。

「介護給付費の実態調査」では，重度になるほど，看護サービスなど医療サービスのニーズは高まっている。実際に訪問看護の利用者は，要介護4・5の人が最も多く利用している。

介護保険で訪問看護を利用するには，要介護認定において要支援・要介護と認定された65歳以上の人で，認知症，心不全や呼吸不全など慢性の病気や脳血管障害後遺症等が対象となる。

サービスの提供は，ケアプランの中に含まれ，要介護度に応じて支給限度額の中で計画される。介護保険での訪問看護を受けていても，肺炎など急性増悪で一時的に頻回の訪問が必要な場合，退院直後で頻回の訪問看護が必要な人，医師がその必要性を認め，特別訪問看護指示書を発行した場合医療保険で訪問看護を受けることができる（図4）。

医療保険で訪問看護を利用するには，要支援・要介護非該当の人，40歳未満，末期がんと診断された人，厚生労働大臣が指定する病気，精神科の自立支援医療を受けている人で年齢制限はない。いずれも訪問看護の実施には訪問看護が必要と認めた医師の訪問看護指示書発行が必要である。

在宅医療の推進には，医師とともに訪問看護の存在が不可欠といわれるようになり，今後益々訪問看護への期待は高まると思われる。訪問看護は在宅医療

第 8 章　高齢者介護問題と在宅支援

図 4　訪問看護とは

出典：厚生労働省　第 142 回社会保障審議会介護給付費分科会　参考資料 2

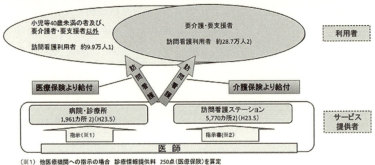

図 5　訪問看護利用率と自宅死亡の割合

出典：厚生労働省　中央社会保険医療協議会総会（第 205 回）議事次第資料（総 -1）

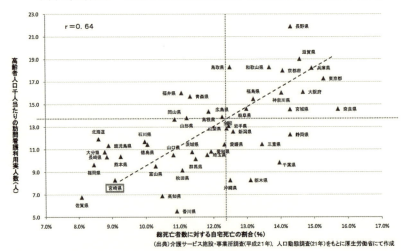

に取り組む医師のパートナーとして訪問看護師の存在は24時間体制を実施するうえで重要な役割を担っている。訪問看護の利用率と自宅死亡の割合の調査でも，高齢者の訪問看護利用者数の多い都道府県では，在宅で死亡する割合が高くなっていることから見ても，在宅医療の推進には訪問看護が重要であることを示唆している（図5）。

　訪問看護を提供する機関としては，訪問看護ステーション・病院や診療所の医療機関・自治体などあるが，ここでは訪問看護ステーションについて述べる。

　訪問看護ステーションは，医療法人，社会福祉法人，医師会や看護協会，市区町村，NPO法人，営利法人などが指定を受けて開設する。看護師2.5人以上の看護職員配置が基準で，保健師または看護師が管理者となって適切に訪問看護事業を運営できる。制度創設当時は，営利法人は認められなかったが，在宅の受け皿を整備する対策の中で営利法人が認められるようになり，営利法人が増加傾向にある。

　訪問看護ステーションの規模としては，看護職員5人未満が60％を占め，事業所の規模が小さいほど看護職員一人当たりの訪問件数や年間看取りも少ないなど収支状況が悪い課題がある。24時間オンコール体制においても，5人未満の事業所では担当する職員数が少ないために月の半数を携帯電話をもって過ごすことになっている。訪問看護ステーションの事業規模については，営利法人で運営する小規模事業所間の連携や合併などにより，職員の負担軽減に向けて様々な提案があるが，現実にはその対策は進んでいない。訪問看護を利用する人が多い大都市圏と地方では，地域のニーズも異なり一概に大規模化が良いとは言えない面もある。大都市，地方都市，人口密度の低い地方それぞれの地域ニーズに対応できる訪問看護ステーションの在り方については検討が必要な課題でもある。

　しかし，大きな課題は在宅医療推進が急務と言われる中でも，訪問看護師の育成と確保は進んでいない状況がある。2006（平成18）年の看護職員の就業場所は，病院が全体の8割を占め，次に診療所，介護施設と順位となり，訪問看護ステーションに所属するのはわずかに2％であった。最近では，新卒看護師の確保などに取り組まれるようになったが，現実には新卒看護師の希望や採用は増加するには至ってない。

診療報酬と介護報酬改定は，在宅医療と訪問看護に対しては様々な加算を報酬として認め，特に訪問看護ステーションの増加を推し進める対策をとってきている。退院時の頻回の訪問看護のため一時的に医療での訪問看護導入や入院中から在宅療養に向けて病院と訪問看護が連携して外泊中に訪問看護が受けることや退院前に在宅で必要なサービスについて病院で支援について話し合う退院時共同指導は，在宅への移行を円滑に進めるための支援であり，保険請求として認められるようになった。

　療養者の住まいにおいて看護を提供する訪問看護ステーションは在宅療養への移行が進めば，より重度の人への訪問看護の提供は増えてくると考えられるが，訪問看護を提供する看護師数とのギャップが在宅医療を提供する医師同様に不足している。2012（平成24）年の厚生労働省医政局看護課の調査では，看護師の就業場所の82％は病院又は診療所で，訪問看護ステーションはわずかに2％であった。

　看護の歴史を振り返ってみると，傷病兵の看護に始まり病院における病人の看護を中心に発展してきている看護教育のカリキュラムは，病院での急性期看護を中心に組まれ，病院医療の中で育ってきた看護師にとって，訪問看護は魅力的ではあるが，1人で療養者のもとに出向き，病状や症状を見極めるのは自信がないなど，訪問看護ステーションを就業場所として選択しない理由が考えられる。地域包括ケアシステムの構築には看護師の存在が重要であると思われるが，その役割は重度の療養者への医療処置や直接ケアを行う知識・技術のみならず，多職種と連携協働し在宅ケアチームにおいてチームを動かす要となることが求められるようになる。

　単に優しさや思いやりだけでは，在宅で療養する重度の療養者とその家族の生活の質を支えることは困難であり，完治の困難な病気と共に生きる人々や関係者とコミュニケーションしながら，意思決定を支援するかかわりは重要である。これからの社会のニーズにこたえる看護師育成と訪問看護従事者を確保するには，教育そのものから見直す時期ではないかと考える。

　兵庫県を例にとれば，在宅療養を選択する療養者の増加に対して，まだ十分とは言えない訪問看護師の質・量の確保に自治体と看護協会の協力により様々な取り組みも進められている。

兵庫県看護協会が訪問看護人材育成事業として，以下の4つなどを実施している。
　①訪問看護未経験者が通信で学べる e-ラーニング
　②看看連携研修として，病院と在宅看護師の相互研修の機会
　③訪問看護管理者養成研修
　④訪問看護未経験者の採用事業所への助成金制度
　また，兵庫県では，訪問看護実地訓練補助金や ICT 機器導入による訪問看護師の増加と ICT 化の充実を支援している。
　全国規模でみると，平成29年全国訪問看護事業協会の調査によると9,758事業所数で前年と比較し約700事業所新規開設となっているが休止440事業所，廃止462事業所と運営の問題や人材確保は深刻である。
　高齢多死時代を迎えるこれからは，病院完結型から病院を含めた住み慣れた地域で最期まで暮らし，生を全うできるように「住まい」「生活」「医療」「介護」が途切れることなく，提供できる地域包括ケアシステム構築に貢献できる集団を目指している。
　看護が目指すものは，病気や障害の有無，病院や地域など療養の場に限らず，対象となる人々が自分自身を保ちながら生きることを支え，対象の持つ力を最大限発揮できるようにサポートすることである。より専門性の高い看護を提供するために，専門看護師や認定看護師制度をつくり，病院と地域が相互に連携できるような制度も整ってきた。訪問看護師は，人々のライフサポーターとして予防から看取りまで幅広く活動できるコミュニティナースが求められている。

4　在宅患者重症化

　訪問看護制度が創設されて25年あまり経過し，在宅にも医療依存度の高い療養者が在宅で暮らすことを希望する人が増え，提供する看護はより専門的な知識・技術を求められるようになってきた。それは，医療制度改革による影響だけでなく，生命の延長を最優先とする病院医療から，生活の質を重視した「治

し，支える医療」への転換をすることで在宅において療養生活を継続する人が多くなっている面もある。また，在宅医療の充実により従来であれば入院対象であった療養者が在宅を選択できるようになり，人工呼吸器を装着する神経難病，重度障碍児，ターミナル期にある人等が在宅で過ごすことを希望されている。その結果，在宅医療を支える医師や訪問看護師は夜間や週末の支援体制も必要になってくる。

　看護の力は，地域包括ケアシステムの中で病状や症状を見極めながら24時間365日暮らしを見つめ，生活を整えることで健康の回復・維持・死に逝く過程を支える役割を果たせることを期待されており，関係する専門職間をつないで多職種と共に，地域で活動する新たな制度として24時間的巡回・随時対応サービスや看護・小規模多機能型居宅介護は，訪問看護ステーションと訪問事業所が一体となって，重度の療養者や看取りの支援を行う制度である。

　2009（平成21）年に実施した全国訪問看護事業協会の調査によると重症児・者への訪問看護実施は，回答した訪問看護ステーションの55.2％が経験や人員不足を理由に受け入れていなかった。医療的ケアと家族へのケアを担っていく訪問看護ステーションの増加への期待は大きい。

　暮らしと看取りを支える制度外の取り組みとしては，地域のホスピス運動の中で生まれたホームホスピスが，全国に広がりを見せている。行き場を失った重度高齢者，呼吸器を装着した神経難病の療養者，重度障碍児など既存の施設で受け入れ困難であった人々を受け入れ，最期まで暮らし，家族が主体の看取りを支援する活動である。既存の空き家を活用し，医療や介護を外付けで暮らしのサポートをしている。胃瘻から経口摂取への回復や穏やかな自然死を迎える人，拘束されたベッド上の生活から解放され生きる希望を取り戻した人，人工呼吸器を装着しながらも外出などの楽しみをもって生きる人もいる。我が国のホスピスは，医療保険制度上がんとエイズの末期に限定されているが，本来ホスピスとは，どのような命の姿にも向き合い，受けとめる役割を担っていることを考えると，ホームホスピスはその理念を共有し，疾患や年齢に制限なく受け入れている。ホームホスピスで暮らす人には，地域の社会資源の多くが関わり，医療と介護を統合した地域包括ケアシステムの実践の形である。地域のホスピス運動から出発したホームホスピス活動は地域つくりを目指し，住み慣

れた地域で支え合うシステムを創造していけるよう住民，専門職，行政が一体となって取り組みたいと考えている。

5　看取り

　2013（平成25）年厚生労働省の調査では，末期がんと診断された場合でも食事が取れて，痛みもなく意識や判断力が健康時と同様であれば，7割の人が自宅で過ごしたいと答えている。しかし，実際に8割近い人が医療機関で最期を迎えている。最期まで自宅で過ごせない理由には様々あるが，看取りの経験がなく不安，介護者が高齢又は独居でいない，急変時の対応が挙げられている。
　1973（昭和48）年以降病院看取りが8割を占めるようになって，70歳以上でも人が亡くなる瞬間を見たことがないと言う人や中には人が亡くなった家でこれからも暮らし続けるのは嫌だという人もいる。本人と家族は尊厳死を望み，穏やかな最期を迎えたいと希望しながら，現実には尊厳死が何か，穏やかな最期とはどのような状態をいうのか具体的なイメージを持てるに至ってないことも考えられる（図6）。
　介護施設では看取り対応加算，在宅では機能強化型在宅療養診療所，機能強化型訪問看護ステーションなどの看取りに取り組むことへの報酬を創設してきたが，従事する医師や看護師，介護士の不足が立ちはだかっている。地域格差は，熱心に取り組む専門職チームが機能しているかどうかによって広がっている。また，病院と地域の連携が円滑に進まなければ在宅看取りにつながらないこともある。これからの看護師は，看取りを見据えた意思決定支援に病院においても在宅においても早期から取り組み，当事者や家族とライフパートナーとして共に歩む覚悟が必要ではないだろうか。
　超高齢時代が世界に類をみない早さで進み，人口構造の変化や2025年問題が大きく取り上げられるようになって，看取りを支える社会資源は充実してきて新たなサービスのしくみが開発され，不安や介護負担軽減，緊急時バックベットの確保などが進んでも在宅看取りが増えないのは何故だろうか。住環境

図6 人生の最終段階を過ごしたい場所と現在の日本人の死亡場所
出典：最終段階を過ごしたい場所＝厚生労働省「人生の最終段階における医療に関する意識調査」（2013年）、現在の死亡場所＝厚生労働省在宅医療の資料（2009年）

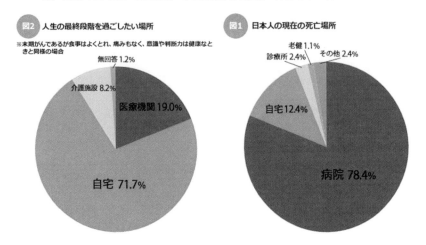

や介護環境，病状より当事者の認識や家族の認識，かかわる専門職の認識が影響していることもある。介護施設が本人にとっての住み慣れた我が家として確実に看取りまで対応すること，そのためには医師の存在や看護師の常駐に拘らず，日頃から家族と話し合い，家族と施設の合意を得ておくことも必要である。看取りに対応している介護施設から学び，最期まで支えることで職員教育につながっていくことを期待したい。

慢性疾患の場合は，看取りの瞬間に医師や看護師がいないことが問題ではなく，老衰で亡くなっていく自然死のモデルがないために，脱水や食事がとれないことを病気として入院を勧めることもある。研究では，老衰が進行すると食事摂取量が維持で来ていても体重減少が進行していることが明らかになっている。60兆個の細胞が日々作り替えられて生きている私たちの身体は，その限界に来ると細胞数が減少して栄養の吸収ができなくなるために体重減少するのが老衰であり，実践現場では体重測定とBMIをだして数年前から家族と共に考え，意思決定を支えている。

日本尊厳死協会が説明するリビングウィルとは，あらゆる医療処置によって

延命が可能になった現代で、自分が意思決定能力が亡くなったときどうしたいかあらかじめ決めておくことであり、延命治療をしない選択ではないと説明し、あらゆる手段を使っても生きたいと思う気持ちも尊重されるべきだとしている。最期まで自分の意思に基づき、人生を選択する義務と権利を要している。

　回復不可能ながんの終末期であっても、化学療法を受けることも、治療を否定することも個々の生き方として決断できるよう、専門職はその決定にパートナーとして寄り添える存在になりたいと思う。ホームホスピスでは高齢になって少しずつ体力が低下してくると、嚥下機能も低下し胃瘻をつくった後に体力がつき、回復するならそこから嚥下機能を回復するリハビリを受けることで経口摂取を取り戻せることも体験してきた。すべて胃瘻を否定するのではなく、回復する命に対してはもう一度経口摂取に戻すことで、様々な機能の回復につながりQOLが向上することも事実であるなら、最期まで人間らしく生きることを支え、共にあることを実現したいと考えている。

　人の死を悲しみ、悼む気持ちは大切であるが、死は自然の摂理であることを理解し、限られた命だからこそどのように生きて、どのように日々を過ごすのか自分自身の命と向き合うことが重要になってきた。医療にお任せの生き方から生活の質や尊厳ある生活を望むことも、自分の意思を問われるようになったことを喜ぶべきことと考えられるような意識改革はまだ十分ではない。

第9章
介護予防の重要性と取り組み

相原 洋子
神戸市看護大学地域連携教育・研究センター 准教授

2005（平成17）年の介護保険制度の改正以降，介護予防サービスが地域において給付されるようになった。その取り組みの目的は，単に個人の生活機能動作の低下を予防あるいは改善するだけではなく，社会参加を促し生活の質を高めることにある。本章では要介護となるリスクを減らす予防アプローチだけでなく，個人の持っているアセットを上手く活用していくアプローチとして，老年期のボランティア活動による介護予防の有用性を国内外の研究ならびに本学での取り組みをもとに述べていく。さらに兵庫県または神戸市の現状を知り，地域を学び，地域に貢献できる医療職の人材育成において，介護予防における大学が担う役割，将来的な展望について考える。

キーワード

アクティブ・エイジング　教育ボランティア
健康寿命　社会参加　地域連携教育

1 はじめに

　医療技術の発展，環境衛生の改善などにより，私たちが生きる期間は飛躍的に延びている。日本の平均寿命が男女ともに初めて60歳を越えたのは，1951（昭和26）年のことである。その後も平均寿命は延び続け，同時に65歳時の平均余命も1965（昭和30）年時の男性11.88年，女性14.56年から，2015（平成27）年現在は，男性19.46年，女性24.31年と，この半世紀で10年近く延びている（厚生労働省，2016）。ライフサイクル[1]の視点でみると，老年期として過ごす期間が長くなっており，個人によっては人生の期間の中で最も長い期間が老年期となる可能性もある。今，私たち人類が手に入れた長寿をいかに健康に過ごすかという「介護予防」の取り組みが，公衆衛生分野で大きな関心事となっている。

　亡くなる直前まで介護を受けることなく過ごすことは，多くの人にとっての希望である。しかし要介護認定者の数は，介護保険制度が導入された以降年々増加しており，その数は2000（平成12）年の218万人から2014（平成26）年は586万人と約15年間でおよそ2倍となっている（厚生労働統計協会，2016）。65歳以上（介護保険第1号被保険者）人口に占める要介護認定者の割合は，2000（平成12）年の9.9％から2010（平成22）年は14.7％，そして2014（平成26）年は17.1％となっており，高齢人口の増加に伴い要介護認定者が増えているだけでなく，介護を必要とする高齢者の数も増えているのである。また要介護認定を受ける人は年齢が上がるに連れ増加し，75歳以上の8.8％が要支援，23.3％が要介護の認定を受けている（厚生労働省，2013）。要介護状態は日常生活機能の低下が起きるだけでなく，生命予後にも関連することが明らかとなっている。75歳以上23,620人を対象に，介護保険サービスの利用と5年間の累積生存率[2]について分析した結果を図1に示す。介護保険サービスを利用している人は，利用していない人と比べても観察期間中に死亡する割合が高く，その傾向は年齢が高い人，男性において顕著であった（相原，2013）。海外での研究では，日常生活自立度の低下と生命予後との関係は，疾病を調整して

もなお悪いことが報告されている（Stineman, 2012）。長寿を目指すには，日常生活機能の維持が何よりも重要となってくるのである。

　介護予防の取り組みは，2005（平成17）年の介護保険制度の改正時にその関心が高まり，また広く認識されるようになった。介護保険制度の当初の目的は，高齢者人口の増加，高齢者の単身あるいは夫婦のみ世帯といった家族構成の変化に伴い，社会全体で介護を受けられる仕組み，つまり「皆で介護を担う」ことであった。しかし前述したように介護保険制定以降，要介護認定者の数は増加しており，中でも要支援，要介護1の軽度要介護者の数が他の介護レベルよりも増加していたことから，持続ある介護保険制度を目指すうえで介護を必要とする人を社会で支援するだけでなく，元気高齢者も含め日常生活の自立を維持していくことが求められるようになった。予防重視型の介護システムが確立されてから10年が経過したが，介護予防の取り組みには未だいくつかの課題が指摘されている。介護予防において重要な指標となる「健康寿命」をもとに，介護予防の課題について述べていく。

図1　年齢階級別，性別による介護保険サービス利用と累積生存率
　　太線が介護保険サービスの利用群，細線が介護保険サービスの利用なし群。log-rank検定の結果，すべての年齢階級において，各群の生存関数に有意な差があった（p < 0.001）（出典：相原，2013年）

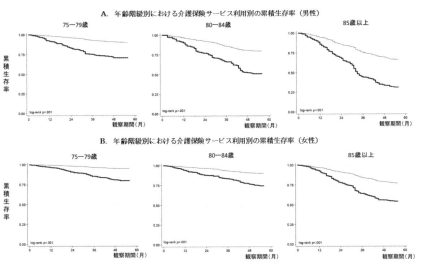

2 健康寿命

　健康寿命とは「健康上の問題で日常生活が制限されることなく生活できる期間」と定義されており，2000（平成12）年世界保健機関（WHO）により提唱された（Mathers, 2000）。日本では21世紀における国民の健康政策「健康日本21（第二次）」で，健康寿命の延伸にむけた取り組みが明文化されるようになった。2016（平成28）年に平均寿命と健康寿命，さらに障害調整生命年（Disability-adjusted life year: DALY）の世界動向をまとめたものが報告され，この報告書によると2015（平成27）年現在の世界の健康寿命は男性60.91年，女性64.88年と過去10年間に約3年延伸しているという結果が示された。その一方で特に経済所得の高い国において日常生活に制限がある期間が長くなっていること，また社会経済による健康寿命の格差も指摘されている（GBD 2015 DALYs and HALE Collaborators, 2016）。そして日本国内においても同様のことが起きている。

　日本の健康寿命は，男性71.54年，女性76.28年と推定されており，男女ともに世界トップクラスの長さである。しかし65歳以上の平均余命は冒頭に述べたように女性は24年，男性は19年であるが，GBDの報告書では健康余命は65歳女性約19年，男性は約15年と推定されている。また厚生労働省の統計に基づくと，2013（平成25）年の日本の健康寿命は男性70.4年，女性73.6年と算出されている（厚生労働省, 2015）。つまり一生のうち平均して約10年，あるいは老年期の約5年はなんらかの日常生活の制限を持って過ごすことになる。そこで国の政策として，平均寿命の増加分を上回る健康寿命の延伸を目指している。

　さらにもう一つの目標として，健康寿命の都道府県格差の縮小がある。健康状態は所得や教育歴といった社会経済に大きく左右されることが多い。例えば国レベルで見ると，平均寿命は日本などの先進国が70年を超えている一方で，開発途上の国では約60年という開きがある。健康寿命についても同様に，経済地位の高い国と貧困国の健康寿命の差は約15年となっている（GBD 2015

DALYs and HALE Collaborators, 2016)。このような「格差」は世界規模の話しに限らず，経済格差が少ないと言われる（思われている）日本国内においても指摘されている。所得や教育歴といった社会経済指標と要介護との関係を調べた大規模調査によると，所得が低い人，教育年数が短い人に喫煙，身体活動量が少ない，健診を受診しないなどの健康に望ましくない生活習慣を有する傾向にあり，また栄養状態，残歯数が少ないなどの要介護リスクが高いことが明らかになっている（近藤, 2007）。またこの健康格差は，所得や教育といった個人のレベルだけでなく，地域という広いレベルにおいても見られている。

　健康寿命を算出する基準となる「日常生活の制限」「自分が健康であるとの自覚」「日常生活動作の自立」といったこれらの期間の平均年数いずれにおいても，都道府県格差が存在していた（橋本, 2016）。例えば 2013（平成 25）年の「日常生活に制限のない期間の平均年」の最長は，男女ともに山梨県で男性 72.52 年，女性 75.78 年であったのに対し，最下位の徳島県は男性 69.85 年，大阪府は女性 72.49 年とおよそ 2, 3 年の開きがある。兵庫県に関して見ると，表 1 に示すように男性の「日常生活動作の自立期間」を除いては，すべての期間が全国平均年数よりもやや短い傾向にあった。

表 1　2013 年の健康寿命に関する指標の性別にみた全国と兵庫県の平均期間（年）

出典：橋本, 2016 年

	男性		女性	
	全国	兵庫県	全国	兵庫県
日常生活に制限のない期間	71.19	70.62	74.21	73.37
日常生活に制限のある期間	9.01	9.76	12.4	13.15
自分が健康であると自覚している期間	71.19	70.65	74.72	73.98
自分が健康であると自覚していない期間	9.02	9.73	11.89	12.54
日常生活動作が自立している期間	78.72	78.96	83.37	83.44
日常生活動作が自立していない期間	1.49	1.42	3.24	3.08

第9章　介護予防の重要性と取り組み

　2003（平成15）年にWHOから出された健康格差の縮小を目指した報告書においては，権力（政治的力），お金，資源の公平な配分をすることが提案されている（WHO, 2008）。地域格差の縮小については，モノやサービス，税制などの公正な分配に加え，地域資源に適正にアクセスできる環境づくりが重要なポイントともいえる。

3　アクティブ・エイジング

　では具体的に介護予防の取り組みを，どのように進めていくべきなのであろうか。まず考えるべきは，介護予防になりやすい要因（リスク）を知り，そのリスクをなるべく減らす対策が必要である。図2に65歳以上で介護が必要となった主な原因を示す。最も多いのは脳血管疾患，次に認知症，高齢による衰弱と続く。また図2から分かるように，要介護の原因には性差もあり，例えば女性は転倒・骨折や関節疾患，男性では脳血管疾患がそれぞれ多いといった特徴がある。このことから介護予防には，脳血管疾患や認知症にかかる基礎疾患（高血圧や糖尿病など）のコントロールが望まれる。

図2　65歳以上の要介護者等の性別にみた介護が必要となった主な原因

資料：厚生労働省「平成25年度国民生活基礎調査」

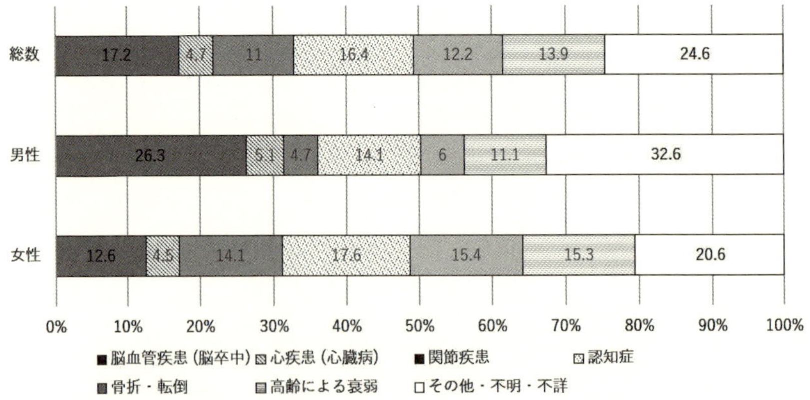

	脳血管疾患（脳卒中）	心疾患（心臓病）	関節疾患	認知症	骨折・転倒	高齢による衰弱	その他・不明・不詳
総数	17.2	4.7	11	16.4	12.2	13.9	24.6
男性	26.3	5.1	4.7	14.1	6	11.1	32.6
女性	12.6	4.5	14.1	17.6	15.4	15.3	20.6

介護予防に関する実証研究は数多く蓄積されるようになっており，例えば高知県で開発された「いきいき百歳体操」は，運動機能の維持によいとその効果が評価されたことから，ここ兵庫県でも取り組みが広まっている。さまざまな介護予防プログラムの開発ならびに効果検証が進み，エビデンス（科学的根拠）に基づいた介護予防事業に発展している。しかしどんなにその効果が科学的に良いとされても，参加が望まれる人の主体的かつ継続的参加をなくしては公衆衛生学上，介護予防の真の評価は得られない。

　要介護状態にならないアプローチとしては，介護予防プログラムも含め，社会活動への参加が重要なカギとなってくると考えられる。老年期は特に定年退職を機に人間関係や生活の変化が生じ，閉じこもりあるいは，生きがいの喪失による抑うつにつながるケースも考えられる。都市部在住高齢者の高次生活機能（手段的日常生活動作能力）[3]の経年変化を調べた研究では，手段的自立，知的能動性，社会的役割の3つの項目のうち，社会的役割が加齢とともに最も低下する傾向にあることが報告されている（Fujiwara, 2013）。つまり高齢者の社会参加を積極的にすすめることに，介護予防のヒントがあると思われる。地域高齢者を10年間追跡した調査では，社会活動に参加している人は，活動参加がない集団に比べて加齢に伴う日常生活機能レベルの低下が小さいこと，さらに高血圧や栄養状態などの身体的要因などと比べても，活動参加が日常生活機能レベルに最も関連しているとされている（芳賀, 1998）。

　高齢者の社会活動参加を促す取り組みは，21世紀初頭から政策的にも推進する動きが見られている。2002（平成14）年，高齢者も活躍できる社会の実現を目指し，「アクティブ・エイジング」の概念が打ち出された。アクティブ・エイジングとは，「年をとっていく中で，QOLを高めていくために，健康，参加，安全のための機会を最大化するプロセス」と定義されている（WHO, 2002）。欧州では2012（平成24）年を「アクティブ・エイジングと世代間の連帯のための欧州年」と定め，高齢者が若者に支えられるという関係ではなく，高齢者と若者が互いに支えあう社会へのパラダイム転換を目指している（http://ec.europa.eu/archives/ey2012/　参照）。また2016（平成28）年に日本で開催された伊勢志摩サミットの首脳宣言でも，アクティブ・エイジングを推進していくことが盛り込まれた。2025年に高齢化率は30％を超え，さらに75歳以上

人口も18％となることが推定されている日本が，高齢者も活躍できる社会に向けてより先進的に取り組むことが求められている。

4　ボランティア活動と介護予防

　高齢者がどのくらい社会活動を行っているのか，内閣府が60歳以上を対象とした調査から見ると，参加している割合は約61％と過去10年と比べて増加している（内閣府, 2013）。社会活動の内容は，趣味活動からボランティア活動までその内容は多様である。そこで，介護予防を考えるうえで老年期におけるボランティア活動について考えてみたい。

　老年期におけるボランティア活動への参加が，健康によいとされる報告は諸外国の研究ですでに明らかとなっている（Morrow-Howell, 2010; Population Reference Bureau, 2011）。高齢者をある一定期間追跡したコホート研究[4]では，ボランティア活動への参加は，その他の社会活動と比較してもより精神的健康に良好な結果をもたらすと報告がされている（Piliavin, 2007）。日本ではボランティア活動が市民活動の一つとして認識されるようになったのは，1995（平成7）年の阪神・淡路大震災時の「ボランティア元年」と称される時ではないかと思われる。日本においてはボランティア活動と健康との関連を研究したものは未だ少ない。しかし2007（平成19）年に島貫らが行った研究では，介護予防推進ボランティアに参加した高齢者は，一般高齢者に比べて日常生活動作に対する自己効力感や知的能動性（新聞を読む，手紙を書くなどの動作），近所との交流頻度の低下が抑制され，介護予防あるいは健康維持への効果が示唆されている（島貫, 2007）。またボランティア活動ではないものの，互助組織という日本古来のコミュニティの資源の活用による効果として，健康寿命の長い山梨県では，互いの掛け金で金銭を融通することを目的とする組織「無尽（頼母子講）」への参加が，日常生活機能の低下予防につながるとされている（近藤, 2012）。

　ではなぜボランティア活動が健康によいとされるのか。これについてアセッ

ト・モデルに着目して考えてみたい。アセットとは資産・財産と訳され，コミュニティ開発においてその理論が用いられている（Kretzmann, 1993）。コミュニティ開発では，その地域の不足しているものやニーズを明らかにし，それを充足するような働きかけが行われることが多い。それは個人レベルにおいても同様であり，公衆衛生活動では個人の悪い点やニーズを明らかにし，それを支援するような働きかけを行なうのが主流である。例えば介護予防という取り組みから見ても，要介護状態となるリスク要因を明らかにし，それに対しリハビリや生活介護といったサービスを給付するという仕組みになっている。一方のアセット・モデルは，個人がすでに持っているもの（良い点）に着目し，それをより活用していくという働きかけになる。ボランティア活動は，個人のすでに持っている能力や経験知を活用されることで，それが心身面の健康を支える要因になっていると思われる。

ボランティア活動参加による介護予防の効果は，教育の場でも有効であることが証明されている。アメリカで行われている「The Experience Corps（EC）」は，国際的にも大きく評価されている取り組みの一つである。ECは高齢の住民が小学校等において，子どもへの識字，宿題等の支援など教育的役割を担う取り組みで，現在2,000人のボランティアが教育的指導者や相談者（メンター）として全米21の市で活動している（詳細は，http://www.aarp.org/experience-corps/ を参照）。ECが興味深い点の一つは，ボランティアとして参加する人の多くが，所得，教育レベルが決して高くなく，また身体活動レベルも低い（健康に悪い生活習慣にある）点である。ボランティア活動に参加する高齢者の多くは，元来健康であるため，活動参加による健康への効果が測定しにくい課題があった。ECの取り組みを評価した研究では，黒人高齢女性でECボランティアをしている人と一般の高齢黒人女性の身体活動の変化を追跡，比較したところ，ECボランティアのほうが一般高齢者と比べて3年後の身体活動量が増加するといった効果が見られている（Tan, 2009）。またECに参加した子どもたち（支援の受け手）にとっても，ボランティアへの満足度が高く学力向上といった効果にもつながっている（Morrow-Howell, 2010）。

社会の不平等による健康格差の是正に向けては，力，お金，資源の公正な分配が必要と前述したが，「資源」の分配は何か足りないものを充足するニーズ・

モデルだけではなく，今ある地域や個人のよいもの（資源）をボランティア活動などでうまく活用するアセット・モデルでの働きかけが重要ではないだろうか。

5 地域連携教育と教育ボランティア

　教育の場でのボランティア活動の取り組みは，大学などの高等教育機関においても有用と考える。神戸市看護大学では，2006（平成18）年より地域住民が教育的役割を担う「教育ボランティア」を導入した授業を行なっている。教育ボランティアの役割は，看護技術演習における模擬患者，自身の生活の様子や健康への取り組みを講演するゲストスピーカー，地域実習における家庭訪問や地域活動の同行訪問への協力，健康教育における模擬対象者の役割などである。教育ボランティアの登録には，特別な能力を求めることはしておらず，「学生の教育に役に立ちたい」という思いのある人に協力いただいている。この取り組みは2013（平成25）〜2017（平成29）年度に行われた「地（知）の拠点整備事業（COC事業）」で，住民の暮らしに近い場所として地域に学生が出向き，ヘルスインタビューや健康測定を行う「地域連携教育プログラム＝コラボ教育」として発展させ活動を行なってきた。

　神戸市の高齢化率は2025年には31.1％となり，75歳以上人口割合は約19％となることが予測されている。また要介護・要支援者数は，約10万人になると推定されている（神戸市, 2015）。この現象は，市内でも1975（昭和50）〜1985（昭和60）年代に開発されたニュータウン地区において急速に進むことが予測されており，すでに団塊の世代の高齢化が進んでいることもあり，ニュータウンの一部地域では高齢化率が40％を超えている。このような人口変動に加え，高度医療機関においても在院日数が短縮しており，看護を始めとした保健医療を取り巻く環境が大きく変容してきている。地域・在宅ケアに対するニーズが高まる中，地域住民の暮らしを理解する看護人材の育成が求められている。

　神戸市看護大学のCOC事業ではこのような社会の要請に応えるべく，図3

に示すような教育カリキュラムを作成し，学部1年から4年生，さらには大学院生へと段階的に地域住民の暮らしを理解し，看護の実践につなげる教育に取り組んでいる。そしてこれらの科目に共通する取り組みとして，教育ボランティアの導入を行っている。具体的に学生はどのような教育を受けているのかを説明すると，1年生は健康の概念や地域特性に関する基礎的知識の修得を目指し，活動と休息といった日常生活習慣や高齢者の健康増進に関する内容の講義を受講した後，教育ボランティアと意見交換を行う。2年生になると，地域に暮らす人を対象に健康測定やヘルスインタビューを行い，住民の暮らしに応じた看護技術の修得を目指す。3年生になるとこれまでの座学・演習での知識を応用し，さらに実践的に展開する能力が求められる。そこで，模擬対象者として参加する教育ボランティアに，年代に応じた健康教育を行う。4年生では，健康づくりのための個人，地域社会への働きかけ，継続看護等における知識・技術の統合を目指す。ここでは教育ボランティアにインタビューを行ない，個人の暮らしに合わせた健康問題や維持改善に向けた保健指導を経験する。教育ボランティアは導入授業の開催通知を受け，各自が協力してもよいと思う授業に申し込む仕組みになっている。

図3　神戸市看護大学におけるCOC事業での教育の取り組み

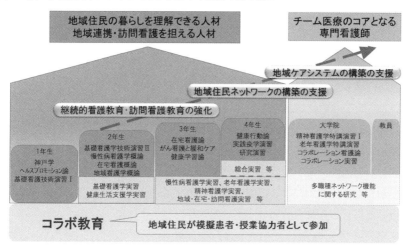

コラボ教育は介護予防を前提として実施しているわけではないが，将来，介護予防サービスを提供する看護学生にとってはよりリアルな経験を積むことになり，教育ボランティアにとっては，世代を超えた交流や教育者としての役割を担うという点で，生きがいや外出機会にもつながり，ひいては介護予防にも一定の効果が得られると考えられる。さらに教育ボランティアの仕組みは，他のボランティア活動と比べても参加へのきっかけがより得やすいという利点がある。

　60歳以上の高齢者を対象とした調査では，過去1年間になんらかの地域活動，ボランティア活動をした割合は47％となっている。しかしその割合は，「参加したい活動がある」と回答した割合よりも低く，実際に活動する条件としては，時間や期間にしばられず，身近なところで活動できることを求めている（内閣府，2011）。また高齢者の地域組織活動と社会経済との関連を調べた調査でも，ボランティア活動を行う高齢者は，所得が高く，教育歴が長い人に多い傾向が示されている（近藤，2007）。ボランティア活動の多くが無給であることを踏まえると，活動を行うには経済的ゆとりがある，または自分のスキルを活かすことに意欲を持つ人ほど，そのきっかけを得やすいのかもしれない。

　神戸市看護大学の教育ボランティア導入授業は，前述したように授業内容とその日程を通知したうえで，募集を行っており各自の都合に合わせて参加できる仕組みとなっているほか，まずは自分の健康状態を知りたいからということで参加する人もいる。COC事業でのコラボ教育は，2014（平成26）年度より須磨区ニュータウン地区で開始した。住民の参加理由で最も多いのは，「自分の健康状態を知りたいから」で7割近くの回答があった。その一方で「学生の勉強に役立ちたいから」と回答した人は，2014（平成26）年度は24％であった。しかし学生の教育に役立ちたいという理由をきっかけにする割合は，2016（平成28）年度には33％と増加している。まずは自分へのメリットを考えたうえで，教育にも役立つという生きがいを感じてもらえることが重要と思われる。コラボ教育の実施にあたり地域住民への呼びかけなどを担っている地区の民生委員会長からも「地域の行事に呼びかけても出てこられない方が，この健康測定の場所には出てこられる」という発言があった。

　住民の能力や経験知といった資源は無限である。持続ある介護予防の取り組

みには，介護になりやすい要因を減らすアプローチだけでなく，住民が持っているよいものを伸ばし，介護になりにくい要因を増進するアプローチも求められる。神戸市は高齢者の単身世帯割合が65歳以上世帯の34.7％と，政令指定都市の中で2番目に高い。役割の創出や社会活動参加への積極的支援が望まれる地域ともいえる。その一方で大学数は，兵庫県は全国4位の多さであり，その半数以上は神戸市内に設置されている（文部科学省，2016）。大学がより積極的にボランティアを活用する場となることで，地域における介護予防にもつながるのではないだろうか。

　少子高齢化という人口変動と同時に，社会の構造，環境そのものが複雑化しており，健康を決定づける要因も時代により変容している。健康寿命の延伸に向けた取り組みは，いち専門職の働きかけで解決できるものではなく，協働・連携がキーワードになってくる。今後の取り組みとしては，地域連携教育に多職種連携を追加し，他の専門課程を学ぶ学生たちとの協働により介護予防ひいては健康寿命の延伸につながっていくことを期待する。

【注】

1) ライフサイクルとは，人生の経過を円環に描いたものであり，心理学者エリクソンEHが，人生を8段階に分けて自我の生涯発達と課題について提唱した。
2) 特定の期間において，どのくらい生存しているのかを表す指標。生存率の測定は，死亡や疾病の発生を「エンドポイント」として，Kaplan-Meire（カプラン・マイヤー）法を用いて計算を行う。
3) 高齢者の生活機能には，基本的日常生活動作能力（Basic Activity of Daily Living: BADL）と手段的日常生活動作能力（Instrumental ADL: IADL）の評価が重要といわれている。BADLには，移動（歩行），排泄，食事などの基本的な身体動作能力が含まれており，IADLには請求書の支払い，新聞や書類を読む，友達の家を訪ねるなどが含まれる。IADLの指標として，日本では老研式活動能力指標（古谷野，1987）が用いられることが多い。
4) コホート（Cohort）研究とは，疫学研究の手法の一つである。特定の要因に暴露した集団と暴露していない集団を一定期間追跡し，その集団の中の疾病の発生を調べ暴露要因と疾病発症との因果関係を明らかにする。ある1時点を観察するだけでの横断研究と異なり，卵が先か，鶏が先かという発生機序を推論するのに有効である。

第 9 章　介護予防の重要性と取り組み

《参考文献》
- 相原洋子，山縣然太朗 2013「地域在宅 75 歳以上の介護保険利用者における転帰　小田原市お達者チェック調査 5 年間のデータ分析」(『厚生の指標』60 巻 7 号，14 − 19 頁)
- 厚生労働省，健康日本 21(第二次)分析評価事業
www.mhlw.go.jp/seisakunitsuite/bunya/kenkou_iryou/kenkou/kenkounippon21/
- 厚生労働省，平成 27 年簡易生命表の概況
www.mhlw.go.jp/toukei/saikin/hw/life/life15/
- 厚生労働統計協会 2015『国民衛生の動向 2015 / 2016』(厚生労働統計協会)
- 厚生労働省 2013「平成 25 年国民生活基礎調査の概況」
www.mhlw.go.jp/toukei/saikin/hw/k-tyosa/k-tyosa13/
- 厚生労働省 2014「平成 25 年度介護保険事業状況報告(年報)」
www.mhlw.go.jp/topics/kaigo/osirase/jigyo/13/index.html
- 神戸市 2015「高齢者保健福祉計画 2015」
- 古谷野亘，柴田博，中里克治，芳賀博，須山靖男 1987「地域老人における活動能力の測定　老研式活動能力指標の開発」(『日本公衆衛生雑誌』34 巻 3 号，109 − 114 頁)
- 近藤克則 2007『検証「健康格差社会」介護予防に向けた社会疫学的大規模調査』(医学書院)
- Kondo N, Suzuki K, Minami J, Yamagata Z　2012 "Positive and negative effects of finance-based social capital on incidence functional disability and mortality: an 8-year perspective study of elderly Japanese" (Journal of Epidemiology Vol.22 No.6 P.543 − 550)
- 島貫秀樹，本田春彦，伊藤常久ら 2007「地域在宅高齢者の介護予防推進ボランティア活動と社会・身体的健康および QOL との関係」(『日本公衆衛生雑誌』54 巻 11 号, 749 − 759 頁)
- 内閣府 2013「高齢者の地域社会への参加に関する意識調査」
- 芳賀博，柴田博，松崎俊久，安村誠司 1988「地域老人の日常生活動作能力に関する追跡的研究」(『民族衛生』54 巻 5 号，217 − 233 頁)
- 橋本修二 2016「健康寿命の指標化に関する研究：健康日本 21 (第二次)等の健康寿命の検討」(厚生労働科学研究費補助金平成 27 年度分担研究報告書)
- 文部科学省 2016「学校基本調査」
- Fujiwara Y, Shinkai S, Kumagai S, et al. (2003) Longitudinal changes in higher-level functional capacity of an older population living in a Japanese urban community.

Archive of Gerontology and Geriatrics Vol.36 No.2 P.141-153
- GBD 2015 DALYs and HALE Collaborators, (2016) Global, regional, and national disability-adjusted life-years (DALYs) for 315 diseases and injuries and healthy life expectancy (HALE) ,1990-2015: a systematic analysis for the Global Burden of Disease Study 2015, Lancet Vol.388 P.1603-1651
- Kretzmann JP, McNight JL, (1993) Building communities from the inside out: a path toward from finding and mobilizing community's assets, Skokie (IL) :ACTA Publications
- Mathers CD, Sadana R, Salomon JA, et al. (2000) Healthy life expectancy in 191 countries, 1999, Lancet Vol.357 P.1685-1691
- Morrow-Howell N, (2010) Volunteering in later life: Research frontiers, Journal of Gerontology Social Science Vol.65B No.4 P.461-469
- Piliavin JA, Siegl E, (2007) Health benefits of volunteering in the Wisconsin longitudinal study, Journal of Health and Social Behaviour Vol.48 P.450-464
- Population Reference Bureau, (2011) Today's research on aging Vol.21 P.1-7
- Stineman MG, Xie D, Pan Q, et al., (2012) All-cause 1-, 5-, and 10-year mortality in elderly people according to activities of daily living stage, Journal of American Geriatric Society Vol.60 No.3 P485-492
- Tan EJ, Rebok GW, Yu Q, et al., (2009) The long-term relationship between high-intensity volunteering and physical activity in older African American women, Journal of Gerontology Series B: Psychological Sciences and Social Sciences Vol.64B No.2 P.304-311
- World Health Organization, (2016) Healthy life expectancy (HALE) data by country, http://apps.who.int/gho/data/node.main.HALE?lang=en
- World Health Organization, (2008) Closing the gap in a generation: Health equity through action on the social determinants of health, Geneva: WHO

コラム 「健やかな老い」に向けた世代間教育

相原 洋子（神戸市看護大学地域連携教育・研究センター 准教授）

　1986（昭和61）年にWHOがオタワ憲章において，21世紀の健康戦略として「ヘルスプロモーション」を提唱した。ヘルスプロモーションの理念は「健康であること」が最終目的ではなく，健康づくりというプロセスを経て生活の質を向上することにある。本学では1年次に，「ヘルスプロモーション論」という科目を設け，健康を決定づける要因や健康づくりに向けた取り組みについて学習する。このヘルスプロモーション論では，コラボ教育を導入しており，「高齢者の健康」をトピックとした講義，学生と教育ボランティアとの意見交換を行っている。2016（平成28）年度は「アンチ・エイジングの科学」をテーマに，老化を予防する「抗加齢」について，研究成果をもとにした講義を科目担当が行い，受講後，小集団で教育ボランティアから「老いに対する考え」や「老化予防のために行っている生活習慣」について意見を聴いた。

　「健やかに老いるとは」をテーマにした学生レポートからは，「老いることは悲しいことではなく，誰にでも訪れることであって，生きている証なのだと感じた。個人個人の人生の背景が違うからこそ，個人個人で健康に老いることは異なる」「教育ボランティアさんのように，役割を持ち地域とのつながりを持つことは生きがいを生み出す。まだまだ知識や経験では若い人にも負けていないのだと，自信を持つことにもつながる」とあった。2015（平成27）年にWHOより出された「高齢化に関するワールド・レポート」でも言及されているように，誰一人として同じ高齢者はいない。医療の場では標準からの逸脱が不健康の基準とされがちであるが，暮らしを理解するとは，「高齢期の健康とはこうあるべき」という固定観念に照らし合わせて考えるのでは

写真　ヘルスプロモーション論　コラボ教育
　　　（2016年　神戸市看護大学）

なく，健やかさや老いに対する考えが多様であり，一人一人の考えとは異なるという差異に気付くことである。コラボ教育では，学生たちが世代あるいは地域文化の差異に気付く，重要な機会となっている。

第10章
地域高齢者の生きがい

林 敦子
神戸大学大学院保健学研究科リハビリテーション科学領域 准教授

高齢者が精神的にも身体的にも健康に過ごしていくのに，生きがいはとても重要であると考えられる。生きがいは個々人によってかなり違うものであると考えられ，生きがいという概念そのものを意識しない場合もあるかもしれない。本章では，高齢者における生きがいについて考えた上で，それに大きな影響を及ぼすと考えられる健康や社会参加，家族との関わりなどについて述べる。そして，神戸大学大学院保健学研究科地域連携センターでの地域における高齢者支援に関わる取り組みを紹介する。最後にそれらを踏まえて地域の健康な高齢者における生きがいに対する支援，生きがいに関する研究について考えてみたい。

キーワード
高齢者　生きがい　社会参加　地域支援

1 高齢者における生きがいとは

　生きがいについて，辞書では「生きていることに意義・喜びを見出して感じる，心の張りあい」(新明解国語辞典第 5 版, 1998)，「生きるはりあい。生きていてよかったと思えるようなこと」(広辞苑第 6 版, 2008) とある。神谷 (1980) によると，生きがいということばは日本語特有のものであり，いかにも日本語らしいあいまいさとそれゆえの余韻とふくらみがあると述べている。

　神谷は，生きがいということばの使い方として，「生きがい」そのものと「生きがい感」に分けている。「生きがい」そのものは生きがいの源泉，対象を指し，「旅行に出かけることが生きがい」「孫の成長をみるのが生きがい」といった場合の「旅行」「孫の成長」という対象のことである。個々人によって対象は様々であると考えられる。「生きがい感」の方は，生きがいを感じている精神状態を意味する。「生きがい」を感じる心，感情的なものであって生きがいということを意識しなくとも心の底から喜びが湧きあがるような状態だと言える。このような生きがいの根底には以下の 7 つの欲求，つまり①生存充実感への欲求：喜び，勇気，希望などのようなもので自分の体験が満たされる感じを求める，②変化への欲求：生活に変化がとぼしくなると，ひとは退屈し変化を求める，③未来性への欲求：近い未来における身近な生活目標を持つと同時に遠い大きな未来を夢みることを求める，④反響への欲求：はりあい，他人からの情緒的な反応を求める，⑤自由への欲求：制約はあるにしてもとくに選択の自由が与えられていて，それを求める，⑥自己実現への欲求：自己の内部に潜んでいる可能性を発揮して自己というものを伸ばしたいという欲求，⑦意味と価値への欲求：人間はみな自分の生きていることに意味や価値を感じたい欲求，があるとしている。長谷川ら (2001) は文献の概観から，「生きがい」とは「あなたの『生きがい』は何か」と尋ねられた時に思い浮かべる「(『生きがい』の) 対象」と，これと同時に湧いてくる「(『生きがい』の対象に) 伴う感情」を統合した心の働きであるとしている。「対象」には過去の経験，現在の出来事，未来へのイメージが含まれ，「伴う感情」には自己実現と意欲，生活充実感，生

きる意欲，存在感，主動感といった種々の感情が含まれるとまとめている。

人には生きがいを求める心があり，いくつかの欲求が程度に軽重がありつつも重なり合って生きがいを求めることになると思われる。高齢者において生きがいは人生を豊かにするために重要なものであり，高齢期における生涯発達的な特徴が生きがい対象や生きがい感に影響するのではないかと考えられる。高齢期は中年期からの定年退職や子どもの独立を経て，家族の死，友人・親しい人の死などを経験し，価値観，アイデンティティの変換を余儀なくされ，老化や人生の意味に直面せざるを得ない時期である。心身や家族，生活の変化などにより喪失感を抱くようなライフイベントが増加し，疎外感や無力感を感じてしまうことがあるかもしれない。しかしこのようなマイナスの面ばかりではなく，様々な変化による喪失の事実を受け入れ，アイデンティティを再確立させ，定年退職や子どもの独立によってできた余暇時間を新たな仕事に充てることや，趣味の拡大や社会・地域へと目を向けて社会参加を行うといったことも可能となる。生きがいを求め新たな自己の発見につながることもあり，高齢期におけるプラスの面を見出しうる。このような時期には，多少の病気や障害を抱えていても生きがいを持って，生活の質（QOL：quality of life）を維持し，心身ともに豊かに暮らすことが非常に大切になってくる。

2 高齢者の生きがいと健康との関連

日本の人口が急速に高齢化することによって，高齢者にとって「疾病の予防をし，寿命を伸ばす」ということから，もっと「自立し，いきいきとした生活をすること」へと健康についての目標が変化してきている。高齢者が心身の健康を維持しながら，自立した，活動的な豊かな老後を過ごしていくのにQOLという概念は大切である（出村ら，2006）。

QOLの評価に関して，彼らは医学の分野で医療（治療や医療保健福祉面のケア・サービス等）の効果を測定する目的で，健康を客観的または主観的尺度により測定することを目的とした健康関連QOL尺度が検討されてきていると

している。一方，老年学や社会心理学の分野では，生活満足度やモラール，主観的幸福感，生きがいといった概念を用いて，日常生活や人生全体に対する主観的な満足度や充実度を測定する試みがなされてきたが，これは主観的QOLとも呼ばれるとしている。

　彼らはより豊かな高齢社会の実現に向けて高齢者のQOL評価を考えた場合，健康関連QOLと主観的QOLの両アプローチが必要であるとしている。健康関連QOLの測定は，個人の状況や個人を取り巻く環境を評価し，QOLを改善する方策を見出すうえで重要である。しかし，同じ環境条件において感じる充足度には個人差があり，その違いを生じさせる原因は何かを探るアプローチもまた必要である。そのために主観的QOLを用いて個人の生活や人生に関する全体的な満足度を把握することが必要であるが，満足度を維持・改善するための方策についてのヒントは得られにくい。両アプローチを用いて個人の置かれている状況を把握し，よりよい老後を過ごしていくための情報を得ることが必要であるとされる。

　高齢者において平均寿命を延ばすだけでなく，健康寿命を延ばすということはとても重要な課題であると考えられる。健康寿命とは，一般にある健康状態で生活することが期待される平均期間またはその指標の総称を指す。健康日本21（第2次）では，健康上の問題で日常生活が制限されることなく生活できる期間と定められている。ここでは健康寿命の指標として「日常生活に制限のない期間の平均」，「自分が健康であると自覚している期間の平均」と「日常生活動作が自立している期間の平均」を取り上げるとされている。「日常生活に制限のない期間の平均」が健康寿命の延伸の目標として取り上げられ，「自分が健康であると自覚している期間の平均」がその目標の実現にあたって留意する指標と位置付けられている。「日常生活動作が自立している期間の平均」は健康状態が介護保険の要介護度によることから，特別な調査をせず全国の市町村で算定できるという特徴があるとされる。平成29年度内閣府高齢社会白書によると，健康寿命が延びているが平均寿命に比べて延びが小さいという特徴があるとされる。日常生活に制限のない期間（健康寿命）は，2013（平成25）年時点で男性が71.19年，女性が74.21年となっており，それぞれ2001（平成13）年と比べて延びている。しかし，2001（平成13）年から2013（平成25）

年までの健康寿命の延び（男性 1.79 年，女性 1.56 年）は同期間における平均寿命の延び（男性 2.14 年，女性 1.68 年）と比べて小さいとされる（図 1）。

図 1　健康寿命と平均寿命の推移
　　　出典：内閣府 平成 29 年版高齢社会白書　第 1 章 − 第 2 節 − 図 1-2-3-3

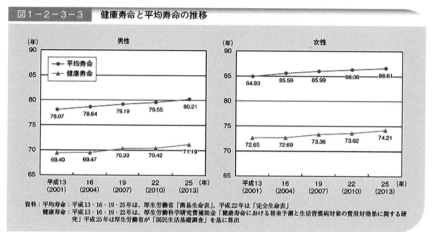

健康寿命の延伸目標に関しては QOL との関連が深いと考えられるが，健康関連 QOL のうち，とくに客観的な評価，つまり身体的な健康状態や ADL や日常役割などの機能面，物理的・社会的環境，経済状態などの環境条件が健康寿命の指標として主として測定されている。このような客観的な指標によって得られる健康寿命の概念は高齢者ができるだけ医療機関にかからずに自立して生活できるという面ではとても大切である。さらに「自分が健康であると自覚している期間の平均」といったより主観的な評価，これには個人の心身に対する心理的な気づきや家族や社会とのかかわりなどで得られる満足感などが影響していると考えられる。このような主観的に心身ともに健康であると感じることが「自分が健康であると自覚している期間の平均」の指標の評価を上昇させ，主観的な幸福感ともつながり，生きがいに深くかかわっていると考えられる。

3 高齢者の生きがいと社会参加

　高齢者がそれぞれに個人的な生きがいを持っているという場合もあるが，生きがいは社会参加活動との関連も非常に重要なものであると考えられる。社会参加をすることによって社会の中での新たな自らの役割が見出され，他者との関わりも生まれ，生きがいにつながることもあると考えられる。
　地域においては，地域活性化のために地域活動が様々な団体によって行われ，地域交流を図るための活動が行われている。神戸市はHPによると，「ふれあいのまちづくり事業」として，高齢者，障害者，児童などすべての市民が，地域社会のあたたかいふれあいの中で自立と連携を図り，快適な日常生活を送ることができるまちづくりを目指している。それぞれの地域では，自治会・婦人会・民生委員児童委員協議会・老人クラブ・子ども会・青少年育成協議会・PTA・ボランティアグループの方々が中心となって「ふれあいのまちづくり協議会」を自主的に結成し，地域福祉センターの管理にあたるとともに，このセンターを拠点として地域の福祉活動及び交流活動を企画・実施している。地域福祉センターでの主な活動内容として，以下のようなものがあると記載されている。

1. 福祉活動：ふれあい給食・友愛訪問，健康講座・福祉教育・福祉講座，地域ボランティアの発掘，地域デイサービス・リハビリ，家事援助・外出サービス
2. 交流活動：世代間交流，障害者・福祉施設との交流，ふれあい喫茶，ひとり暮らし高齢者料理教室，子育てサークルづくり，バザー・展覧会の開催
3. その他の活動：協議会ニュースの発行，ホームページの開設，囲碁・将棋・民謡・太極拳など趣味の集い，自治会・婦人会など各団体の会合
4. 住民相互の支援事業：身近な相談機能づくり，地域での支えあいのしくみづくり

　このような地域でのバラエティーに富んだ取り組みの中で，新たな役割を見出し，他者との交流・関わりがうまれることで，生きていく楽しさ，幸福感が

味わえることもあると思われる。

　平成29年度内閣府高齢社会白書には、高齢者のグループ活動についての報告がある。それによると、自主的なグループ活動への参加状況については、60歳以上の高齢者のうち61.0%（2013（平成25）年）が何らかのグループ活動に参加したことがあり、その10年前（2003（平成15）年）と比べると6.2ポイント、その20年前（1993（平成5）年）に比べると18.7ポイント増加しているとされる。具体的な活動について見ると、「健康・スポーツ」（33.7%）、「趣味」（21.4%）、「地域行事」（19.0%）の順となっており、特に「健康・スポーツ」は10年前に比べ8.4ポイント、20年前に比べ14.8ポイント増加している（図2）。高齢者が参加したい団体に関しては「趣味のサークル・団体」（31.5%）が最も多く、次いで「健康・スポーツのサークル・団体」（29.7%）となっている。一方で、参加している団体を見ると、「町内会・自治会」（26.7%）が最も多く、約4人に1人が参加しているとされる。「町内会・自治会」については、「参加している」（26.7%）が「参加したい」（20.6%）を6.1ポイント上回っている（図3）。身体的活動の重要性が様々な疾患の予防につながるといった啓発活動などの影響もあり、身体的活動への興味、関心が大きくなってさまざまなイベントや教室などへの参加も増えているものと考えられる。町内会や自治会は趣味のグループ活動とは異なり、地域の自治のために参加しているという義務的な要素も含まれる可能性がある。

　参加している団体を男女別に見ると、男性は女性に比べて町内会・自治会や退職者の組織（OB会など）等への参加率は比較的高いが、趣味や健康・スポーツ、学習・教養などの場への参加率は比較的低いとされる。筆者は病院の認知症外来で患者さんやご家族に普段の生活について聞き取りを行っているが、この調査と同じような男女の違いが見られると感じている。

　自主的なグループ活動に参加したことがある高齢者が活動全体を通じて参加してよかったことは、「新しい友人を得ることができた」（48.8%）が最も多く、次いで「生活に充実感ができた」（46.0%）、「健康や体力に自信がついた」（44.4%）の順となっているとされる（図4）。これらのグループ活動への参加による充実感や自信といった主観的な評価が高いことは、主観的QOLや生きがい感を高めることにつながるのではないかと考えられる。

第 10 章　地域高齢者の生きがい

図2　高齢者のグループ活動への参加状況（複数回答）
　　　出典：内閣府 平成 29 年版高齢社会白書　第 1 章－第 2 節－図 1-2-5-1

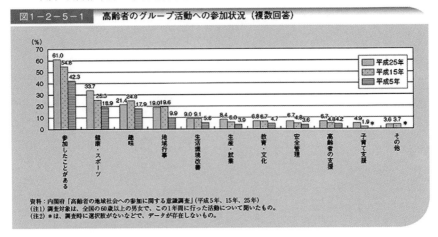

図3　参加したい団体と参加している団体（複数回答）
　　　出典：内閣府 平成 29 年版高齢社会白書　第 1 章－第 2 節－図 1-2-5-3（1）

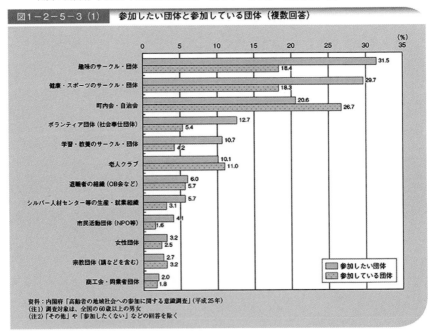

3 高齢者の生きがいと社会参加

図4 高齢者のグループ活動参加による効果（複数回答）
出典：内閣府 平成29年版高齢社会白書 第1章－第2節－図1-2-5-2

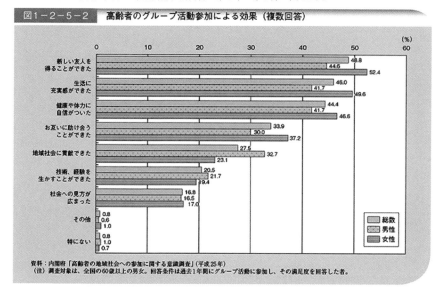

　高齢者の学習活動について生涯学習への参加状況について見ると，この1年くらいの間に生涯学習をしたことのある人は，60代でも70歳以上でも4割以上となっている。内容は「趣味的なもの」が最も多く，60代で24.6%，70歳以上で24.9%となっているとされる。

　さらに，この1年くらいの間に「生涯学習をしたことがある」とする人に，生涯学習を通じて身につけた知識・技能や経験をどのように生かしているか聞いたところ，「自分の人生がより豊かになっている」が60代で59.5%，70歳以上で63.2%と最も多く，次いで「自分の健康を維持・増進している」が60代で55.7%，70歳以上58.8%となっているとしている。意欲的な学習により人生をいきいきと豊かなものにできるという満足感があれば，年齢を重ねても気力が衰えないことを示していると思われる。

　高齢者の世代間交流についての調査もされており，高齢者の若い世代との交流への参加意向について見ると，参加したいと考える人の割合（「積極的に参加したい」，「できるかぎり参加したい」と回答した人の合計）は2013（平成

25）年で 59.9% となっており，10 年前（2003（平成 15）年）に比べると 7.2 ポイント増加している。高齢者が世代間の交流を促進するために必要だと思うことを見ると，「交流機会の設定」（31.7%）が最も多く，次いで「高齢者が参加しやすくするための交通機関の整備など」（28.9%）となっている。交流促進のために交流機会の設定が必要であると考える高齢者がいることから，趣味や生涯学習に参加する場合に比べると，なかなか機会がないと交流が難しいことを表しているのではないかと思われる。それでも 6 割の方が世代間交流を望んでいるので，今後地域の中で趣味や学習と合わせて増やしていくべき支援活動のひとつと考えられる。

4　高齢者の生きがいと家族とのかかわりについて

　平成 29 年度内閣府高齢社会白書によると，高齢者のいる世帯は全世帯の約半分，「単独世帯」・「夫婦のみ世帯」が全体の過半数であり，65 歳以上の高齢者のいる世帯については，図 5 より 2015（平成 27）年現在，世帯数は 2,372 万 4 千世帯と全世帯（5,036 万 1 千世帯）の 47.1% を占めているとされる。1980（昭和 55）年では世帯構造の中で三世代世帯の割合が一番多く，全体の半数を占めていた。65 歳以上の高齢者について子どもとの同居率を見ると，1980（昭和 55）年にほぼ 7 割であったものが，2015（平成 27）年には 39.0% となっており，子と同居の割合は大幅に減少している。単独世帯又は夫婦のみの者については，1980（昭和 55）年には合わせて 3 割弱であったものが，2015（平成 27）年では夫婦のみの世帯が一番多く約 3 割を占めており，単独世帯と合わせると 2015（平成 27）年には 56.9% まで増加している。さらに，65 歳以上の一人暮らし高齢者の増加は男女ともに顕著であり，1980（昭和 55）年には男性約 19 万人，女性約 69 万人，高齢者人口に占める割合は男性 4.3%，女性 11.2% であったが，2015（平成 27）年には男性約 192 万人，女性約 400 万人，高齢者人口に占める割合は男性 13.3%，女性 21.1% となっているとされる（図 6）。

4 高齢者の生きがいと家族とのかかわりについて

　家族の生活に果たす高齢者の役割について、「同居している人がいる高齢者が家族や親族のなかでどのような役割を果たしているか」について見ると、「家事」の割合が高くなっている（50.2%）。過去7回の調査を時系列で見ると、「家事」、「家計の支え手」及び「病気や障害を持つ家族・親族の世話や介護」の割合は、7回目の調査で最も高くなっているとされる。男女別に見ると、男性では、「家計の支え手」（53.0%）の割合が最も高くなっている一方、女性では「家事」（83.5%）が最も高くなっている。「家事」に関しては、男女間の差が大きい。

図5　65歳以上の者のいる世帯数及び構成割合（世帯構造別）と全世帯に占める65歳以上の者がいる世帯の割合
　　　出典：内閣府 平成29年版高齢社会白書　第1章-第2節-図1-2-1-1

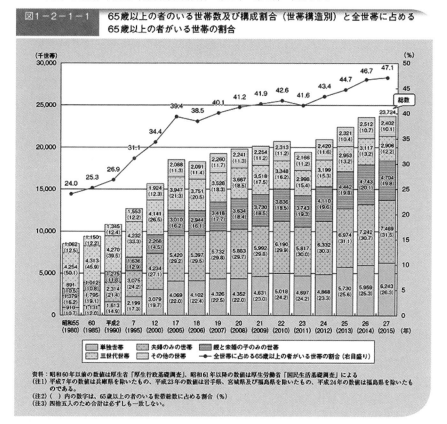

図6　65歳以上の一人暮らし高齢者の動向
　　出典：内閣府 平成29年版高齢社会白書　第1章－第2節－図1-2-1-3

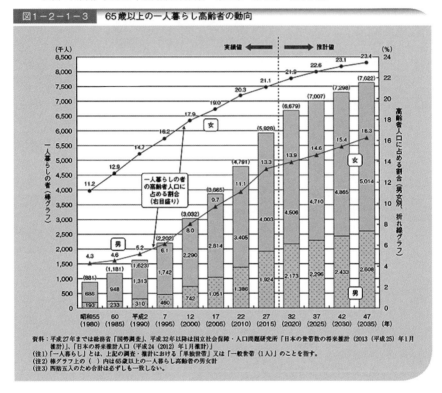

　三世代同居が減少し，夫婦または単独世帯が増加することによって，家族における役割も大きく変化してくる。単独世帯の場合には家族や近所，友人など周りとの関係や趣味の有無，社会活動に参加しているか否かが，日常生活さらに精神的な豊かさ，幸福感に大きく影響するのではないかと思われる。

5 地域における高齢者支援
－神戸大学大学院保健学研究科地域連携センター事業での取り組み－

　神戸大学大学院保健学研究科は神戸市西部の須磨ニュータウン名谷地区にある。その地区は1955（昭和30）年代から1975（昭和50）年代にかけて開発された団地である。神戸市須磨区のHPによると，須磨は1896（明治29）年に武庫郡に編入されて1912（明治45）年に須磨町となった後，1920（大正9）年4月に神戸市に編入され，1931（昭和6）年9月に区制が敷かれて須磨区になったとのことであり，1977（昭和52）年6月には名谷団地を垂水区から編入し，須磨区役所北須磨支所（福祉事務所，保健所の支所も併設）を開設した。1985（昭和60）年2月には，神戸総合運動公園，神戸流通業務団地を垂水区，西区から編入した。須磨区の人口は，須磨ニュータウンの開発に伴い，1975（昭和50）年代から急増したが，1985（昭和60）年代からは横ばいとなり，1994（平成6）年に人口のピーク（約18万9千人）を迎えた。現在，須磨区全体では微増の傾向がある一方で，北須磨支所（須磨ニュータウンが管内）では人口の減少が続いている。2016（平成28）年12月末現在の年齢構成を各区比較すると，高齢化率（65歳以上）について，北須磨支所は，2005（平成17）年は18.5％と神戸市平均の19.6％を下回っていたが，2016（平成28）年では神戸市平均を大きく上回っており，32.1％となっている。高齢化率は（65歳以上）は長田区の32.7％が一番高く，次いで北須磨支所の32.2％が2番目に高くなっている。一方，75歳以上では長田区，兵庫区，須磨区全体に次いで4番目となっており，他区と比べ65～74歳の割合がやや高い。国立社会保障・人口問題研究所が推計した将来人口推計によると，2025年に須磨区は長田区にならび，高齢化率が神戸市で一番高くなる。年少人口率では，兵庫区，長田区にならび，中央区に次いで2番目に低くなり，また，人口においては，2010（平成22）年から2040年に約3万8千人（22.7％）が減少するとされている。

　須磨区は神戸市の中でも前期高齢者の高齢化率の高い地域である。須磨ニュータウンでの暮らしに関するアンケート調査（平成26年に行われた50歳から70歳代までの中から無作為に抽出した3,300名を対象）で町のイメージ

第10章　地域高齢者の生きがい

に対する報告がある。そこでは，(1) 買い物等生活しやすいまち，(2) 交通の利便性が高いまち，(3) 医療施設が充実したまち，(4) 福祉施設，サービスが充実したまち，(5) 町並みが美しいまち，(6) 良好な近所づきあいがあるまち，(7) 住宅地としてのブランド力のあるまちといった項目について尋ねている（図7）。その中で (4) 福祉施設，サービスが充実したまち，(6) 良好な近所づきあいがあるまちの評価が，(7) 住宅地としてのブランド力のあるまちと同様，他の項目に比べると少し低めになっている。ニュータウンが出来てから40年以上がたってまちとしては便利になったものの，家族構成も変化して周りとの関係は少し希薄になり，福祉サービスも充実度がそれほど高いわけではないといえるかもしれない。

図7　須磨ニュータウンの街のイメージ（項目ごとに評価）

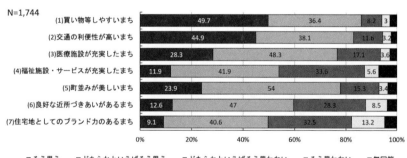

このような特徴のある名谷地域で，神戸大学保健学研究科地域連携センターは，神戸大学の教育と研究と並ぶ第三の使命として，社会との連携及び協力をより重視し，人的・物的資源の活用，知的成果の社会への還元に積極的に取り組むという理念のもと活動している。保健学研究科の教員が自治体や NPO とスムーズに連携を行うための窓口となるとともに，必要物品，機器を整備して個別プロジェクトの後方支援を行っている。そこでは，1) 教育と研究を通して，自宅で生活される方々の健康や環境づくりを応援し，2) 歴史的文化環境や自然環境を大切にし，住民や学生の活力を引き出すことに努力し，3) 神戸大学の目指す社会貢献の理念にしたがい活動を行っている。さらに，保健学研究科

の教員が自治体やNPOと行っている事業を紹介するとともに,住民,自治体からの要望や疑問に答えられるようにしている。それぞれの活動では,対象者や連携団体だけでなくスタッフを含めて人権を尊重し,等しく支援できるように努めるということが求められる。

　筆者らは,この地域連携センターの事業における地域連携・支援活動の一環として,地域住民および医療福祉専門職者の協働による認知症予防,治療・介護を中心とした支援を目指した活動を行っている。主な活動は,(1)地域高齢者・家族及び医療福祉関係者への認知症についての啓発・実践力向上支援のための医師や看護師,臨床心理士などによる研修会・講演会の開催,(2) 地域高齢者へ向けた認知症予防のためのタッチパネルを用いた認知症検診・検診後の相談,である（今年度の実施風景：写真1）。認知症について,65歳以上の認知症高齢者数と有病率の将来推計について見ると,2012（平成24）年は認知症高齢者数462万人と,65歳以上の高齢者の約7人に1人（有病率15.0%）であったが,2025年には,約5人に1人になるとの推計もあり,有病率の増加が懸念される。厚生労働省の「新オレンジプラン」においても「認知症への理解を深める為の普及・啓発の推進」は7つの柱のうちのひとつである。

　(2)の認知症予防健診に関しては,講師による認知症の予防に関する講演とタッチパネルを用いた簡易な認知機能検査（言葉の記憶,時や場所の見当識,図形の認識などについて調べる15点満点の検査）,検査結果に基づいた相談を地域高齢者25名程度に毎年行っている。これは地域高齢者の認知症予防に対する啓発,保健活動を目的として実施しているものであり,講師による講演内容は,基本的な認知症の知識,生活における注意点,認知症予防の可能性などについてである。感想を書いていただくと,「講演で元気をもらいました」,「前向きに取り組む励みになります」,「社会とつながっておくことも大切だと思いました」,「毎日の生活が大事ですね」といった回答があり,講演

写真1　今年度講演の実施の様子

内容を日常生活に活かそうとする姿勢が感じられ，地域高齢者の認知症予防に対する啓発は非常に重要であると考えられる。簡易な認知機能検査の結果に対する看護師や臨床心理士による相談を行っているが，毎年来られる方もおられ，昨年と変わりがないという検査の結果に安心して帰られる方も多い。ご家族の認知症を疑われて一緒に参加される方もおられるが，認知症が疑われているご本人が病院受診を嫌がる，あるいはご本人に病院に行った方がいいと伝えにくいといった時に，検診であれば抵抗が少ないとのことであった。検査・相談の結果，医療機関につなぐことが出来る場合もある。配偶者が認知症と診断されている場合に生活上の困りごとを話されることもあるし，一人暮らしをされていて，日常のこと，身の上などについて語られる方もおられる。認知症になりたくないという気持ちがとても強い方，認知症なのではないかととても心配している方などもおられ，認知症に関する関心は非常に高いと思われる。

　予防健診では，今後の支援活動の参考のためにアンケートで意見や感想を参加者に尋ねている。今後の講演や活動の内容に対する希望として，「認知症の予防や介護」，「心身の健康」，「生きがい」といった項目を挙げて尋ねると，約半数の方が「生きがい」について希望されている。中には，「楽しい生活とは積極性が必要に思われますが，その積極性を維持するためにはやはり『生きがい』がなければやってゆけないのではと思います。この『生きがい』を見出すのがなかなか難しい」といった書き込みもある。「生きがい」のある生活を希望しつつも，生きがいとなる対象をなかなかみつけられない，あるいは曖昧で捉えにくいといった可能性もある。新たな企画について希望を尋ねると，歌を歌ったり，手遊びをしたりといった活動プログラムを希望される方もある。健康を維持するためのプログラムなどへの参加希望は多い。自治体などで行う生きがいづくりや認知症予防のための活動を提供する教室などがあればぜひ参加したいという方もおられる。地域差，個人差もあると思われるが，何らかの活動，イベントなどへ足を運んで積極的に学びたいという高齢者が多いことに気づかされる。今後ますます地域での健康や疾病予防につながる活動のニーズは高まっていくと考えられる。

6 最後に

　生きがいと健康，家族，社会活動などとの関連，地域における高齢者支援について見てきた。「生きがい」ということばはいくつかの概念と重なり合っており，多面的な側面を持つと考えられる。用語として曖昧なまま用いられたり，個々の研究において生きがいのどういう側面を見るかによって「生きがい」の定義のされ方が異なったりする場合もある。実際の我々の生活において，「生きがい」は一般に使われる言葉であり，それほどわかりにくい言葉とも感じない。しかし，いざ何を意味するのかというところは難しく曖昧であると思われる。

　平成 27 年度内閣府高齢社会白書では，60 歳以上の高齢者が生きがいをどの程度感じているか（質問項目では，「あなたは，現在，どの程度生きがい（喜びや楽しみ）を感じていますか」となっている）について見ると「十分に感じている」人と「多少感じている」人の合計は約 7 割である（図 8）。さらに，毎日の生活を充実させて楽しむことに力を入れたい人が多く，今後の生活で「貯蓄や投資など将来に備える」ことよりも「毎日の生活を充実させて楽しむ」ことに力を入れたい人の割合は，60 〜 69 歳は 77.0％，70 歳以上は 83.1％であり，50 〜 59 歳では約 5 割，49 歳以下の各層では 4 割前後であるのに対し

図 8　生きがいの程度

出典：内閣府 平成 27 年版高齢社会白書　第 1 章 - 第 2 節 - 図 1-2-6-12

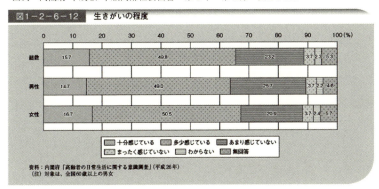

第 10 章　地域高齢者の生きがい

て，60歳以上の各層の割合は高い。また，2003（平成15）年と比べると，約7割から約8割に増加しているとされる（図9）。若年層とは異なり高齢層においては生活を楽しむということが関心事であり，意欲的に楽しみを見出そうという姿勢の表れではないかと思われる。退職をして仕事をするという役割はなくなっても，新たな楽しみを見出すことに気持ちを切り替えている方が多いということを表しているかもしれない。筆者らが主催する講演会や検診会でも積極的に質問され，アンケートに新たな企画の案を挙げられる方や催しには連絡が欲しいといわれる方もあり，意欲を感じる場面が多い。心身ともにある程度健康で，社会活動にも参加できるということが高齢者にとって大切なことであり，そこから活動における役割を持つことや楽しみを見出すことに対する充実感，満足感が生まれてくるのかもしれない。家族が夫婦のみ，さらに一人暮らしになるとなかなか社会との接点が保ちにくくなってくる場合もありうる。参加しやすく魅力的な活動を考えることもとても重要である。

図9　生活を充実させて楽しむことを重視する人の割合
　　　出典：内閣府 平成27年版高齢社会白書　第1章−第2節−図1-2-6-13

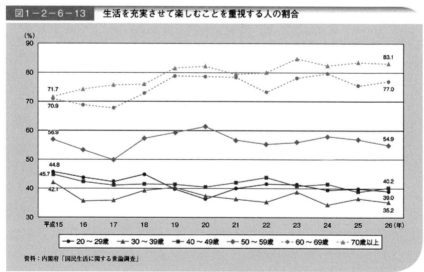

地方自治体においても高齢者の生き生きと暮らすための生きがいづくりということで，学習や趣味，運動と言ったさまざまな活動や取り組みが行われ，多くの高齢者がより生き生きと健康に暮らしたいと希求して参加している場合も多いと考えられる。国や地方自治体の事業において適切な事業評価が求められており，健康増進施策や介護予防の一般高齢者施策の目標として「生きがい」が挙げられることも多いとされる（今井，2012）。しかし，「生きがい」を目標にあげながら，評価のアウトカム（成果）として「生きがい」の指標はほとんど用いられていない（芳賀，2010）。いくつか標準化された「生きがい」を測定する尺度として，生きがい感スケール（16項目）（近藤，鎌田，2003），生きがい対象尺度（24項目）（長谷川ら，2007），生きがい意識尺度（9項目）（今井ら，2012）などがある。今井ら（2009）はこの生きがい意識について「現状への積極的・肯定的態度，および，社会との関係における自己存在の意味の肯定的認識から構成される意識である」と操作的に定義している。このような尺度を用いて事業評価アウトカムとして「生きがい」を組み込むことも必要である。

　高齢者に日々の生活の中での楽しみ，家族の中での役割，社会活動への参加などについて聞き取ったりした上で，一緒に整理して考えたりすることができれば，どのようなことに生きがいを感じているのかが見えてくると思われる。このような生きがいに関する気付きを地域の中での活動や自治体の事業に活かしていくことは非常に重要である。そしてその内容について評価尺度などを用いて的確に評価し，さらにより良い活動や事業を実施して地域社会へ還元していくことが望まれる。

《参考文献》

- 今井忠則, 長田久雄, 西村芳貢 2009「60歳以上対象者の生きがい概念の構造：生きがい概念と主観的幸福感の相違」（『老年社会科学』31巻3号, 366 - 377頁）
- 今井忠則, 長田久雄, 西村芳貢 2012「生きがい意識尺度（Ikigai-9）の信頼性と妥当性の検討」（『日本公衆衛生雑誌』59巻7号, 433 - 439頁）
- 神谷美恵子 1980『生きがいについて』（みすず書房）
- 橋本修二 2012「健康寿命における将来予測と生活習慣病対策の費用対効果に関する研究」（平成23年度〜24年度 総合研究報告書）

- 新村出著・編 2008『広辞苑 第六版』(岩波書店)
- 神戸市ホームページ
- 近藤勉，鎌田次郎 2003「高齢者向け生きがい感スケール（K-I 式）の作成および生きがい感の定義」(『社会福祉学』43 巻 2 号，93 - 101 頁)
- 金田一京助編 1997『新明解国語辞典 第 5 版』(三省堂)
- 出村慎一，佐藤進 2006「日本人高齢者の QOL 評価 - 研究の流れと健康関連 QOL および主観的 QOL」(『体育学研究』51 巻，103 - 115 頁)
- 内閣府，平成 22 年度「第 7 回高齢者の生活と意識に関する国際比較調査結果（全体版）」
- 内閣府「平成 27 年度高齢社会白書」
- 内閣府「平成 29 年度高齢社会白書」
- 芳賀博 2010「高齢者の運動と生きがい」(『老年社会科学』32 巻 2 号，143 頁)
- 長谷川明弘，宮崎隆穂，飯森洋史ほか 2007「高齢者のための生きがい対象尺度の開発と信頼性・妥当性の検討：生きがい対象と生きがいの型の測定」(『日本心療内科学会誌』11 巻 1 号，5 - 10 頁)
- 長谷川明弘，藤原佳典，星旦二 2001「高齢者の『生きがい』とその関連要因についての文献的考察―生きがい・幸福感との関連を中心に―」(『総合都市研究』75 巻，147 - 170 頁)

物忘れ外来で見えてくること

林 敦子（神戸大学大学院保健学研究科リハビリテーション科学領域 准教授）

　筆者は週に一回，臨床心理士として大学病院の物忘れ外来（メモリークリニック）で，認知機能検査とCDR（Clinical Dementia Rating）という評価尺度を基にした家族への聞き取りを行っている。認知機能検査の中で，アルツハイマー病評価尺度（ADAS：Alzheimer's Disease Assessment Scale）では，記憶や言語，行為，構成といった認知機能の評価を行う。いくつか他の認知機能検査も併せて行っている。CDRは家族や介護者からの情報も必要となる観察による重症度評価法である。認知機能検査や家族への聞き取りは認知症かどうかの診断をする際の補助となる。今後，認知症の方に対して認知機能評価をすることは高齢者の増加と共に増えてくると思われる。検査を受けられる患者さんは軽度認知機能障害，アルツハイマー病疑いの方が多いが，アルツハイマー病であれば記憶障害（新しいことが覚えられないなど），見当識障害（日付などがわからない）から気づかれることが多く，幻覚や妄想など精神症状が見られる場合もある。

　検査を実施するにあたってとくに気をつけていることは，患者さんに安心して検査を受けていただけるよう不安や緊張を和らげるようにすることと，診断を行う医師にわかりやすい報告をするということである。ご本人は特に何も困っていないのにご家族がなんらかの理由をつけて連れてこられた方もいらっしゃるので配慮が必要になることもある。報告に関しては，検査得点だけではなく検査上どこに障害が見られるのか，障害の程度，得点には現れないけれども問題となる点などを報告書に書く。検査時の患者さんの表情や様子，態度なども気になれば記し，必要があれば医師に直接伝えたりすることもある。検査結果から得られる情報は多く，おおよその重症度もわかり，何度か検査をしていれば経年変化なども見えてくる。

　ご家族ともお話をすることで，患者さんとご家族の関係や患者さんを取り巻く周囲の環境など検査だけでは見えていなかったものがたくさんあることに気づく。できるだけ，患者さんとご家族の様子，関係はどうかなど聞き取

りのときに見るようにしている。検査の点数はそれほど良くなくてもご本人の表情がよく，ご家族も見守っているのがよくわかるとほっとする。逆に検査は良く出来ていても，ご家族が非常に患者さんの病状に敏感で，困る点を強調されたりすると今後大丈夫かなと心配になることもある。これまで多くの患者さんやご家族とお会いしたが，ご家族の患者さんに対する理解があっていい距離感が保たれていると良い介護につながるのではと思える。

　初診のあと診断されるまでの間に検査を受けられ，ご家族もいろいろ不安を抱えて患者さんの検査に一緒に来られることが多い。そういった時期の不安を出来るだけ解消できるようにお話を聞いて，よりよい日常生活を送るのに実行できそうなことがあればお伝えするようにしている。検査の施行が本来の仕事であり検査外のことを尋ねられるとどのようにお答えしたらいいのか迷うこともある。しかし，臨床心理士として答えられる範囲の助言があると思うので，その辺りはいつも考えながらお話している。

　診断がつくとかかりつけ医に戻っていかれることも多く，一部の場合を除いて職種として経時的に患者さんと接することは難しい状況である。認知症の場合，進行時期によって認知機能障害や精神症状に変化が見られ家族の対応も変わってくる。心理職として，医師，看護師，作業療法士などに診断後のスムーズな対応につなげていけるよう検査やご家族との面談から得られる情報をお伝えしたい。それぞれの患者さんの認知機能の特徴について，認知症の進行時期に合わせて対処方法をご家族と一緒に考え，日常生活に活かしていくことの一助となるような仕事ができれば，少しでも家族支援ができるのではないかと思っている。さらに認知症になっても豊かに生きていける社会を目指し，さまざまな社会資源・家族の支援を得ながら地域の中で患者さんがどのように生きていけばいいのかということを様々な職種と共に考えていきたい。

第11章
多世代共生の実現に向けたまちづくり

宮田 さおり
園田学園女子大学人間健康学部人間看護学科 准教授

少子高齢化が進む中，日本では多世代家族から核家族への変化，産業構造や経済の変化による生活の変化，社会の利便性が増すことによる生活スタイルの変化が見られ，個人，家族の孤立化に伴う地域における人間関係の変化が起こっている。これらの社会変化は血縁・地縁の脆弱性を高め，子育て問題，高齢者介護の問題などは，国家の社会保障では解決できない局面にさしかかっている。コミュニティの創生がいわれる中，様々な自治体が，地域住民が多世代共生を目指したまちづくりを行っている。

本章では共生の概念，日本がたどってきた歴史と家族，コミュニティの変化をたどりながら，尼崎市における事例を通して，「多世代共生の実現に向けたまちづくり」の可能性について検討する。

キーワード
多世代共生　地域のふれあい　コミュニティ

1 共生とは

「共生」とは多くの分野で使われる概念である。例えば，自然との共生，文化の共生，男女間の共生，高齢者と子どもの共生などである。しかし，そもそも「共生」とはどのようなことを指しているのであろうか？「共生」とは生物学や生態学の分野で用いられていた概念であり，生物学のsymbiosisの訳語で，「異種の生物の共存様式」を意味し，通常は「2種類の生物が互いに利益を交換しあって生活する，相利共生」を意味する（大辞林）。しかし，現在，「共生」という言葉は様々な分野で使われている。例えば，民族，言語，宗教，国籍，地域，ジェンダー・セクシュアリティ，世代，病気・障がい等である。このように，生物学分野で使用されていた概念は，現在，「社会の中で多様な価値観，差異をお互い認め合い，助け合い，ともに生存する」という意味で使用されている。簡単に言うと「様々な人々と共に生きる」ということである。しかし，「共に生きる」ためには，個々の価値観の共有，差異を受け入れるということが必要である。先ほど述べた民族，言語，宗教，国籍，ジェンダー・セクシュアリティ，病気・障がい等について「共生」を考える，もしくは問題としてとらえられてきたその背景には，文化，歴史が大きく関与し，様々な差異を受け入れる社会が醸成されてこなかった経緯がある。つまり，マジョリティとマイノリティのパワーバランスの不均衡は，彼らの生活や人生，QOL（quality of life）に大きな影響を及ぼしていたことが要因として考えられるだろう。

2 なぜ今，多世代共生が言われているのか

現代の日本において，「多世代共生」ということを意識しなければならない社会に変化している背景には何があるのだろうか？人口構成の変化，日本の財政と社会保障，戦後日本の歴史から見えてくる「自助・共助・公助・互助」の変遷，

人々の関係における様々な縁（血縁・地縁・社縁）について述べる。

■ 日本の人口構造の変化

　我が国の総人口は，2015（平成27）年10月1日現在，1億2,711万人となっている。65歳以上の高齢者人口は，3,392万人となり，総人口に占める割合（高齢化率）は26.7％となった。一方，出生数は100万6千人，合計特殊出生率は1.46となっており，国勢調査開始以来はじめての人口減少となった。そして，人口ピラミッドを見てみると，団塊の世代（1947（昭和22）～1949（昭和24）年生まれの人々），団塊ジュニア（1971（昭和46）～1974（昭和49）年生まれの人々）というふた山の出生数ピーク以降，出生数は減少の一途をたどり，2016（平成28）年の出生数は，約97万6千人と100万人を下回った。その結果，1970（昭和45）年には高齢化率7.1％であった（この時点で高齢化社会と言われている）のが，2015（平成27）年には26.7％となり超高齢社会の21％を優に超えている。これは団塊の世代が大量に高齢者となった結果であり，今後，彼らは後期高齢者に移行していく（図1）。また，諸外国と比較すると，日本の高齢化スピード（高齢化率が7％から21％への移行期間）は約2倍と言える。

　そして，今後の日本の人口減少は3つの段階を経て減少していく。まず，2040年までは，高齢者が増加し，現役世代が減少，2060年までは，高齢者が維持・微増の状況になり，現役世代が減少，そして，2060年以降は高齢者も現役世代も減少する（厚生労働省，2017）。

　この数値の変化は，今後社会をどのように運営していくか，特に社会保障制度の問題に直結する。高齢者（65歳以上）人口の生産人口（15歳～64歳）に対する比率，すなわち「何人の現役が一人の高齢者を支えるのか」ということを見てみると，1990（平成2）年現役5.8人で一人の高齢者を支えていたが，2016（平成27）年では2.3人で一人，40年後の2053年には1.3人で高齢者一人を支える推計になっている。すなわち，高齢者を支える人がいないという問題だけではなく，社会構造そのものに大きな影響をもたらし，介護や子育ての問題をこの社会構造でどのように解決していくか，ということを考えていかなければならない。

第11章　多世代共生の実現に向けたまちづくり

図1　厚生労働白書　年齢3区分別人口および高齢化率の推移
出典：平成28年度厚生労働省『平成28年度厚生労働白書』
http://www.mhlw.go.jp/wp/hakusyo/kousei/16/

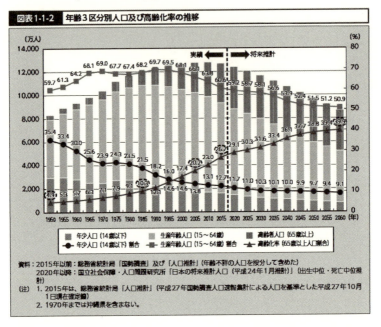

次に家族の形と働き方について述べる（図2）。専業主婦世帯と共働き世帯の推移で見てみると，1980（昭和55）年では，専業主婦世帯（男性雇用者と無業の妻からなる世帯）1,114万世帯に対し，共働き世帯（雇用者の共働き世帯）614万世帯となっており，専業主婦世帯数の約半分であった。しかし，1991（平成3）年には専業主婦世帯と共働き世帯はほぼ同数となり，2016（平成28）年では，専業主婦世帯664万世帯に対し，共働き世帯は1,227万世帯となり，共働き世帯数が専業主婦世帯数の約2倍となっている。そして共働き世帯の約8.7%は夫婦とも短時間労働者の世帯になっている。このように，専業主婦世帯をモデルにした社会保障や社会の仕組みは機能せず，加えて，短時間労働者の共働き世帯の増加は，子どもや高齢者を家族で支えていくことは，時間的，経済的に困難な人々が多く存在することを予測させる。

図2 専業主婦世帯と共働き世帯 1980年〜2016年
　　出典：独立行政法人労働政策研究・研修機構
　　　　　http://www.jil.go.jp/kokunai/statistics/timeseries/html/g0212.html

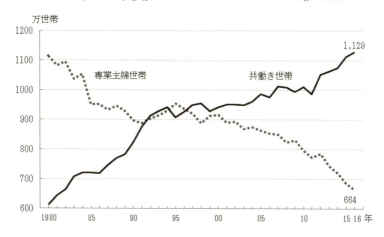

■ 日本の財政と社会保障

　日本の急速な少子高齢化によって，日本の労働人口も減少の一途をたどることとなる。2012（平成24）年12月に始まった「アベノミクス景気」が，1990（平成2）年前後のバブル経済期を抜いて戦後3番目の長さになった。しかし，過去の回復局面と比べると内外需の伸びは弱い。雇用環境は良くても賃金の伸びは限られ，「低温」の回復は実感が乏しい（日本経済新聞，2017）。また，日本の人口構成の変化から考えるに，この経済成長が維持できる可能性も低い。一方で，経済活動の収縮，少子高齢化は社会保障の側面から検討しても厳しい現状にある。国民負担率（租税や社会保険料（場合によっては財政赤字を含む）を国民所得（要素価格表示）で割った値）の推移を見てみると，2017（平成29）年度国民負担率は，42.5％であり，1975（昭和50）年と比較すると1.7倍になっている。また，2016（平成28）年度社会保障費負担率は17.4％であり，1975（昭和50）年と比較すると2.3倍になっている。国民負担率（対国民所得比）の国際比較（OECD加盟33カ国）において，日本は28位となっており，高負担ではないともいえる。しかし，北欧諸国は，国民負担率が高い代わりに福祉が充実しており，フランスでは大学までの学費がほぼ無料となっている。こ

のように，国民負担率だけでの社会保障の議論は難しく，負担と社会保障サービスのバランスをふまえなければならない。いままで日本は国民負担率が「低負担」であるにもかかわらず，社会保障や保健水準を高いレベルで維持してきた。しかし，少子高齢化による年金や医療費の増大によって「中負担」へと変化しつつあり，2017（平成29）年度末公債残高（いわゆる財政赤字）は約865兆円（見込み），国民1人当たり約688万円にも上る。一方，社会保険料による収入は，近年横ばいで推移しており，社会保障給付費と社会保険料収入の差額は拡大傾向にある。そして，国の一般会計歳入のうち3分の1程度は国庫負担金，いわゆる借金である。この状況は人口推計からも社会保障給付費は増大が予測され，有限な税金をどのように分配するか，は重大な問題になっていく。

少子高齢は財政的課題だけではない。サービスの担い手の減少という問題も生じる。つまり人口減少，労働人口の減少は全産業における労働力確保の困難をもたらす。厚生労働省第1回社会保障審議会福祉部会福祉人材確保専門委員会資料（2015）によると，介護保険が始まった2000（平成12）年には55万人であった介護職員は，12年間で約3倍の149万人，さらに2025年には，237〜249万人の介護職員が必要と推計されている。そして，介護職の中核を担うことが期待される介護福祉士のうち，介護職として従事（障害分野等他の福祉分野に従事している者を除く）している者は約6割程度に止まる。有資格者が十分に社会で最大限活用されていない現状がある。

■「自助・共助・公助・互助」と「地縁・血縁・社縁」

社会保障制度改革推進法（2012年8月22日公布）では，基本的な考え方として第2条で以下のように述べている。

第2条　社会保障制度改革は，次に掲げる事項を基本として行われるものとする。一自助，共助及び公助が最も適切に組み合わされるよう留意しつつ，国民が自立した生活を営むことができるよう，家族相互及び国民相互の助け合いの仕組みを通じてその実現を支援していくこと。

また，自助・共助・公助・互助については，以下のように定義されている（表1）。つまり，「社会保障制度改革推進法」では，自助・共助・公助を家族相互

表1　自助・共助・公助・互助の定義
出典：地域包括ケア研究会報告書〜今後の検討のための論点整理〜（2010）を改編

項目	定義	費用負担による区分
自助	自ら働いて，又は自らの年金収入等により，自らの生活を支え，自らの健康は自ら維持	「自分のことを自分でする」ことに加え，市場サービスの購入も含まれる
互助	インフォーマルな相互扶助。例えば，近隣の助け合いやボランティア等	相互に支え合っているという意味で「共助」と共通点があるが，費用負担が制度的に裏付けられていない自発的なもの
共助	社会保険のような制度化された相互扶助	介護保険などリスクを共有する仲間（被保険者）の負担
公助	自助・互助・共助では対応できない困窮等の状況に対し，所得や生自助互助共助では対応できない困窮等の状況に対し，所得や生活水準・家庭状況等の受給要件を定めた上で必要な生活保障を行う社会福祉等	税による公の負担

及び国民相互の助け合いの仕組みを通じて，すなわち互助をベースにして適切に3つの助を駆使し，社会保障を進めていくとしている。

　しかし，「自助」「互助」「共助」「公助」というものは，質・量共に時代や地域とともに変化する。そして互助の前提条件として，さまざまなつながり，「縁」が必要となっている。

　戦後の日本社会では，三世代同居世帯（いわゆる「サザエさん一家」）を想定し，伝統的な「家文化」に支えられた家族のイメージが前提とされ，子育て，仕事，介護が構築されていた。母親は専業主婦で子育て，家事に専念する。父親は仕事に行き，子どもたち（複数形であることに注目）はきょうだいで遊び，またきょうだいの友人たちとも関係を結んでいく。そしてその近隣の人たちも「○○さんちの子」，「△△さんちのお孫さん」というような顔の見える関係性の中で子どもたちにかかわる。これは，祖父母が築いた地縁を次の世代が継承していく様子である。この家族モデルでは，高齢者の介護は「家の中のこと」として行われていた。つまり，「血縁」を基本としたシステムであった。

　その根底には江戸時代に武士階級で多く見られた家父長制度（男系で家督を相続し，女性は良妻賢母として家を守る）や農民階級での大家族制（三世代家族，四世代家族）があった。明治時代には，規範としての家父長制，大家族制が踏

襲された形での「家」制度が政府によって導入される。この「家」制度の特徴は，家族間における主従関係の明確さである。つまり夫（家長）に妻・子どもは従う，子どもは親のいう事を聞くという上下関係が存在し，その結果，家族内の秩序は保たれ，ひいては日本社会の安定をももたらしたといえる。しかし，そのような家族関係では個人の自立や自由は大幅に制限されかねない。

　そして，戦後では今まで述べてきた家族制度は継承されつつも，産業構造・労働形態の変化，婚姻・離婚の変化，女性の社会進出，介護問題の社会化などにより家族のあり方が変化する。

　労働形態の変化は家族形態の変化ももたらした。1950（昭和25）年では第一次産業いわゆる「農林漁業」が48.5％を占めていた。そして，農家世帯は兼業農家を入れると5割を超えていたという。つまり，職と住が一体化した中で子育て，介護を行ってきた。妻は家事，育児の他に農作業などの労働もこなすが，その分高齢者や年長の子どもが子育てを一部担い，家族だけでなく地縁の中で子育てができていたと言える。高度経済成長を通じて，労働力不足から多くの若者が都会に働きに出る（当時，彼らは「金の卵」と呼ばれていた）。その結果「農林漁業」はその割合を大きく低下させ，1970（昭和45）年には，「製造業」の割合は26.1％まで高まった（図3）。このころから家族の形態も会社に勤める核家族への変化が見られる。今までは職と住が同じもしくは近接した場所で（望む，望まないにかかわらず）地縁も深めながら生活していたが，高度成長期には多くの核家族が新興住宅地（例えば，1962（昭和37）年に入居が開始された千里ニュータウンなど）が造成され，「地縁」のない土地で生活を始める。これは，地方から都会に労働者として移動してきた若者が親とは同居できない状況になるためである。つまり労働の形態が家族の形態を変化させたと言える。また，公的年金制度の充実によって，故郷の親に対して経済的支援を行わなくてもよい状況がうみだされた。加えて，高度成長期においては経済の活性化が著しく，国民の所得水準が高くなる。こうして親世帯と子ども世帯の分離・独立が可能になった。そして婚姻，離婚に関する意識へも大きな影響を与える。婚姻件数について，1970（昭和45）年には100万組を突破していたが，その後減少し，2016（平成28）年では約半分の62万組となっている。一方離婚件数は1970（昭和45）年に9万5千組であったのが，2015（平成27）年21

万組と倍増している。この背景には見合い結婚ではなく恋愛結婚が主流になったため、愛情がなくなれば離婚に至りやすいことが反映していると考えられる。女性の進学率の増加、男女雇用機会均等法（1985年）の成立は女性の社会進出を後押する。そして、女性の社会進出が進むにつれ、女性における経済的不安が少なくなったことが離婚件数増加の背景にあると考えられる。加えて、

図3　産業別就業者構成割合の推移
　　第1次、第2次産業の就業者割合は傾向的に縮小しており、就業構造のサービス化が進んでいる。
　　出典：厚生労働省　平成25年版　労働経済の分析－構造変化の中での雇用・人材と働き方－
　　第2章－第2節　http://www.mhlw.go.jp/wp/hakusyo/roudou/13/dl/13-1-4_02.pdf

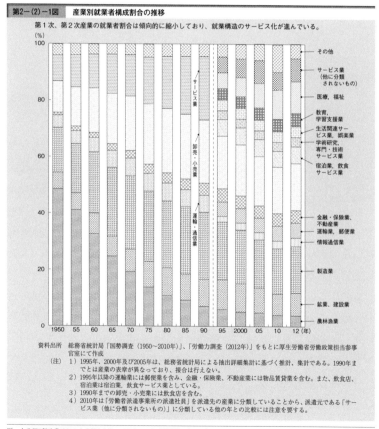

72　大分類E製造業は24の中分類からなっており、これは製造業に次いで多いRサービス業（他に分類されないもの）が9の中分類からなっているのに比べても多い。このため、中分類で就業者減少幅が大きい順にみたときの上位にはあがりにくくなっているとみることもできる。2005年から2010年にかけて、製造業24中分類のうち19の中分類で就業者が減少した。

地縁や血縁（親族）との関係性が弱まれば，離婚決定も本人達の意志で行うことができ，また，離婚に対して許容寛容な社会は離婚への抵抗を低くする。現在，未婚率の上昇によって，シングルで生活する，結婚しなくても非難されない社会になりつつあり，一定の所得が確保できたならば，コンビニや外食・中食が充実した利便性の高い生活が可能になる。そのような条件が整ってしまえば，結婚する動機を持てない人々が存在してもおかしくない。一方で，300万円未満の所得では所帯をもちたい，子どもを産み育てたいという希望をかなえることが難しい人々も存在する。2000（平成12）年には介護保険法の成立をもって介護も社会の課題として対応することになった。このように，女性が主に担ってきた子育て，介護問題に共助や公助が介入し，女性が家庭に束縛されない条件が整う。この一連の変化は「血縁」の脆弱性を露呈させたといえる。

そして利便性の高い生活が可能な社会において，個人の生活スタイルを守ることが重視されるとともに「地縁」という地域の共同体におけるつながりは脆弱になり，バブル崩壊，リーマンショックなどの経済の悪化や働き方の多様化から「社縁」も失われつつある。

このような状況下で「互助」を基盤とした地域社会の構築が必要となってくる。その理由として，少子高齢化や財政状況から，今後「共助」「公助」の大幅な拡充を期待することは難しく，「自助」「互助」の果たす役割が大きくなるためである。しかし，先に述べた社会状況の変化の中では「自助」について期待はできない。人口動態からも推測できるように，2025年には，単身世帯や高齢者のみの世帯が一層増加してくる。そうなると，家族を単位とした「自助」の在り方は限界に近く，「互助」をどのように活用するのか，その役割や対象とする範囲についても，いまの様相（例えば，挨拶を交わす程度の付き合いが多数をしめる社会）では対応不能と考える。ゆえに現状を十分にふまえた上での「互助」を基盤とした地域共同体の再構築が必要不可欠になっている。

このように様々な要因を検討し，その地域にあった「互助」を展開していかなければならない。例えば，都市部では住民の流動も大きく，地縁も薄い。そのため，意識的な「互助」の強化，地域づくりの展開が求められる。その中には，「自助」によるサービス購入が可能な部分も多いと考えられ，より多様なニーズに対応することができる。一方，「地縁」などによる住民の結びつきが強い

郡部地域では,「互助」の果たしている役割が大きくなり,その「困ったときはお互い様」「ご近所さんの底力」を活用した展開が求められる。しかし,「消滅可能都市」「限界集落」など人口減少が著しい地域において,人口流出に歯止めをかけること,若者の定着,そのための経済の活性化などの問題を解消しなければ「ご近所さんの底力」も途絶えてしまいかねない。

■ 国の施策としての多世代交流・共生

　国多世代交流・共生について,「人口減少社会における多世代交流・共生のまちづくりに関する研究会」報告書（2016）では,国の役割と責任,市町村の役割と責任を以下のように提示している。詳細は報告書を参照されたい。

1. 多世代交流・共生のための国の役割と責任
   1) 人口減少社会における多世代交流・共生のためのビジョンを提示すること
   2) 多世代交流・共生のための総合的なサービス提供の仕組みをつくること
   3) 多世代交流・共生に取り組むことができる地域社会の仕組みをつくること
   4) 地域社会の発展に繋がる住環境政策への取り組みを推進すること
   5) 都市部と農山漁村の一体整備と交流を推進すること
2. 多世代交流・共生のための都市自治体の役割と責任
   1) 多世代交流・共生への取り組みの基本的視点
   2) 多世代交流・共生のための総合的なサービス提供の仕組みをつくること
   3) 多世代交流・共生に取り組むことができる地域社会の仕組みをつくること
   4) 地域社会を担う人材を発掘,育成すること
   5) 職員への期待

3 尼崎市における多世代共生社会構築への試み

尼崎市では多くの多世代共生社会に向けた試みが実施されている。その中で，筆者が学生とともにインタビューを実施した取り組みについて紹介する。

■ けま喜楽苑における「みんなでお昼ごはん会」

けま喜楽苑は2001（平成13）年，社会福祉法人きらくえんの4つ目の施設として開設された。本施設は，尼崎市の藻川のほとりにあり，全個室・ユニットケア型の特別養護老人施設である。この施設では，年間を通じて施設主催の季節行事（納涼祭，文化祭など）や介護講座，子どもボランティア講座の開催，地域の祭りへの参加，保育所や学校との交流事業などを行っている。このように，施設の中だけの活動のみならず，外（地域）での活動を積極的に行っている結果，多くの住民や関係機関との「顔が見える関係性」が構築されている。けま喜楽苑の付近はこの施設が設立されたのちに道路整備などが進み，住宅が立ち並ぶようになった。そのため，住民にとってけま喜楽苑は「はじめからある施設」であり，けま喜楽苑の地域に開かれた施設というコンセプト，活動はより住民との共存を可能にしている。

けま喜楽苑では2015（平成27）年末から「みんなでお昼ごはん会」を実施している。この会の発端は，小学校のスクールカウンセラーが「給食がない時期に心配な児童がいる」と園田地区子育て支援連絡会（社会福祉協議会園田支部，PTA，NPO法人，コープ，尼崎市役所，高齢者施設，障害者支援施設，地域包括支援センターなどで設立）に提案したことがきっかけである。開始当初は年末年始にけま喜楽苑が場所を提供し，他の支援者も参加する形であった。現在は，学校が中長期の休暇期間のみオープンし，運営には多くのボランティアが参加している。周知方法はPTAによる小学校へのビラ配布の依頼，子どもたちの口コミである。現在は小学生を中心に20～30名程度参加している。そして，この場は「食事提供」だけを目的としていない。「子どもの居場所作り」

「学習支援」も目的としている。

　本来は子どもと高齢者が一緒に食事をし，時間を過ごすという企画であったが，参加者人数と場所の広さとの関係，子どものエネルギーの高さが高齢者（特に要介護の高い高齢者）に必ずしも受け入れられるわけでもないことから，現在は子どものみを対象とした取り組みにしている。高齢者がいる場所へ出入りすることは，子どもにとって自然な環境において抵抗なく高齢者の姿を見てもらう，感じてもらう機会となり，様々な高齢者が存在することを経験的に理解していく事を可能にする。

　また，このような福祉施設は，24時間，365日活動している。そのため，普段から出入りしている施設は子どもにとって安全基地の役割も果たす。この場所が自分たちにとって安心できる場所であるという子どもの認識は，子どものみならず保護者にも波及する。つまり，子どもが施設に出入りすることに抵抗がなくなるような取り組み，その取り組みを「同じ地域にすむ住民同士の交流」という位置づけで行うことによって，子どもと高齢者の距離，ひいては子どもを介した施設と保護者（生産年齢人口）との距離を近づけていく。

■ 杭瀬における「みんなの杭瀬食堂」

　杭瀬地域は尼崎市南西部に位置し，神崎川をはさみ大阪に近接した地域である。1899（明治22）年，町村制がしかれ，尼崎町と小田・大庄・立花・武庫・園田の5か村が誕生する。1992（大正5）年には尼崎町と東難波・西難波村（立花村の一部）を併せて尼崎市が誕生する。1936（昭和11）年に小田村（現在の小田地区）と尼崎市が合併，その後他の村も合併し，1947（昭和22）年に（ほぼ）現在の尼崎市となった。尼崎市南部は工場などが多く存在する中，杭瀬は繁華街として栄えてきた。戦時は闇市としてにぎわったものの戦火によって焼失し，その後，商店街として再建される。1965（昭和40）年代には工場跡地に大規模な団地が創設され，交通の便の良さ，住みやすさという利便性の高さに人々は集まるものの，徐々に若い世代が流出し，現在は高齢化率が35％を超える地域になっている。しかしながら，地域住民間の関係性は近く，家の前で井戸端会議をしている高齢者，商店街では店主と客の関係をこえたような会

話も多く見かける，昭和の香りのするまちである。

現在も杭瀬には多くの商店街と市場が存在し，その商店街を中心として杭瀬の活性化を試みている地域である。その試みのリーダーシップをとるのは商店街，市場を中心とした若手の経営者で構成される杭瀬アクション倶楽部である。彼らは商店街活性化の取り組みのみならず，まちの再生，地域課題の解決も視野に入れ活動している。その活動の一環として，2017（平成29）年4月から8月の期間，月に2回「みんなの杭瀬食堂」を開催した。

「みんなの杭瀬食堂」は，中学生以下，75歳以上は無料，それ以外は一食300円で食事提供を行う。この運営には共催として杭瀬小学校学習センター運営会議が関わり，市場の店主が場所提供を行っている。

ボランティアには杭瀬市場や商店街の方々，近隣の事業主，社会福祉協議会小田地区，大学生が参加し，マネージメントは地域学校支援コーディネーター（主任児童委員を兼務）が行っている。周知方法はビラの配布（杭瀬小学校学習センター運営会議にて学校へ協力を依頼），子どもたちの口コミである（写真1）。開催する前には商店街の人々に地域学校支援コーディネーターが「お世話になります。杭瀬食堂がオープンします。よろしくお願いします。」と声をかけ，子どもが出入りすることの意識づけを行う。

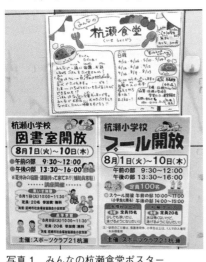

写真1　みんなの杭瀬食堂ポスター
　　　　（学生ボランティア作成）

参加者は，小学生を中心に50〜140名程度である。食事だけをして帰宅する子もいるが，多くはその場で宿題を行ったり，友達と遊んだりしている。そして，ボランティアは子ども達に「食べたお皿はあっちに持って行ってな。」「算数わからへん？」「きれいに漢字，書けてるなぁ。」など声掛けを行なっている。この食堂では「交流」を大事にしているため，子どもの携帯電話の使用は禁止されている。携帯電話などで遊ぶ子どもがいれば「ここでは携帯電話は禁止やで。」と声をかけ，

ルールを守らせることを徹底している。この食堂でも「食事提供」だけではなく「子どもの居場所作り」「学習支援」を目的としている。

　杭瀬地域の住民組織として大きな柱の一つが「杭瀬小学校学習センター運営会議」である。この運営会議は，「杭瀬小学校を拠点とした生涯学習及（社会教育）のセンター機能としての役割」を担った組織であり，各種団体事業の支援・協力を行っている。参加団体は，杭瀬小学校，杭瀬小学校 PTA，杭瀬小学校 PTA・OB 会，近隣小学校 PTA，杭瀬小学校図書ボランティア，杭瀬小学校学校開放委員会，杭瀬スポーツ 21，主任児童委員，地域学校支援コーディネーター，尼崎市教育委員会社会教育課，小田地域振興センター，小田社会福祉連絡協議会，小田公民館，尼崎信用金庫杭瀬支店，杭瀬地域内の保育所，園田学園女子大学など様々な機関が参加している。参加要件として，活動趣旨・目的に賛同し学校運営に協力する人や機関であれば誰でも参加できるとされているため，多くの人々や機関が参加している。また，杭瀬小学校では夏休みのプール開放や図書館開放などは地域住民とボランティアで実施され，その調整などもこの運営会議で行われている。このように，学校や商店街などまちの特性を活かした組織が立ち上がり，地域活性化や住みやすいまちづくりを行っている。

　この「みんなでお昼ごはん会」，「みんなの杭瀬食堂」の活動の特徴として，4つの点があげられる。

　ひとつ目は「継続性をみこした計画」である。どんなに良い活動でもタイトなスケジュールや無理を重ねた活動では長続きしない。「みんなでお昼ごはん会」は中長期の休暇期間，「みんなの杭瀬食堂」は 2 週間に 1 回という頻度で実施し，ボランティアも参加可能な人々が参加する。もちろんそれを運営していくためには，リーダーシップをとる人が必要であるが，管理型の意志決定伝達で実施する形式ではなく，個々人の意見やできる範囲を調整しながら運営されている。つまり，様々な人々と多角的に意見を交換し，意志決定していく対等な関係性を重視した「ネットワーク型」であり，「リーダーが」というよりは「ファシリテーターを中心」としている。この運営方法によって無理なく継続できるため，長期的な活動が可能となり，子どもにとって「なんかあったらここにきたらいい」と思える場所になる。

2つ目は「緩やかな参加スタイル」である。「みんなでお昼ごはん会」ではボランティアをグループに協力依頼するのではなく，個人に声をかけたり，興味のある人，趣旨に賛同してくれる人を募集したり，また，その個人から他のボランティアを募集する形態をとっている。この募集形態にはいくつかの利点がある。例えば，ボランティア団体に依頼した場合，その団体におけるボランティア活動の優先順位というものがあるだろう。他のボランティアを優先するような場合，「みんなでお昼ごはん会」への協力が得られなくなる可能性も生じてくる。もう一つは，個人の参加であればしがらみが少なくなり，趣旨に賛同すれば参加できるため，多くの人に参加機会が開かれる。この2つの利点は，多種多様の人々，形態でのボランティア参加を可能にする。

そして，義務ではなく任意での参加を保証することによって，いくつもの協力が得られる。杭瀬地区の地域学校支援コーディネーターは「『子どもを見守ってください』」というと『そんなんできへんわ』という返事が返ってくる。しかし『いつもありがとうございます』と声をかけると，登下校の時間帯，ずっと花の水やりをしながら，子どもに声をかけてくれる。」と述べている。このように，自分のできる範囲で良いということ，その行為が役に立ち，感謝されるということは，高齢者にとってちょうど良い参加方法であり，このような参加であれば多くの見守る目ができてくるだろう。そして，その関わりは現時点では高齢者から子どもへの一方向な関わりかもしれない。しかし，高齢者と言葉を交わすことによってその行為が自然である，特別ではないという意識が子どもに育まれたならば，子どもから高齢者への関わりにおいて抵抗感が軽減される可能性を秘める。今後，高齢者の増加に伴い，認知症患者も増加することは容易に予測される。そのような高齢者を見守り，関わる（なんかおかしいなと思ったときに声をかける，近くの大人に伝えるなど）土壌そのものが多世代共生社会の基盤となる。

また，参加形態はボランティアとしてその場にいることばかりではない。「寄付」も大きな役割をとる。「みんなでお昼ごはん会」では近隣農家，施設利用者家族からの，「みんなの杭瀬食堂」では市場からの「現物支給」が非常に大きな役割を果たす。このようなできる形での協力をいかに引き出すか，マネージメントしていくかは大きな課題となる。

3つ目には「子どもたちへのメッセージ性」である。このような取り組みを通して，近隣の人々や高齢者に育ててもらった，手をかけてもらったという体験・記憶が蓄積されることによって，彼らが次世代を育てて行く上でのモチベーションにつながるという，長期的な波及効果も期待できる。けま喜楽苑の施設長は「何もなしにごはんが出てくるわけではないし，朝晩の登下校時の旗当番でたってくれている人たちもボランティアなんだよ。仕事じゃなくてやっている人たちがいるから社会が成り立つんだよ，ということを子どもたちに伝えるという実践なんです。」と語っている。これは自分が受けた恩恵を次世代に返していく，という互酬性を成り立たせることにつながるといえる。

　4つ目として「安心の保証」である。昨今は地域住民の関係性の希薄化が進み，子どもにとって，「安心していい人」なのか否かを判断することが難しい。ランドセルには防犯ブザーをつけることが当たり前の社会である。そのような中で地域住民との関係性をもつことは限りなく難しいことになりつつある。ともすれば，声をかけただけで防犯ブザーを鳴らされてしまう。そのため地域住民と子どもをつなげるためには，仲介者の存在が必要である。この二つの取り組みでは，仲介者は施設であり，地域学校支援コーディネーターである。

　本事例の場合，福祉法人という施設であること，その地域で「24時間，365日開かれた場所」であることが活動内容と相まって「安心の保証」となっている。また，地域学校支援コーディネーターは毎朝登下校する子どもたちを見守り，多くのイベントに参加する。毎日声をかけ，様々な場面で目にする人が安全を保証してくれる場であれば，そこにいる大人たちとの関わりは子どもに安心感を与えることができると考えられる。このように，地域住民が関係を持つには，安心してコミットできるようなしかけが必要といえる。

　昭和までの時代では，3世代同居も少なくなく，子どもの数の多さから，少しずつ関係性を持つことになり，緩やかにつながりがもてていた。例えば，「おねーちゃんの同級生のおばあちゃん」というような形での近隣の顔の見え方である。しかし，現在ではそのようなつながりを持っている人々は少なく，今後，昔のようなつながりを再興することは困難であると考えられる。しかし，このような仕掛けをすることで，子どもを介してその保護者，近隣の大人，高齢者達もつながりが持てるかもしれない。

4 おわりに

　現在，多世代共生社会の構築について，様々な報告書，研究報告が存在する。後藤（2017）は，日本における人口分布と高齢化について「3大都市への人口集中，高齢化の西高東低（中国・四国および南九州の高齢化割合の高さ），後発組の高齢化の加速」を指摘している。そして「人口構造の変化は地域によってさまざまであり，一律的な方法論での社会フレームの変化は到底無理であることが明らかである。加えて，先行事例や成功事例をただ真似ても課題の解決は見込めないし，かえって，安易な模倣によって大切な地方性を失いかねない」と指摘している。つまり，成功事例のフレームワークを導入したところで，その地域に住む人々の課題，その地域のリソースを査定したうえでのやり方に適合してなければ失敗する。また，なにより地域課題を地域住民が共有し，アイディアや力を集結して取り組まなければ，成功しない。しかし，地域住民が全員同じ目的を持つ，全員参加するということは非現実的である。各々ができる可能な範囲での参加や協力，コーディネーターやファシリテーターを核として，共同体として地域住民がつながることは可能であろう。地域の持つ強みを活かし，少子高齢化社会に適した多世代共生を可能にするまちの形をそれぞれの地域で模索するしかないと考える。

《参考文献》
- 尼崎市 2015『尼崎市保健行政の概要'16（平成27年度統計）』
  http://www.city.amagasaki.hyogo.jp/sogo_annai/toukei/049hokengyousei.html
- 尼崎市立地域研究史料館・園田学園女子大学『web版　図説　尼崎の歴史』
  http://www.archives.city.amagasaki.hyogo.jp/chronicles/visual/index.html
- 稲葉陽二 2011『ソーシャル・キャピタル入門　孤立から絆へ』（中公新書）
- 厚生労働統計協会編 2016『国民衛生の動向 2016/2017』（厚生労働統計協会）
- 厚生労働省「第1回社会保障審議会福祉部会福祉人材確保専門委員会」（平成26年10月27日）

http://www.mhlw.go.jp/file/05-Shingikai-12601000-Seisakutoukatsukan-Sanjikanshitsu_Shakaihoshoutantou/0000062879.pdf
- 厚生労働省「平成 25 年版労働経済の分析 – 構造変化の中での雇用・人材と働き方 – 」
  http://www.mhlw.go.jp/wp/hakusyo/roudou/13/13-1.html
- 厚生労働省「平成 28 年度厚生労働白書」
  http://www.mhlw.go.jp/wp/hakusyo/kousei/16/
- 財務省「日本の財政を考える」　http://www.zaisei.mof.go.jp/
- 人口減少社会における多世代交流・共生のまちづくりに関する研究会 2016「人口減少社会における多世代交流・共生のまちづくりに関する研究会報告書」
  http://www.mayors.or.jp/p_action/documents/280523tkouryu_houkokusho.pdf
- 橘木俊詔著 2010『無縁社会の正体　血縁・地縁・社縁はいかに崩壊したか』（PHP 研究所）
- 内閣府 2017「平成 29 年版 高齢社会白書」
  http://www8.cao.go.jp/kourei/whitepaper/w-2017/zenbun/29pdf_index.html
- 千田有紀著 2011『日本型近代家族』（勁草書房）
- 日本経済新聞 2017「アベノミクス景気, 戦後 3 位の 52 カ月　実感乏しい回復」
  http://www.nikkei.com/article/DGXLZO14972180W7A400C1MM8000/
- 上野千鶴子, 水無田気流 2015『非婚ですが, それがなにか!? 結婚リスク時代を生きる』（ビジネス社）
- 三菱 UFJ リサーチ＆コンサルティング株式会社, 地域包括ケア研究会
  http://www.murc.jp/sp/1509/houkatsu/houkatsu_01.html

コラム 小学校における認知症サポーター養成講座

宮田 さおり（園田学園女子大学人間健康学部人間看護学科 准教授）
山﨑 由記子（園田学園女子大学人間健康学部人間看護学科 助教）

　日本では2000（平成12）年に65歳以上人口が15歳未満人口を上回り，2015（平成27）年の高齢化率は26.7％となり，急速な少子高齢化が進んでいる（統計局, 2015；統計局, 2016）。認知症および認知症高齢者数は高齢者数の推移にほぼ比例すると言われているが，その数は2012（平成24）年の約462万人から2025年には約700万人となり，65歳以上の高齢者5人に1人は認知症（厚生労働省, 2015）と推計されている。北川は（2015）は「人間は自分らしく暮らすことのできる環境を保障される権利があるが，認知症患者や高齢者は過ごしやすい環境の自力での調整が難しくなる」ことを指摘している。実際，認知症患者には，徘徊による行方不明，家族介護の負担の増大，虐待などの問題が起こっている。認知症高齢者が地域で生活するためには，地域社会全体で支えていくことが不可欠であり，そのための地域社会を巻き込んだ認知症高齢者対策は喫緊の課題といえる。

　日本の認知症高齢者施策として，認知症施策推進5か年計画（オレンジプラン），「認知症施策推進総合戦略～認知症高齢者等にやさしい地域づくりに向けて～（新オレンジプラン）」が策定されている（厚生労働省, 2015）。この新オレンジプランでは，認知症の普及・啓発の推進をめざし，学校教育において認知症の人を含む高齢者への理解を深める教育の推進，認知症サポーターの養成を掲げている（厚生労働省, 2015）。認知症サポーターとは，地域住民1人1人が無理なくできる範囲で協力し，認知症高齢者を支える社会を形成するための取り組みであり，2020年度末までに全国で1,200万人を養成することを目標にしている。

　このコラムでは，尼崎市立杭瀬小学校6年生，5年生の希望者を対象に2016（平成28）年に実施した認知症サポーター養成講座（園田学園女子大学人間健康学部人間看護学科学生と小田南地域包括支援センターと共同開催）について紹介する。

　本講座の目標は，①認知症高齢者についての"正しい知識"と"イメー

ジ"，②認知症高齢者を地域全体で見守るために，子どもたちにもその一端を担ってもらえるような"意識づけ"，③受講した子どもからその保護者へ，認知症高齢者への理解を広める"波及効果"である。

この講座は厚生労働省が定める基本カリキュラムや認知症サポーター小学生養成講座副読本を参考にし，講師を務める認知症サポーターキャラバンメイトの資格を有する職員や小学校教諭からの助言を得ながら，プログラム，媒体，ロールプレイングシナリオ等作成した。

小学生は，「物忘れと記憶障害の違い」「脳のメカニズム」の説明に対し「へぇー」「そうなんや！」などと反応し，時には手をあげて積極的に質問に答えるなど，とても熱心に講座に参加していた。また，ロールプレイングでは，「認知症高齢者と出会ったらどのように声かけをしたら良いか」をテーマとして実施し，小学生は学習効果を発揮した高齢者への対応（ゆっくりとした声，驚かさないような話しかけ方，行きたい場所へ案内する）ができていた（写真1，2）。そして今回，小学生6年生を対象とした講座の一部は授業参観で実施することができたため，保護者に対して認知症理解を促す効果もあったと考えられる（写真3）。

このような取り組みは，小学校，小学校区学習センター運営会議（杭瀬小学校を拠点とした生涯学習普及のセンター機能を持つ会議であり，小学校，小学校PTA，学校支援コーディネータ，尼崎市教育委員会社会教育課，その他関係機関が参加），地域包括支援センター，大学が共同して行うからこそ可能となる。加えて，それぞれの役割，専門性を発揮しながら地域作りを推進していくことが重要である。この講座が多世代共生社会構築の一助となればと考える。

写真1 ロールプレイの様子
（小学校5年生）

写真2 ラベルワーク
（小学校5年生）

写真3 講座の様子
（小学校6年生）

第12章

少子高齢社会で大規模災害を乗り切るために

~高齢期になってからの被災を乗り切り,
住み慣れた地域での生の全うを考える~

野呂 千鶴子
園田学園女子大学人間健康学部人間看護学科 教授

地震や豪雨災害等頻発する中で,超高齢社会が進展している過疎地域の被災から復旧・復興への体験から,防災・減災に向けての課題を整理し,住み慣れた地域で主体的に「生を全う」するための生活環境のあり方について考えた。2事例をもとに,生活環境条件として①自立期間の延長,認知症予防の重要性,②経済面での備え,③小さい頃から自分は自分で守る意識醸成の防災教育,④身近な医療と介護保険サービスの有効活用,⑤自治会の後継者の育成,⑥住民主体の地域完結型暮らしの検討の6項目を設定した。これらをもとに,各地域の特性に応じた生活環境整備を住民が主体となって行っていくことが,「地域共生社会」づくりになると言える。

キーワード

防災活動　防災教育　超高齢社会　地域完結型暮らし　地域共生社会

第 12 章　少子高齢社会で大規模災害を乗り切るために

1　はじめに

　わが国は，世界に類を見ない超高齢社会を迎え，総人口に占める 65 歳以上高齢者の割合（以下「高齢化率」とする）は，2015（平成 27）年 10 月 1 日現在 26.7％（内閣府）となり，国民の 4 人に 1 人は高齢者である時代を迎えている。2015（平成 27）年は，「団塊の世代」が 65 歳を迎えると以前から注目されてきたが，2025 年にはその世代が 75 歳となり，後期高齢者となっていく。日本の人口将来推計では，日本人人口が減少に転じているものの高齢者人口は増え続け，2035 年には高齢化率 33.4％で国民の 3 人に 1 人が高齢者の時代となる。その後，高齢者人口も減少に転じるものの 65 歳到達者数が出生数を上回ることから，2060 年の高齢化率は 39.9％と国民の 2.5 人に 1 人が高齢者となると推計されている。さらに同年には，「団塊ジュニア」が 75 歳以上となり，総人口に占める 75 歳以上人口割合は 26.9％と国民の 4 人に 1 人が 75 歳以上高齢者という人口構造になると言われている。

　これらから，高齢者人口が増え続ける中で，安心して住み慣れた地域で暮らし，「生を全う」するためには，そこに住む人々とともにいかに「地域共生社会」を創り上げていくかが大きな課題になると言える。ここでいう「地域共生社会」とは，「ニッポン一億総活躍プラン」（2016 年 6 月 2 日閣議決定）で述べられている「子ども・高齢者・障害者等全ての人々が地域，暮らし，生きがいを共に創り，高め合うことができる」共生社会と定義する。

　これに関して，厚生労働省は「我が事・丸ごと」地域づくりの中で，福祉分野において「支え手側」と「受け手側」に分かれるのではなく，地域のあらゆる住民が役割を持ち，支え合いながら，自分らしく活躍できる地域コミュニティを育成し，公的な福祉サービスと協働して助け合いながら暮らすことのできる「地域共生社会」を実現する必要があるとしている。本項においては，人口構成が「ひょうたん型」から 2060 年には「逆ピラミッド型」に移行すると予測される中，超高齢社会の現状と課題，今後のあり方の検討を地域共生社会の概念に照らしながら考えていく。

さらに，地震や豪雨災害等頻発する中で，当たり前の「日常」が自然災害により瞬時に「非日常」へと変化し，その中で復旧・復興を経験してきた地域の体験をもとに，今後の超高齢社会の進展の中で，防災・減災に向けての課題を整理し，住み慣れた地域で主体的に「生を全う」するための生活環境のあり方を考える。これにより住民主体の「地域共生社会」づくりを提案する。

2　過疎地域に見る超高齢社会の現状

　大野（2008）は，1988（昭和63）年に中山間部過疎地域において，高齢化率が50％を超え集落機能の維持が困難になってきた集落を「限界集落」と定義した。それから30年が経過し，限界集落では，そこに住む人々の多くが後期高齢者となり，地域力が減退するとともに消滅集落となる危機を迎えている。

　住民数が少ない中でその多くが後期高齢者である限界集落において，安心して暮らし，主体的に「生を全う」するためには，そこで生きる住民（高齢者）の尊厳が守られることが必要である。

■ ライフ・ミニマムの整備

ライフ・ミニマムの整備については，以下の研究がなされている。
(1) 近年における在宅生活継続のための社会条件の探求（浜岡，2008）（浜岡，2011）
(2) 集落の相互機能依存の限界と「そこで暮らす」ためのシステムの探求（田中他，2008）（佐藤，2014）
(3) 相互扶助の文化の薄れと新たな看取り文化の提言（中村他，2003）

■ 過疎地域の高齢者ネットワークに関する研究

過疎地域の高齢者ネットワークに関しては，以下の研究がなされている。
(1) 地域特性に応じたネットワークづくりやシステムづくりの必要性（郷他, 2009）
(2) 都市部における高齢者の在宅生活継続のための生活環境整備条件の検討（村田, 2005）
(3) 過疎地域における高齢者のつきあいの広がりと生活支援の関連（古川他, 2003）

■ 災害復興と過疎地域高齢者の現状

矢嶋ら（2011）は，自然災害による被災地である過疎地域では，被災が被災以前からの過疎と高齢化の現状に追い討ちをかけることになり，住民が生活不安を感じていたと報告している。

野呂ら（2016a,b）は，慢性的な小児科医不足に陥っている紀伊半島南部（以下「紀南地域」）において，母親や祖母世代とともに小児医療保健のあり方について考えてきた。その中で，母親や祖母たちからは，「健康なら住みやすいが，大病をすると引越しも必要」という声が聞かれ，社会資源の乏しいことに不安を持ちながら生きていること，この地域で対応ができない状況があれば，引越しを余儀なくされる実態が浮き彫りになった。その後，この地域は，台風による豪雨により大きな被害を受けたが，集落住民の共助により人的被害を最小限にくいとめ，避難することができた。しかし，自宅再建の難しさから都市部に住む子どものところに呼び寄せられる高齢者も出てきていた。そのことが，ますます過疎化を加速させていった。このように，厳しい自然環境下にある住み慣れた地域で，「生を全う」できるよう災害復興をめざした地域再生の条件整備について，防災・減災も含めて次項から考えていく。

3 事例A：災害という「非日常」の経験が過疎地域高齢者の生活環境に及ぼした影響

　事例Aは，過疎地域自立促進特別措置法による過疎地域であり，2011（平成23）年9月の台風12号による激甚災害地域として指定をうけた三重県紀南地域である（図1，写真1）。

　三重県紀南地域は，熊野古道・熊野三山を中心に世界遺産に指定されている地域であるが，人口は年々減少し，2015（平成27）年人口は37,270人，高齢化率38.3％であり，集落単位では50％を超える限界集落も点在する。また，2015（平成27）年の出生率は6.3であり，三重県7.7に比べ低く，少子高齢化の著しい地域と言える。

　県央部へは高速道路の開通に伴い近年便利にはなっているが，日本有数の豪雨地帯のため，大雨による主要道路の通行止めにより孤立化することもある。鉄道は，本数が少なく，県央部や名古屋・大阪方面からのアクセスは不便な状況である。住民の移動手段は，自家用車依存であり，自家用車に乗らないと移動が困

図1　事例地域の所在

写真1　三重県紀南地域：丸山千枚田

難な状況がある。

　医療に関しては，無医（無歯科医）地区があり，慢性的な医師不足を抱えており，地域内のへき地医療拠点病院や診療所が巡回診療を行っている。2012（平成24）年にドクターヘリが導入され，昼間は県央部の第三次救急医療機関への搬送が可能になった。

　なお，2011（平成23）年9月の台風12号による被害は，死者2人，行方不明1人，家屋の流失や損壊，道路の崩落などが多くの集落で起こり，激甚災害地域の指定を受けた。

　本事例は，高齢化が深刻な激甚災害被災地である過疎地域に暮らす高齢者の「住み慣れた地域での生の全うをめざす」ための生活環境の実態と課題について，高齢者を支援する立場にある住民リーダー・医療福祉専門職の語りの分析から検討したものである。

■ 調査分析

(1) 研究協力者

　自治会長，民生児童委員等住民リーダー，医師，医療機関看護師，福祉施設福祉職

(2) 調査

　2012（平成24）年10月〜2014（平成26）年9月に，研究協力者に対して以下のインタビュー項目を用いて，半構成的面接を実施した。
- 災害が住民の健康や生活に及ぼした影響
- 防災・減災に向けて必要な取り組み
- 保健医療福祉資源の乏しい地域で暮らす高齢者の思いの捉え
- 保健医療福祉資源の乏しい地域で高齢者の生活を支援する専門職としての思い
- 保健医療福祉資源の乏しい地域で「生を全う」するために必要な条件

　アクションリサーチを行い，データは質的データ分析法（佐藤，2008）を用いて分析した。

■ 結果

(1) 被災時の状況
- 自宅再建の困難な状況と過疎の進展

  被災した自宅の再建には，高齢者世帯の年金生活による経済力の乏しさが影響し，再建を諦め離郷を余儀なくされた高齢者も多く存在し，被災集落の3分の1の高齢者が離郷した地区もあった。しかし子ども家族との同居がうまくいかず，その後一人で戻ってきた高齢者もあった。また自宅再建を諦めた高齢者の中には，近くにアパートを借りて住み慣れた地区に留まった人も見られた。

- 災害と防災

  過去にも被災体験を持つこの地域では，今回の被災時に自主防災組織の日頃の防災活動や備蓄が機能した。また被災体験から自治会長や住民リーダーは，自助・共助・公助の役割の明確化を図る必要があるととらえていた。

- 健康への影響

  被災後に自立度が下がったり，避難先の環境になじめず無気力になったり，ストレスにより持病が悪化した高齢者が見られた。さらには被災後の疲労蓄積からうつ症状の出現や，死亡に至る高齢者もあった。また，認知症の進行も多く見られた。

(2) 被災時の支援活動
- 自治会長・住民リーダー

  被災後，避難所設営や高齢者の思いの傾聴・見守り訪問活動を行っていた。自らも被災者であるため，傾聴活動により追体験（気分高揚・抑うつ）し，体調を崩した住民リーダーは多かった。中には支援する高齢者の災害関連死に直面し，自責の念を持つ人もいた。

  地区の住民リーダーは使命を持って動かざるを得ない状況であったが，専門職でない自分が傾聴してもよいのかと悩む住民リーダーもいた一方，自分が傾聴することにより，高齢者が落ち着く状況を経験した人もいた。

- 行政（保健・福祉）

  被災直後には，高齢者の住居の確保としてアパートの斡旋や養護施設へ

の入所，生活保護受給者の住居の確保等を行った。避難所を閉鎖し少し落ち着いてきた頃からは，住民が集いやすい場や機会を作ったが，話ができる，ほっとする時間があることは高齢者にとって精神的な安定をもたらしていたと感じていた。離郷してしまった高齢者の中には，元の仲間を求めデイサービスの曜日を合わせ住み慣れた過疎地域に戻り交流している人もいた。

しかし高齢者には，それぞれの近隣との関係から集う場所へのこだわりも見られた。また集いには参加できない人もあり，その場合は家庭訪問による支援を行っていた。

今回の被災後に要援護者台帳を見直しているが，遠隔地に住む子どもが親の登録をする事例が被災前に比べると増えた状況だった。

- 医療

被災直後は，家庭訪問の必要な高齢者が多かったため，災害後に医師・看護師がチームを組み巡回診療を実施していた。年金生活の高齢者が多い地域では，被災により経済事情がさらに厳しくなり，被災前から定期的に行ってきた往診を断る事例も多くなっていた。

■ 復興支援活動

診療所が被災した地域もあったが，後片付けは自治会が協力して行った。被災後の自主防災活動は住民の交流を生み，「同じ地区に住む仲間」としての意識を高めることにつながっており，その中から要援護者等の住民情報も収集できていた。

■ 被災を通して浮き彫りになった高齢者が抱える問題

過疎地域が抱える課題として，他所から来た人への排他的感情や「親の介護は子どもがする」といった固定観念が根強いことが浮き彫りになった。しかし，在宅医療に関する資源が乏しいこの地域での在宅継続は，家族介護者がいないと難しいのが現状であった。高齢者はできるだけ子どもには迷惑をかけずに死

にたいと考えていることもわかったが，在宅での看取りは難しく，在宅死は困難と思っている独居高齢者が多かった。このような中，高齢者夫婦世帯では高齢者が高齢者を介護するいわゆる「老老介護」が多く，訪問看護師が家族の思いを聞き負担を軽減するなど，家族の介護負担軽減に介護保険は有効であった。

過疎地域では，火の不始末などを心配して認知症の人を排除しようとする住民感情があり，保健・福祉の専門職は，この地域での在宅継続には日常生活が自立していることと認知症の有無が関連するととらえていた。そのため，高齢者が住み慣れた過疎地域で生活を継続していくためには，認知症高齢者への住民の理解を求める必要があり，子どもの頃からの教育が必要と住民リーダーや福祉職はとらえていた。

さらに，基礎年金生活を送る高齢者の経済力が災害後再建を困難にしていることも明らかになった。独居や夫婦のみの高齢者世帯が多い地域では，医療費支出が厳しく，かかりつけ医に往診回数を減らしてほしいと頼んだり，往診医よりもヘルパーに頼る高齢者が少なくない等高齢者の経済力が医療継続を困難にしている実態が浮き彫りになった。

また高齢者世帯の経済的な理由による往診回避や，人口の減少に伴い外来患者数が減ったことから，経営が悪化している診療所も出てきていた。このような中，地区存続のために自治会と診療所が協働し，サービス付き高齢者住宅を誘致した集落もあった。

防災の視点で過疎地域の今後の体制を考えた時，自治会の後継者不足が顕在化していた。これまで自治会活動がさかんだった地域では，役員の高齢化とともに若い世代の自治会離れがあり，次世代リーダーの育成に苦慮していた。

4 事例B：自治会と高齢者複合施設が協働ですすめる防災・減災のまちづくり

事例Bは，たびたび豪雨災害による交通遮断により孤立化を経験してきた京都府中丹地域の中山間部過疎地域に位置する団地自治会と高齢者複合施設である（図1，写真2）。団地自治会は，新興住宅地として約35年前に開発され

写真2　京都府中丹地域：高齢者複合施設から団地自治会を望む

たが，現在は高齢化率35％を超えてきており，空き家も目立ってきている。高齢者複合施設は，特別養護老人ホーム，小規模多機能，定期巡回随時対応型訪問介護看護（以下「ケア24」），訪問介護，訪問看護等からなり，団地自治会と同時期に施設の運営が開始されている。

20年ほど前からは，協働してまちづくりを進め，夏祭り等の交流イベントや合同避難訓練等を行っている。

本事例では，自治会と高齢者複合施設が協働で，街そのものが超高齢社会の課題を抱える中で，地域完結型の高齢者の暮らしを支える仕組みづくり，すなわち「地域共生社会」のあり方を模索してきたことについて，整理する。

■ 防災の視点で考える高齢者の「主体的な生の全う」を支える生活環境整備

(1) 自助意識の醸成

災害時に「自分のことは自分で守る」ことが大事であるという意識づくりの一環として，住民が自らの意思で地区の避難訓練に参加できるよう，工夫をしていた。すなわち，地域に起こりうる災害を想定し，それに向けてできるだけリアリティをもたせた訓練を実施していた。

自治会と施設で実施に向けた会議を何度も持ち，想定する災害として「火災」を取り上げ，自主防災による初期消火活動，団地住民や施設入所者の避難誘導，避難後の炊き出しや避難所設営訓練等，訓練項目を整理し，役割分担を明確にしながら準備を進め，実施していた。住民は，なかなか進んで避難訓練に参加するものではないが，参加することに意義があるという雰囲気

(気運)づくりも重要なポイントとしておさえていた。
(2) 共助(地域力)発揮に向けた工夫

　自治会住民の高齢化が進展する中，既存の消火設備の点検が行われ，住民の体力に応じた扱いやすい道具に更新していた。例えば，開けやすい栓への変更，消火ホースの軽量化などである。火災の場合，消防車到着までの初期消火が大事であり，自治会独自で費用を捻出し，自分たちが自分たちのできることをするためにできる工夫をし続けていた。

　また，地域力を維持するために，住民の交流拠点を団地内と施設内に設定し，住民が外出しやすい環境づくりも積極的に行っていた。

(3) 住み慣れた地域でできるだけ長く自立した生活を送るための支援体制

　団地内で独居となり日々の生活不安がでてきた場合に，施設内にある生活サポートハウスを有効活用し，ケア24システムを有効活用して地域内での生活が継続できるように支援を展開していた。

　また団地自治会では，住民の交流を大切にしながら，常に住民の情報が自治会に届くような仕組みを構築しており，これは災害時要援護者の把握につながっていた。

　身近な医療の確保や身近な場所での食事や買い物の支援についても，自治会と施設が協働で検討していた。具体的には，市街地にある病院やショッピングセンター・銀行等にいけるよう，巡回バスを運行したり(写真3)，団地内へ移動販売を誘致したりしていた。公助に頼るのではなく，あくまでも共助機能の中で工夫がなされていた。

写真3　「高齢者複合施設」と団地自治会と施設が協働運行する「バス」

第12章　少子高齢社会で大規模災害を乗り切るために

■ 災害時のボランティア活動

　被災時に，各地からのボランティアの受け入れ活動を行っていたが，集まったボランティアと被災地がボランティアに求めるニーズのマッチングが難しかった。被災からの復興には，自助が大切であり，ボランティアに依存してしまう現状には課題が多いことから，ボランティアを必要とする活動とその期間について，被災状況から判断して計画性を持たせる必要があった。

5　2事例から考える防災・減災をも視野に入れた「住み慣れた地域で高齢者が主体的に生を全うする」ための6つの生活環境条件

　豪雨等自然災害により甚大な被害を受けた2か所の過疎地域で，被災した高齢者を支援する住民リーダーや医療福祉専門職を対象としたアクションリサーチの結果から，「住み慣れた地域で高齢者が主体的に生を全うする」ための生活環境条件として，以下の6項目を抽出した。

■ 自立期間の延長，認知症予防の重要性

　在宅生活の継続を困難にしている要因として，支援者は生活の自立度の低下をあげていた。自立できない高齢者は子どもが介護するものという固定観念が地域に根強くあり，子どもは引き取らざるを得ない状況に陥り，また高齢者は子どもには迷惑をかけたくないという思いがあることも支援者は日常的にとらえていた。被災後健康を害する高齢者が多く見られ，自立度の低下も合わせて見られた。このことから，日常の健康づくり・介護予防活動の重要性が改めて認識されていた。
　また，認知症が日常の在宅生活継続を困難にしているとも支援者はとらえており，地域では火の不始末などから認知症の人を排除しようとする住民感情があることもわかった。被災により，認知症の進行が見られた高齢者もおり，子どもが近くに呼び寄せたり施設入所等により離郷を余儀なくされる高齢者が

見られた。これらより，認知症に対して子どものころからの理解を促す教育が必要であり，認知症を正しく理解する社会づくりの促進が必要であると考える。すなわち，認知症とともに生きる，認知症になっても主体的に生を全うできる社会づくりが必要である。

■ 経済面での備え

　過疎地域での主幹産業は，農林水産業および観光産業が多く，それらをリタイアした高齢者の主な収入は基礎年金である。少額の年金での生活は，自然災害等に備えた保険加入も十分ではなく，被災により経済的困窮に陥り，自宅再建費用に窮するのみならず，日常の医療や介護保険の費用にも窮する状況であることを支援者はとらえていた。経済的な困窮は，住み慣れた地域を離れる要因にもなっており，さらには住み慣れた地域での生活継続のために，日々の医療費や介護保険料を削減するという高齢者の実態も明らかになってきた。医療費の削減という高齢者の自衛策は，結果として往診件数や外来患者数の減少を招き，それは地域医療の存亡にもかかわる事態になってきていることが明らかになった。

　経済面での備えについては，高齢者を支援する関係者や機関全体で，災害への備えという観点も含め自助として啓発を行っていく必要があると考える。また，地域によっては自治会と診療所が協働で，高齢者の今後の住まいを考えサービス付き高齢者住宅を誘致した例もあり，まちづくりの中で高齢者の抱える経済的な問題も含めて総合的にとらえ，将来のビジョンを描いていく必要もあると考える。

■ 小さい頃から自分は自分で守る意識醸成の防災教育

　豪雨を経験した地域の住民リーダーは，行政の避難勧告にも関わらず避難をしなかった高齢者が少なからずおり，最終的には自衛隊等に救助された事実を目の当たりにし，適切な時期に避難し，自分の命を守る努力は自分がすべきという意識を高める必要があると強調していた。また，ボランティア活動のコーディ

ネートをした住民リーダーは，住民自らがしなければならない部分まで，ボランティアに依存していた現実があったととらえていた。これらより防災として，自助意識の醸成が重要であり，その教育は小さい頃から繰り返し行っていくべきものであると考える。さらにこの自助意識の醸成が，住み慣れた地域で主体的に生を全うするための基盤となっていくと考える。

■ 身近な医療と介護保険サービスの有効活用

　高齢者は，身体機能の低下とともに身近な医療や介護保険サービスに支えられながら，住み慣れた地域での生活を継続している現状が支援者の語りより明らかになった。しかし，高齢者の経済的困窮は，必要な医療を断り，家事援助等の介護保険サービスへの切り替えを選択するなどの事象を引き起こしていることも支援者の語りからは明らかになった。また複合家族や近くに子ども世帯が住む場合は，家族介護にかかる比重も大きく，介護負担の解消には介護保険サービスが有効であったことも明らかになったことから，高齢者の現状を的確にとらえ，地域全体で医療および介護保険サービスが円滑に利用され，地域包括ケアシステムが推進されるよう，関係者・機関で話し合う必要性が示唆された。

■ 自治会の後継者の育成

　各地域の自治会リーダーは，被災時に高齢者を含む住民の避難行動のリーダーとして活動をしてきたが，リーダーの高齢化と後継者不足はどの地域においても課題となっていた。近隣との人間関係の希薄化や若い世代の自治会離れも顕著であり，今後の自然災害時に備え，いかにリーダーを育成するかは各地域が抱えている課題であった。また，被災時にリーダーが行った傾聴活動について，非専門職であることから被災者の思いの傾聴や支援を行うことに大きな負担を感じており，それは少なからず身体症状も伴っていたことが明らかになった。被災自治体の保健師は，これら非専門職である災害時支援者の心のケアを考えていくことが必要であるとともに，日常からの災害時支援体制を整備する中で，防災の一環として傾聴ボランティアの養成を行う等，リーダーの災

害支援活動における負担感軽減に向けた日頃からの心のケアを中心とした防災・減災教育プログラムの開発を行っていくことも重要であることが示唆された。

■ 住民主体の地域完結型暮らしの検討

京都府中丹地域では，自治会と福祉施設が協働で，高齢者の暮らしを守るための取り組みを開始していた。その経験から，身近な場所での食事や買い物，医療を確保すること，また防災に向けての活動を協働で行い，地域完結型の取り組みを推進することが住み慣れた地域での主体的な生の全うを実現する方策として有効であることが示唆された。また，離郷する場合においても，高齢者が離郷を選択する時間と空間的ゆとりが持てるよう生活サポートハウスの有効活用等地域特性に応じた取り組みが必要であることも示唆された。

今後はこれらの実現に向けて，高齢者と支援者が協働で過疎地域が持つ特有の固定観念や価値観を考慮した意識改革に取り組んでいくことを含む中長期戦略に基づく地域づくりの必要性が示唆された。

6　地域共生社会づくりが防災・減災につながる

今回取り上げた2事例のように超高齢社会が進展する過疎地域では，保健医療福祉の資源が限られており，さらに買い物・銀行・役所等の生活を営むうえで欠かせない資源も費用対効果等の市場原理から徒歩圏内での確保が難しい状況も出てきている。

誰もが住みよい地域づくりを行うには，住民参加のまちづくりは欠かせないことである。住む人が自らの住みやすさを追求して生活環境を整えていくことは，今後さらに進展する高齢化の中で自らが将来を見据えた生活設計を行っていくことにつながり，そのことが住民の中の自助・共助意識を高めていくことにつながると考える。自助・共助意識の高まりが，災害に備えること，すなわ

ち防災・減災であり，災害発生時の共助機能の発揮につながっていく。

地域共生社会とは，住み慣れた地域で誰もが住みよいと感じながら生活する社会であり，それが災害時という「非日常」に共助機能（地域力）を発揮する原動力となっていると考える。

《参考文献》

- 大野晃著 2008『限界集落と地域再生』（京都新聞出版センター）
- 国立社会保障・人口問題研究所「日本の将来推計人口」（平成 29 年推計）
http://www.ipss.go.jp/pp-zenkoku/j/zenkoku2017/pp29_gaiyou.pdf
- 郷洋子，村松照美，流石ゆり子他 2009「過疎山間地域高齢者支援ネットワークの現状課題―A 町高齢者支援組織交流会の分析から」（『山梨県立大学看護学部紀要』11 巻，1 – 12 頁）
- 佐藤郁哉 2007『質的データ分析法　原理・方法・実践』（新曜社）
- 首相官邸「ニッポン一億総活躍プラン」（平成 28 年 6 月 2 日閣議決定）
http://www.kantei.go.jp/jp/singi/ichiokusoukatsuyaku/pdf/plan1.pdf
- 田中マキ子，神田裕美，白水麻子他 2008「中山間地域再生に向けた健康福祉コンビニ構想の有効性の検討（第 1 報）」（『山口県立大学学術情報』1 巻，148 – 160 頁）
- 内閣府 2017「平成 28 年版　高齢社会白書」第 1 章　高齢化の状況
- 中村陽子，人見裕江，小河孝則他 2003「在宅死を可能にする要因　都市部・郡部の比較研究から」（『ホスピスケアと在宅ケア』10 巻 3 号，263 – 269 頁）
- 野呂千鶴子，日比野直子，城仁士，中村陽子 2016「科学研究費助成事業研究成果報告書，起案研究 C24500913，災害復興に挑む過疎地域の高齢者の主体的な生の全うを支援する生活環境モデルの構築」
- 野呂千鶴子，日比野直子 2016「災害という『非日常』の経験から支援者が捉えた過疎地域高齢者の生活環境の変化」（『日本健康医学会雑誌』24 巻 4 号，286 – 295 頁）
- 浜岡正好 2008「都市の超高齢社会とセーフティネット構築」（『都市研究・京都』1-10）
- 浜岡正好 2011「超高齢者の社会的課題と新たな担い手に関する実証研究」（『科学研究費補助金研究成果報告書』基盤研究 C205030495）
- 古川惠子，友清貴和 2003「高齢・過疎地域における高齢者の生活を支えるつきあいの広がりに関する研究」（『日本建築学会計画系論文集』568 巻，77 – 84 頁）
- 三重県，平成 28 年度版「みえの健康指標」
http://www.pref.mie.lg.jp/common/content/000720360.pdf

- 村田順子 2005「高齢者の在宅生活継続支援に関する研究―東大阪市の要介護高齢者の場合」（『東大阪大学・東大阪大学短期大学部教育研究紀要』2巻，37 - 42頁）
- 矢嶋和江，板垣喜代子 2011「新潟中越地震災害から4年後における被災者の生活環境と健康に関するアンケート調査」（『日本災害看護学会誌』12巻3号，37 - 46頁）
- 矢守克也 2009『防災人間科学』（東京大学出版会）
- 厚生労働省「『我が事・丸ごと』の地域づくりについて」
  http://www.mhlw.go.jp/file/05-Shingikai-12201000-Shakaiengokyokushougaihokenfukushibu-Kikakuka/0000153276.pdf

著者一覧〔執筆順〕 ＊は編者

＊高田 哲（たかだ さとし）	神戸大学大学院保健学研究科地域保健学領域
＊藤本 由香里（ふじもと ゆかり）	神戸大学地域連携推進室
水畑 明彦（みずはた あきひこ）	前 神戸市こども家庭局子育て支援部事業課 現 神戸市北区北神支所市民課
網本 直子（あみもと なおこ）	神戸新聞社地域総研
中塚 志麻（なかつか しま）	神戸大学大学院保健学研究科
芝 雅子（しば まさこ）	聖ニコラス天使園
高田 昌代（たかだ まさよ）	神戸市看護大学健康生活看護学領域
小田桐 和代（おだぎり かずよ）	神戸市総合児童センター
各区社会福祉協議会 子育てコーディネーター	
大江 篤（おおえ あつし）	園田学園女子大学人間教育学部
大歳 太郎（おおとし たろう）	NPO法人児童サービスたくみ 関西福祉科学大学作業療法学専攻
常石 秀市（つねいし しゅういち）	医療型障害児入所施設・療養介護事業所 医療福祉センターきずな
小野 玲（おの れい）	神戸大学大学院保健学研究科地域保健学領域
石原 逸子（いしはら いつこ）	神戸市看護大学基礎看護学領域
石井 久仁子（いしい くにこ）	前 神戸市看護大学地域連携教育・研究センター 現 兵庫大学看護学部看護学科
種村 留美（たねむら るみ）	神戸大学大学院保健学研究科リハビリテーション科学領域
松本 京子（まつもと きょうこ）	ホームホスピス神戸なごみの家
相原 洋子（あいはら ようこ）	神戸市看護大学地域連携教育・研究センター
林 敦子（はやし あつこ）	神戸大学大学院保健学研究科リハビリテーション科学領域
宮田 さおり（みやた さおり）	園田学園女子大学人間健康学部
山﨑 由記子（やまさき ゆきこ）	園田学園女子大学人間健康学部
野呂 千鶴子（のろ ちずこ）	園田学園女子大学人間健康学部

地域創生に応える実践力養成
ひょうご神戸プラットフォームシンボルマーク

地域（ちいき）づくりの基礎知識（きそちしき）２
子育（こそだ）て支援（しえん）と高齢者福祉（こうれいしゃふくし）

2018年3月30日　初版第1刷発行

編者――――高田 哲　藤本由香里

発行――――神戸大学出版会
〒657-8501 神戸市灘区六甲台町2-1
神戸大学附属図書館社会科学系図書館内
TEL 078-803-7315　FAX 078-803-7320
URL: http://www.org.kobe-u.ac.jp/kupress/

発売――――神戸新聞総合出版センター
〒650-0044 神戸市中央区東川崎町1-5-7
TEL 078-362-7140／FAX 078-361-7552
URL:http://kobe-yomitai.jp/

印刷／神戸新聞総合印刷

落丁・乱丁本はお取り替えいたします
©2018, Printed in Japan
ISBN978-4-909364-02-9 C0336

★既刊★

地域づくりの基礎知識 ❶

地域歴史遺産と現代社会

奥村 弘・村井良介・木村修二／編

●目　次

「歴史文化を活かした地域づくり」を深める	………………	奥村　弘
第1章　歴史と文化を活かした地域づくりと地域歴史遺産	………………	奥村　弘
第2章　地域歴史遺産という考え方	………………	村井良介
第3章　地域史と自治体史編纂事業	………………	村井良介
コラム　大字誌の取り組み	………………	前田結城
第4章　古文書の可能性	………………	木村修二
コラム　古文書を活用するまで	………………	木村修二
第5章　「今」を遺す,「未来」へ伝える　―災害アーカイブを手がかりに―	………………	佐々木和子
第6章　埋蔵文化財と地域	………………	森岡秀人
第7章　歴史的町並み保存の「真実性」について	………………	黒田龍二
コラム　草津の近代遊郭建築　寿楼（滋賀県草津市）	………………	黒田龍二
第8章　近代の歴史的建造物と地域	………………	田中康弘
コラム　ヘリテージマネージャーの育成と活動	………………	村上裕道
第9章　民俗文化と地域　―但馬地域の事例を中心に―	………………	大江　篤
第10章　地域博物館論	………………	古市　晃
コラム　小野市立好古館の地域展の取り組み	………………	坂江　渉
第11章　地域文書館の機能と役割	………………	辻川　敦
第12章　大規模自然災害から地域史料を守り抜く　―過去・現在,そして未来へ―	………………	河野未央
コラム　水濡れ資料の吸水乾燥方法	………………	河野未央
第13章　「在野のアーキビスト」論と地域歴史遺産	………………	大国正美
第14章　連携事業の意義　―成功例と失敗例から―	………………	市沢　哲
コラム　地域連携活動の課題	………………	井上　舞
コラム　大学と地域　―神戸工業専門学校化学工業科の設置―	………………	河島　真

本体価格 2,300円　　発行：神戸大学出版会　　ISBN978-4-909364-01-2